高等教育“十三五”规划教材

中国文化与翻译

主　编　姜　妮
副主编　顾艳艳
参　编　翟清永　朱文君　李忠顺

中国矿业大学出版社

图书在版编目(CIP)数据

中国文化与翻译 / 姜妮主编. —徐州 ：中国矿业大学出版社，2017.1

ISBN 978-7-5646-3330-1

Ⅰ. ①中… Ⅱ. ①姜… Ⅲ. ①英语—翻译—研究—中国 Ⅳ. ①H315.9

中国版本图书馆 CIP 数据核字(2016)第 260597 号

书　　名 中国文化与翻译

主　　编 姜　妮

责任编辑 褚建萍

出版发行 中国矿业大学出版社有限责任公司

(江苏省徐州市解放南路　邮编 221008)

营销热线 (0516)83885307　83884995

出版服务 (0516)83885767　83884920

网　　址 http://www.cumtp.com　**E-mail**:cumtpvip@cumtp.com

印　　刷 徐州中矿大印发科技有限公司

开　　本 787×1092　1/16　**印张** 15　**字数** 375 千字

版次印次 2017 年 1 月第 1 版　2017 年 1 月第 1 次印刷

定　　价 30.00 元

前言

PREFACE

21世纪的今天，全球政治经济文化各方面交流及融合日益深入。始于19世纪中叶前后的西学东渐，西方的文化思潮、科学技术大量流入中国，中华文化却未能同样强势地走出国门，进入西方社会。在中国日益强大的今天，要把我们绚烂瑰丽的中华文化介绍给世界，翻译是一座跨越文化鸿沟的桥梁。

王充在《论衡》中写道："夫知古不知今，谓之陆沉。夫知今不知古，谓之盲瞽。"因此，本书编者殚精竭虑，斗胆尝试，力求涵盖古今，向世人立体化多层次多维度地呈现中华文化。本书共分为十五个章节，既有"阳春白雪"的诸子百家、唐诗宋词、传统建筑、宗教哲思、又包括"下里巴人"的中国传统节日、手工艺术、服装及武术、旅游景点，还涵盖当代中国的政治经济、国富民安的中国梦。

本书各个章节以介绍中国文化为引子，分析讲解了汉译英过程中常用的翻译方法。比如直译与意译，增译法与减译法，语序的调整，合并译法等，以期为读者提供基础的翻译方法和理论指导。将翻译方法与中华文化结合起来，正是出于将博大精深的中华文化发扬光大，让世界更好地了解中国的初心。

本书得以成卷，首先感谢山东科技大学外国语学院院长唐建敏教授在编撰及付梓整个过程中的指导、帮助和鼓励，还应感谢山东科技大学外国语学院大学英语二系翻译团队的大力帮助。

学无涯，译亦无涯。中华文化博大精深，明珠翠羽俯拾皆是。单凭一本书，求全固不可能，粗掠亦深感不易，但求能窥中华文化之一斑，抛砖引玉，唤起读者对中华文化翻译的兴趣。由于编者学术水平有限以及学科的不断发展，不当之处在所难免，敬请各位同仁及读者指正。

编　者

2016年5月10日

前言

目 | 录
CONTENTS

第一章
中国文化与翻译概论

一、中国文化

中国文化，是以华夏文化为基础，充分整合全国各地域和各民族文化要素而形成的文化。

中华文化发展于华夏文明。华夏文明的源头有两个，即黄河文明与长江文明。中华文明历经数千年的历史演变，是中华民族智慧与文明的结晶，是联系民族情感的纽带和维系国家统一的基础。如今，随着国力的强盛和国际地位的提高，一个拥有灿烂文化的中国正巍然屹立在世界东方！

中国文化主要包含两大部分即有形遗产和无形遗产。无形遗产，指的是各民族人民世代相承的、与群众生活密切相关的各种传统文化表现形式（如民俗活动、表演艺术、传统知识和技能以及与之相关的器具、实物、手工制品等）和文化空间，即非物质文化遗产。它的范围包括：民间传统表演艺术、民俗活动、传统手工艺技能、传统医学等。

截至2013年年底，我国共有昆曲、古琴艺术、粤剧、南京云锦织造技艺、中国书法、中国篆刻、中国剪纸等38个项目入选联合国教科文组织“人类非物质文化遗产代表作名录”，羌年、中国木拱桥传统营造技艺、中国活字印刷术等7个项目入选“急需保护的非物质文化遗产名录”，成为世界上入选项目最多的国家。

二、中国文化在翻译领域中的独特表现

斯大林曾经说过：语言是直接与思维联系的，它把人的思维活动的结果，认识活动的成果，用词及由词组成的句子记载下来，巩固起来，这样就使人类社会中思想交流成为可能的了。由此可见，语言与各国独特的文化是分不开的。而植根于中华民族独特的地理环境、社会制度、礼教观念、人生观的独特中国文化便注定与西方文化存在着诸多不同之处，这反映在语言中就表现为词、词组、句子等方面的诸多差异。

请鉴赏：

礁石 艾青 一个浪，一个浪 无休止地扑过来 每一个浪都在它脚下 被打成碎沫、散开…… 它的脸上和身上 像刀砍过的一样 但它依然站在那里 含着微笑，看着海洋……	The Rock Ai Qing Endlessly, one after the other, The waves hurl themselves And shatter into spume at its feet, And disperse... Its face and body are scored With cuts and wounds, But it stands intact, Smiling, gazing far out To sea...

这首现代诗歌《礁石》写于1954年7月，时值新中国社会主义建设伊始，艾青以旁观者的叙事角度，借礁石之胜利叙述了任何胜利都是来之不易，都需付出代价。此首诗歌及其译文明显体现出了汉语感性、英语理性，即汉语重意合而英语重形合的特点。《礁石》中的点睛之笔"含着微笑，看着海洋"，融情于景、情景交融，以简短的四字动宾句式表现了礁石坚定的立场。但其译文"smiling, gazing far out to sea"则被译为非谓语动词，表现出英语客观严谨、逻辑性强的特点。正如美国的行为主义心理学的创始人约翰B.华生所描述：语言是外显的语言习惯，思维是内隐的语言习惯。语言上的差异源于其思维的差异，而思维的差异又根源于文化上的差异。因此，独特的中国文化注定其在语言上的独特表现，也注定了在翻译领域中存在着诸多的差异。

（一）中国文化在翻译领域中存在的词汇差异

中国文化的独特性源于中西方人民对客观世界的认识不同，生活方式迥异，因此中国文化中词汇的所指和词义范围也不是完全对等。如"socialism"与"社会主义"完全对等，"Marxism"与"马克思主义"完全对等，但更多情况下是不对等的，如词类不对等、词义范围不对等、词义褒贬色彩不对等、词组搭配不对等等情形。鉴于其出现的频率及被广泛运用的程度我们主要讨论前三种情形。

1. 词类不对等

汉语与英语都包括两种词类，即实词和虚词。但实词和虚词的具体内容却不完全等同。汉语实词包括：名词、动词、形容词、副词、数词、量词和代词，虚词包括：连词、介词、叹词和助词。而英语中的实词包括：名词、动词、形容词、副词、数词和代词，虚词包括连词、介词、叹词和冠词。可见，英语中无量词（如：把、朵、头、个等）和助词（如：吧、啊、了、之、乎、者、也等）；而汉语中无冠词（如：a, an, the）。下面以例示之。

【例1.1】 这一幢庄园好气派啊！

解析 在汉语句中我们使用量词"幢"和助词"啊"，但是在英语里却借助使用感叹句型以代替助词"啊"，同时使用了冠词"a"代替汉语中的量词"幢"。

译文 What a grand manor!

【例 1.2】 饮酒是中国饮食文化的重要组成部分。

解析 “饮酒”应是“饮食文化”的一部分，所以根据语意需要在“饮食文化”前添加冠词 a(n)(表示一类特定事物中的一个/部分)。

译文 Drinking alcohol is a vital component of Chinese cuisine culture.

【例 1.3】 景德镇官窑(Jingdezhen Empire Kiln)为中华民族历史书写了辉煌的篇章。

解析 在汉语句中我们使用助词“了”表示动作的完成，但英语会借助时态来表达动作完成的概念(过去时态表示动作的完成，完成时态表示动作完成并将继续持续)。

译文 Jingdezhen Empire Kiln has written a glorious chapter for Chinese nation's history.

2. 词义范围不对等

每个词都有自己特定的所指，就英汉比较而言，汉语的词汇和英语的词汇所表达的内涵和外延各有广度，因此，大部分词的词义是不对等的。

【例 1.4】 以“好”为例：

① 好人——优点多或使人满意的，与“坏”相对

② 祝您安好——身体康健、疾病消失、生活幸福

③ 友好——友爱、和睦

④ 好懂——容易

⑤ 办好了——完成、完善

⑥ 好！你干得不错。——表示应允、赞成

⑦ 好冷——很、甚

⑧ 场地清理干净好打球——便于

⑨ 好，这下可坏了！——反话，表示不满意

⑩ 好逸恶劳——喜爱，与“恶”(wù)相对

⑪ 刚学会骑车的人好摔跤——常常，容易(发生事情)

——(在线新华词典 http://xh.5156edu.com/)

但把“好”翻译成英语时，我们需要借助不同的词汇来表达“好”的含义。

① 好人——good people

② 祝您安好——Wish you well.

③ 友好——be friendly

④ 好懂——understandable; easy to be understood

⑤ 办好了——Make it!

⑥ 好！你干得不错。——Well done! You have done a good job!

⑦ 好冷——very cold

⑧ 场地清理干净好打球——clean the ground to play ball

⑨ 好，这下可坏了！——Shit, it's terrible.

⑩ 好逸恶劳——love leisure and hate labor

⑪ 刚学会骑车的人好摔跤。——It's quite likely for a man who has just learnt to ride a bike to fall off from it.

把“好”翻译成英语时，我们借助了11种不同的词汇来表达“好”的含义。因此，某些情形下某些汉语词汇的内涵和外延要远远大于其对应的英语词汇的内涵和外延。

【例1.5】 以“soft”为例，一看到“soft”，很多人立即就会联想起汉语的对等词“柔软”。“soft”真的只是“柔软”吗？

① Soft sofa

② Being soft on crime

③ A soft sell

④ Soft curves of her body

⑤ Soft music

⑥ A soft towels

⑦ A soft option

⑧ Have a soft spot for movie

翻译上述用soft构成的词组，我们需要借助不同的汉语词汇来表达：

① Soft sofa 软沙发（to bend easily，change shape easily）

② Being soft on crime 对犯罪活动心慈手软(not strict)

③ A soft sell 软性推销(gentle)

④ Soft curves of her body 柔和的身体曲线（smooth，not sharp）

⑤ Soft music 轻柔的音乐(gentle)

⑥ A soft towels 柔软的毛巾（being pleasant to touch，not rough）

⑦ A soft option 简便易行的选择（easy）

⑧ Have a soft spot for movie 非常喜欢电影（affection）

从上述例句不难发现英语单词“soft”的内涵和外延要远远大于“柔软”这一汉语词汇的内涵和外延。因此，英语和汉语中的某些词在其内涵和外延上只有部分对等。

3. 词义褒贬色彩不对等

语言本身虽无阶级性和褒贬色彩，但是在使用过程中，常被使用者赋予一定的阶级性和感情色彩，以表达说话者的立场和观点。因此，我们在翻译的过程中必须从说话者的角度出发，把其感情色彩准确无误地表达出来。

【例1.6】

Mr. Benett：It's against the law for niggers to ride horses in this territory.

Dr. King Schultz：This is my valet. My valet does not walk.

—(*Django Unchained*)

解析 南方奴隶主Mr. Benett在称呼黑人Django时用了一个足以显示其身份和感情色彩的贬义词汇nigger，然而对奴隶制度一直持不赞成态度的Dr. King Schultz使用了一个有中性色彩的称呼语valet。通过这两个单词的使用，足以看出这两个人对黑人Django的阶级立场以及对奴隶制的态度区别。

译文

班纳特先生：在这里黑鬼骑马是犯法的。

赏金猎人金·舒尔茨：他是我的随从。我的随从是从不走路的。

【例1.7】 坚定的个人主义精神渗透到了美国生活的各个方面。

解析 中国作为一个社会主义国家，提倡集体主义(collectivism)，反对个人主义，因此在翻译“个人主义”时，往往容易将“egoism”和“individualism”混淆。“egoism”或“egocentricity”指的是“自我主义”、“利己主义”，这是我们所反对的。而“individualism”指的是“个人主义”，它强调个人的独立、自由以及个性的张扬，因此它是个褒义词或中性词。因此，在进行翻译时，需要根据原句的感情色彩将其翻译为“egoism / egocentricity”或“individualism”。

译文 A spirit of rugged individualism pervades virtually every aspect of American life.

【例 1.8】 He was widely regarded as the most skillful politician in America, but at the same time a kind statesman.

解析 “politician”和“statesman”的感情色彩是极为不同的，前者是贬义词，可译为“政客”；而后者是褒义词，可译为“政治家”。

译文 在美国，他是公认的最有手腕的政客，但同时也是一个善良的政治家。

【例 1.9】

① When he was young, he was noted for his ambition and ruthlessness.

② The glory of his country is his ambition.

解析 ambition 既是贬义词，又是中性词，因此需要根据其所在的语境将其准确译出，即①中的“ambition”偏重贬义词，可将其译为“野心、欲望”，而②的“ambition”则是中性词，可译为“雄心壮志、抱负、志向”。很多人往往过度强调其贬义的词性，这在翻译的过程中容易产生误译。

译文① 他年轻的时候就很有野心，也很冷酷。

译文② 祖国的繁荣是他的雄心壮志。

(二) 中国文化在翻译领域中存在的句法差异

五千多年的中国文化植根于中华民族独特的生存环境，而独特的文化土壤酝酿了中国人民独特的思维方式。其独特性反映在句法结构上便表现在其对“意境美”的注重，如其独特的衔接手段、修辞文体、语法特征等。这必然与讲求“结构美”的英语存在着巨大的差异。正如王力先生在《中国语法理论》中曾讲的那样：就句子的结构而论，西洋语言是法治的，中国语言是人治的。所谓“法治”，即句子的形式严格受到语法的制约。王力先生的论断主要是基于汉英的诸多句法差异。

1. 汉语重语义，英语重结构

美国语言学家尤金·奈达曾经指出：从语言学角度讲，形合与意合的差别是英汉语言之间最重要的区别特征。

【例 1.10】 玩火自焚。

解析 “玩火自焚”是汉语重语义的典型代表，把结构补充完整应该是“玩火的人会自焚”或“如果你玩火，你就会自焚”，因此其对应的英语译文需分别添加主语“one”和连词“if”、主语“you”。

译文 One who plays with fire will get burnt. //If you play with fire, you'll get burnt.

【例 1.11】 小不忍则乱大谋。

解析 “小不忍则乱大谋”中很多潜在的语义是隐而未明言的，把其结构补充完整应是“如果你不忍小事，你就不能处理好大事。”因此，其对应的英语译文需补充连词“if”表条件，同时也需要补充条件主语“you”或者虚指代词“one”。

译文 If one is not patient in small things, one will never be able to control great ventures.

【例 1.12】 车辚[lín]辚，马萧萧。（杜甫《兵车行》）

解析 本句通过对车和马的描写展现出一幅震人心弦的巨幅送别图。原句中两个短句并列，中间没有任何关联词，这便凸显了汉语重意合轻形合的特点，但翻译为英语时需将其省略的连词补充完整，从而使其符合英语形合的特点。

译文 Chariots rumble, and hordes grumble.（许渊冲译）

可见，在普通的英语结构中，无论长句、短句，主语和谓语是必不可少的。如果涉及长句，则需要通过添加关系词表明各分句之间的关系，句法结构清晰，逻辑严谨；而汉语则大不相同，汉语不重结构，往往不需要使用连词或关系词等语法手段，只需要词与词之间在意义上承传或有内在的关联即可。这便是汉语重语意，英语重结构的结构特点，换句话说，便是汉语重“意合”，而英语重“形合”。

2. 汉语多短句，英语多长句

英语句子主干包括主语和谓语这两大部分。而句子中许多相关成分则可以通过某些连接手段直接或间接地粘连在句子主干的周围，这就使得英语长句居多。因此英语又被称为“链语”，而汉语是“块语”。连淑能曾指出汉语造句注重逻辑事理顺序，注重功能、意义，句子以意役形，以神统法。与英语相比，汉语较少受语言形态变化形式的约束，短句犹如流水，但却逻辑顺序彰显，充分体现其“神聚”的特点。

【例 1.13】 微风过处，送来缕缕清香，仿佛远处高楼上渺茫的歌声似的。（朱自清《荷塘月色》）

解析 汉语句中朱自清先生通过使用通感的修辞方法，将“缕缕清香”这一嗅觉的感受描写为听觉上的愉悦。句子短小，而意境深远。“送来缕缕清香”可视为“微风过处”的伴随状语，而“仿佛……似的”可处理为从属结构。

译文 A breeze stirs, sending over breath of fragrance, like faint singing drifting from a distant building.（朱纯深译）

【例 1.14】 门口放着一堆雨伞，少说有十二把，五颜六色，大小不一。

解析 汉语句子结构短小，看似杂乱，实则形散神聚。句子在描写上层层递进。其按照我们视觉的着重点排序，即数量—颜色—大小。因此译文可继续保持倒装的特点，将数量、颜色、大小这些修饰成分并列从而达到英语结构简洁的特点。

译文 In the doorway, lay at least twelve umbrellas of all sizes and colors.

【例 1.15】 执手相看泪眼，竟无语凝噎。（柳永《雨霖铃·寒蝉凄切》）

解析 句中有四个动词短句“执手”、“相看泪眼”、“无语”和“凝噎”，因此需要将其处理为用“and”连接的并列短句，或通过借助非谓语动词或独立主格等结构将其部分短句以从属成分的方式译出。

译文 Holding hands, staring at each other's tearful eyes, we are too choking to breath out any soulful words.（许渊冲译）

3. 汉语多主动，英语多被动

英语比较喜欢用被动语态，无主句尤为如此。汉语虽也有“被”、“由”、“让”等表示被动的词，但是其出现的频率远远低于英语。

【例 1.16】 必须找到新的能源。

解析 此句是以作者所在的群体“我们”为出发点进行阐述的，为了达到表述对“找到新能源”这一目的所持有的信心或表达必须完成这一目的而发出的命令，因此采用了省略主语的祈使句式。但在进行英译时，需考虑到西方人说话较常采用的方式，以及对“新能源”进行强调这一目的，需转换为被动句式。

译文 New sources of energy must be found.

【例 1.17】 在社会经济发展过程中，人们必须保持文化传统。

解析 此句中“人们必须保持文化传统”中，人们是不具有具体所指的虚指代词，因此不是本句强调的重点，而强调的重点是“文化传统”。因此英译时，需用被动语态。

译文 In the development of social economy, the cultural tradition must be kept.

【例 1.18】 制作灯笼要用到中国画、剪纸等很多工艺。

解析 根据上下文行文确定其强调的内容，从而选择不同的译法：如果强调主语则可直译；如果强调“工艺”则可将其宾语提前，以被动形式译出。

译文 The manufacture/production of lanterns use a variety of crafts such as Chinese paintings and paper cuttings.（强调主语） // A variety of crafts were used in manufacturing lanterns such as Chinese paintings and paper cuttings.（强调宾语）

4. 汉语多重复，英语多省略

汉语常对某些词甚至结构进行重复，从而达到语意明确、主题突出或特定的修辞效果；而英语恰恰相反，英语提倡行文简洁、强调多样性，因此英语会采用省略、替代等方法尽量避免重复。

【例 1.19】 强国有强国的策略，小国有小国的策略。

解析 为了达到前后对比效果鲜明的目的，汉语句中采用三处重复，即“强国”、“小国”以及“策略”；但将其译为英文时，第二次出现的重复词需用代词指代，或同义词替换等手段，从而达到译文更简洁、富有变化的目的。

译文 Big powers have their strategies while small countries also have their own lines.

【例 1.20】 近朱者赤，近墨者黑。

解析 汉语句中前后两部分对比鲜明，重点突出了周围环境对自己的影响。但英语对于相同的单词、词组甚至句式甚为反感，因此，在进行翻译时需避免结构的重复。

译文 Association with the good can only produce well, with the wicked, evil.

另外，汉英差异也具有一些其他的特点，如汉语多具体，英语多抽象，如：精疲力尽——total exhaustion，远见卓识——far-sightedness，深思熟虑——careful consideration，如饥似渴——with great eagerness 等；汉语多名词，英语多代词，读者朋友可在日常运用中仔细体会。

三、小结

作为一个拥有56个民族的统一的多民族国家，中国人民在长期生产生活实践中创造了丰富多彩的文化遗产，而这些文化遗产是中华民族的明信片，是区别于其他国家的最明显的特征。让中国文化走出国门，让世界各国人民欣赏中国文化，懂得中国文化所蕴含的理念和价值，这便离不开翻译。而汉英两种语言在词汇和句法层面都存在巨大的差异，让独特的中国文化更好地走出国门便需要更好地了解汉英语言的差异，以及对这些差异的应对技巧，即翻译方法。

因此，本书的翻译方法将从中国梦、齐鲁文化、中国政治、中国经济、中国服饰、中国语言、诸子百家、中国宗教哲学、中国节庆、中国功夫、中国民间工艺、传统诗歌等几个内容层面介绍中国文化在翻译中所需要的翻译方法。

翻译练习

1. 词汇不对等

(1) 一把匕首

(2) 爱屋及乌

(3) 后门

(4) 牛饮

(5) 万全之计

(6) 价格上涨了20%

(7) 罪恶勾当/英雄事迹

(8) 富有进取的/咄咄逼人的

(9) 保持着强烈的社会良知/从经济作物中获得的收益

(10) 采取攻势/冒犯性言论

2. 句法差异

(1) 到去年年底，我们已同有关国家签订了100多个项目建设合同和协议。

(2) 少数民族为中国的文化和科学做出了重大贡献。

(3) 孙中山领导的辛亥革命，推翻了中国最后一个封建王朝——清朝。

(4) 必须坚持把人民群众利益放在第一位。

(5) 我们要建设和平稳定之桥，把中欧两大力量连接起来。

(6) 有人把香港说成是“文化沙漠”。

(7) 如果中国人说自己才疏学浅，这是因为他觉得自己所知有限，同时也是怕自己的知识不能让你感到满足。

(8) 让老百姓过上更加幸福的生活，还有大量工作要做。

(9) 元宵是元宵节的特色食品，其名称和“团圆”的发音相近，取团圆之意，象征全家人团团圆圆，和睦幸福。

(10) 我们有大量可用的可再生资源，但只能利用其中的一部分。

第二章

中国文化的可译性及标准

汉语是世界上最美、最优秀的语言，是世界上唯一一种不使用字母的高级语言。它记录了我们民族的文化踪迹，是延续历史与未来的血脉。作为我们这个四大文明古国中唯一有幸保存本国语言文字的国家，在经历了数千年风雨之后，汉语对我们国人来说显得亲切和神秘。它的一个字可能就蕴含着一个深刻的哲理或故事，如"武(止戈)"。同时，中国文化在翻译领域又存在着词汇和句法的差异，那么汉语的瑰丽、优雅，能完全在另一种语言中重现吗？如果能，又具有多大的可译性呢？

请鉴赏

… … 望长城内外， 惟余莽莽； 大河上下， 顿失滔滔。 … … ——毛泽东《沁园春·雪》	… … … Both sides of the Great Wall One single white immensity. The Yellow River's swift current Is stilled from end to end. … … —Mao Zedong "Snow Adopted After the Tune of Chin Yuan Chun"

《沁园春·雪》是毛泽东于1936年在山西省创作的一首词。诗词分上下两阕。而对比《沁园春·雪》与其译文便会发现：其内容大多是可译的，但其词牌押平韵的词牌格式，以及本部分所使用的"仄中平中仄，中平中仄，中平中仄，中仄平平(韵)"的词牌格律，以及汉语诗词读起来朗朗上口、简洁的境界是英语所不具备的，在这一点上是不可译的。那么在对中国文化进行翻译时，会遇到什么问题？评价一篇译文优劣的标准又是什么呢？

所谓"中国文化"指的是中华民族之特有文化，是中华民族历史上道德传承、各种文化思想、精神观念形态的总体。中国文化是以老子道德文化为本体，以儒家、庄子、墨子的思想及道家文化为主体等多元文化融通、和谐包容的文化体系。

曾任英国首相的撒切尔夫人曾说过一句流传很广的话:中国能出口电视机,但不能出口电视剧。的确,面对当今社会中国所处的“文化弱势”地位,如何让我们五千余年的古老文化走出国门,实现中华民族的伟大复兴之梦,让全世界都仰望我们的文化,为瑰丽的中华文化倾倒,这便需要翻译。

什么是翻译?很多初次接触翻译的人最怕的是不知道某个汉语单词所对应的英语单词,一旦在对陌生词汇查询完毕后,便依据原文的语序照葫芦画瓢,用“一个萝卜一个坑”的翻译方法解决所有的问题。

我们先来看看《新华词典》和丁福保《佛学大词典》对“翻”和“译”是如何解释的。

所谓“翻”本是一个形声词,《新华词典》解释为:从羽,番声;本义:鸟飞;同本义“fly”;其意为“the wings of a flying bird, which triggers wide imagination”。所谓“译”指的是把一种语言文字依照原义改变成另一种语言文字(《新华字典》);而丁福保《佛学大词典》中解释为:“译,传译四夷之言者。从言睪声。”对应的英语便是communication, interpretation and explanation。可见“翻译”并不是简简单单地把一种语言表达的意义用另一种语言表达出来,而应该在译的过程中充满丰富的想象力。如:

秋瑾烈士的绝命词“秋风秋雨愁煞人”,只一句便重复使用了两个“秋”,翻译家许渊冲把它翻译为:

Sad autumn wind and sad autumn rain saddened men.

译文与原文一样也重复使用了“autumn”,为了凑韵,许先生创造性地运用“sad”来翻译“愁”字上面的“秋”,保持了原文的韵律和节奏,同时“rain”和“men”都做到了押韵,真正做到了意美、音美、形美。这才是对“翻译”最美的诠释。

翻译不仅是一门科学,更是一门艺术。所谓科学是指翻译不是杂乱无章的为所欲为,而是它不但受语言规律支配,还是一种有规律可循的文化转换过程,如翻译过程中需要遵循语序转换的规律;遵循增词、减词的规律;遵循直译、意译的规律等。所谓艺术是指翻译不是译者在两种语言之间简单的文字转换,而是译者在对原文理解的基础上,运用自己的想象力,采用自己独特的处理技巧,运用自己特有的知识结构,对原文在意境、风格等方面的再创。在再创作的过程中已经打下了作者自己的烙印,如写作风格的烙印、阶级立场的烙印等。

一、中国文化与翻译

上一章我们曾着重介绍过独特的中国文化使得其在进行汉英翻译中存在诸多不能直译的特点,如在词汇上的差异、句法上的差异等。那么中国文化可译吗?中国文化在翻译领域所表现出的差异会不会阻碍中国文化走出国门,阻碍中国文化对世界产生其影响力?

(一)中国文化的可译性

中国文化的可译性指的是把承载着中华民族瑰丽文化的中国文学、中国书法、中国绘画与雕塑、中国的服饰、中国的饮食、中国的建筑等传达到英语的程度。中国文化作为世界文化的重要组成部分,是建立在人类文化共性的基础上,因此中国文化具有可译性。范仲英在其《实用翻译教程》中曾这样描述:人类生活在同一个地球上,衣食住行、喜怒哀乐、生活工作等是有一定共性的。不论种族、肤色、国籍、民族如何，人的生理条件、生活需求、思维活动以及感情标准、道德标准总是大致相同的；人类的日常生活、思想感情、追求爱好也不相上下，这就是人类的共性。有了这种共性，人与人之间就容易相互理解，同时也有了交流的愿望和可能。因此中国文化便有了走出国门的可能。这种共性表现在：① 单词的对等。环境词汇，如植被——vegetation，全球变暖——global warming，温室效应——greenhouse effect，白色污染——white pollution，水土流失——water and soil erosion 等；经济词汇，如泡沫经济——bubble economy，通货紧缩——deflation，网上购物——shopping online 等；政治词汇，如法制观念——awareness of law，法律援助——legal aid，民主——democracy，法制——legal system，恐怖主义——terrorism。② 基本语法规则对等。汉语常采用的主系表或主谓宾结构与英语中的主系表或主谓宾结构是完全对等的，如“中国有着五千年多年的历史”可对译为“China has a history of more than 5,000 years”；再如“上海像一轮徐徐升起的太阳”可完全对译成“Shanghai is like a rising sun”。因此，人类文化的共性决定了中国文化是可译的，中国文化可以走出国门去尽情地展现其博大精深，发挥其影响力。

（二）中国文化的不可译性

虽然人类文化在诸多领域存在共性，但由于人类有着不同的生活环境、生活方式，因此造就了各国不同的社会政治制度、风俗习惯、生活方式、思维习惯、价值观念以及语言等。正如尤金·奈达在他的《对等的原则》一文中说：“即便是同一语言内，语言交际中的绝对等同形式也是不可能存在的。”以美式英语和英式英语为例，它们便存在诸多的不同点：① 拼写的不同。“妈妈”在英式英语里是“mommy”，而在美式英语里是“mummy”；“防御”在美式英语里是“defense”，而在英式英语里是“defence”；“特别喜欢的”在美式英语里是“favorite”，而英式英语里是“favourite”。② 词汇不同。“公寓”在美式英语中是“apartment”，而在英式英语中是“flat”；“高速公路”在美式英语中是“freeway”，而在英式英语中是“motorway”。③ 含义不同。“billion”在美式英语中是“十亿”，而在英式英语中是“万亿”；“football”在美式英语中是“橄榄球”，而在英式英语中是“足球”。④ 读音不同。“dance”在美式英语中读作[dæns]，而在英式英语中读作[dɑːns]；“factory”在美式英语中读作['fæktəri]，而在英式英语中读作['fæktri]。这些不同点决定了在某些领域中文化的不可译性，具体表现在：

(1) 在哲学领域中。在中国，尤其是在许多农村地区依然保存着盖房子、选坟墓等必先找人看风水的习俗。其中的“风水”我们绝对不能把其直译为“wind and water”，因为其深刻的内涵绝不等同于“wind and water”。因此有人建议将其音译为“FengShui”，但当“老外们”看见拼音“FengShui”时，其中深刻的内涵不知他们懂得几分？

(2) 在中国象棋文化领域中。懂得中国象棋的人基本上都懂得象棋中的两大基本规则：“马走日，象走田”。而这其中的“日”和“田”绝对不等同于英语中的“sun”和“land/field”。如果将其意译为“the basic rules of the Chinese Chess”，那原规则的生动和形象无法再现。（陈宏薇《汉英翻译基础》）

(3) 在汉语言领域中。正如前面我们所说，汉语言是世界上唯一一种高级的方块语言文字，唯一一种象形文字。它不仅是一种交流的工具，读之阅之更是一种美的享受，譬如我们随意写下的一个“雨”字，它的点点滴滴，滂滂沱沱，淅淅沥沥，一切云情雨意，就宛然其中，视觉上的美感，意境上的绵延无法在其他语言中重现。再如杜甫《登高》：无边落木萧萧下，不尽长江滚滚来。“萧萧”、“滚滚”二词让我们仿佛听到落叶的声音，看到长江滚滚东流的宏伟气势，非常生动传神，可以让人体会出诗人壮志难酬的感慨和悲凉。无论何种优秀的翻译都无法准确地将此诗的意境和磅礴的气势译出。再如在日常交际中，做自我介绍时我经常会说：“我姓姜，美女姜”。但是如果姓焦，在做自我介绍时，我们就不会说：“我姓焦”，因为这会产生一种不太好的谐音。同样的上述对话或语境是在其他任何语言中都无法重现的。再如中国的藏头诗、回文诗或者双关语等，如“千里桃花，万家酒家”等也都是只属于汉语言的美。

(4) 中国人名、地名、菜名等也是无法翻译的。如众所周知的中国四大名著之一《红楼梦》里的人名，如“林黛玉”、“贾宝玉”、“贾政”等都暗含着其命运；以林黛玉为例，对于读过《红楼梦》的人，一提到“林黛玉”马上就会想到黛玉的多愁多嗔、自怜自艾，同时又孤标傲世、不谙世事的形象，也会想到林黛玉的判词“玉带林中挂”所暗含的林黛玉的命运等等。如果把其音译为“Lin Daiyu”，则其深含之意在其他文化中无法重现，因此在 20 世纪 20 年代，翻译大师王良志和王际真都将其译为“Black Jade”，似乎是考虑到了黛玉的字面含义，但 Jade 在西方文化中有特殊的含义，*Webster's American Dictionary*：a disreputable woman，a wench。*Oxford Dictionary*：斥骂女性的词，荡妇。因此在西方人的眼里，具绝代姿容、稀世俊美的林妹妹可能已经被引申为“a loose woman of dark skin（黑色妓女）”。中国的名胜古迹“万里长城”其英文翻译是“The Great Wall”，但是细看其意境与汉语的“万里长城”相去甚远；在几乎每家中国超市都会看到的“白象方便面”，其直译为“White Elephant Instant Noodles”，但“white elephant”在英语里其含义是“a valuable possession whose upkeep is excessively expensive”，因此不知道白象方便面是否有打开欧美国际市场的可能；再如中国菜是世界上最有名的菜系之一，不仅仅在于其烹饪的方式独特、菜品的美味，更在于每一道菜中都蕴含着中国文化，如在中国几乎每场婚宴上都少不了的一道名菜“红烧狮子头”，其名称凸显了其做法和形状，“翡翠珍珠白玉汤”凸显了其清淡爽口和颜色互搭的美感，“早生贵子”凸显了人们的愿望以及食材（枣和花生仁），不懂汉语的人难以体会。因此，很多中国文化的词汇难以在其他语言中重现。

中西文化的差异或者文化的缺失导致了翻译的不可译性，但这正是翻译这一领域的魅力所在，因为其遗憾的存在才促使着翻译人不断地前行，扩充自己各领域的知识，提高自己的翻译意识，端正自己的从业态度，为国家、民族间的交流做出贡献。

（三）中国文化翻译的时代性

时代的脚步从未停止过，文化的进步从未静止过，因此词汇也被赋予了自己的时代色彩。如对于爱人（男）的称呼，从新中国成立前的“老爷、先生”，到新中国成立初期的“爱人、男人、外头、孩他爸”，再到现在的“老公、爱人、先生、对象”；爱人（女）的称呼，从新中国成立前的“妻子、娘子、太太”，到新中国成立初期的“爱人、媳妇、家里、相好的、孩他妈”，再到现在的“老婆、爱人、对象、太太、夫人”。

对于 Robert Burns 的 *A Red Red Rose* 中的诗歌，“O，my Luve's like a red，red rose”，从一个国家、一个民族的历史发展进程来看：如果这首诗在新中国成立前翻译应该翻译成“哦，我的太太像朵红红的玫瑰”，如果在新中国成立初期翻译应该翻译为：“我的爱人像朵红红的玫瑰”，如果放在现在翻译，那就可能被译为：“哦，我的对象像朵红红的玫瑰”；从作为个体的人的角度来看，因其处于不同年龄阶段，也会给出不同的翻译，如谈恋爱的人会将其翻译为“哦，我的宝贝像朵红红的玫瑰”，结婚后的人会将其译为“哦，我的嗳像朵红红的玫瑰”，而携手走过几十年，经历过人生酸甜苦辣的老年人是否会意味深长地将其译为“哦，我的老伴像朵红红的玫瑰”呢？

因此，不同的时代、不同的历程赋予了单词不同的内涵，我们应该把握住时代的脚步，把中华民族不同时期的文化根据其背景做出恰当的翻译。只有这样，才能把不同阶段的中国文化推出国门，让世界仰望。

二、中国文化的翻译标准

中国文化与西方文化有诸多差异，有些领域可译，有些领域又不可译，那么我们在翻译中国文化过程中需要遵循什么样的原则呢？什么样的译文才算是一篇好的译文呢？这便是中国文化的翻译标准。翻译的标准是用来评价一篇译文质量优劣的尺度，是指导我们翻译的方向标。因此，翻译标准直接关系到我们翻译过程中要遵循的原则，也直接关系到我们对一篇译文的评价。因此翻译标准对中国文化的翻译实践有着重要的指导意义。

无论汉译英还是英译汉，一提到翻译的标准，大家首先会想到严复在《天演论》中提出的翻译标准——信、达、雅（即：faithfulness, expressiveness and elegance）。何为信、达、雅？所谓信（faithfulness），即译文要做到忠实于原文；达（expressiveness），即译文要做到通顺；雅（elegance），即美好。

汉译英：

【例 2.1】 有朋自远方来，不亦乐乎？——孔子《论语》。

译文① Is it not a delight after all to have friends come from afar?

译文② How happy we are, to meet friends from afar!

解析 比较译文①和译文②，译文①做到了严复先生所说的信、达，不失为一篇好翻译；而译文②则是对严复先生的翻译标准信、达、雅的完美诠释，不仅语义切合，而且用“are”和“afar”做到了简洁和押韵。可见，一篇好的翻译不仅要做到语义的准确传达，而且要做到承载着我们汉语的文化色彩，这便是我们追求的最高境界。

【例 2.2】 开卷有益。

译文① Reading is profitable.

译文② Reading is learning.

译文③ Reading makes knowledge.（吴伟雄译）

译文④ Where there are books, there is knowledge.（吴伟雄译）

解析 此处 4 则译文中，都是对“开卷有益”的正确诠释，即做到了对语义的准确传达。但哪种译文才能达到翻译的最高标准——雅？很明显译文④是对习语“where there is a will, there is a way”的成功运用，因此堪称语惊四座的翻译。

因此在汉译英的过程中，“信、达、雅”这一标准表达了我们对翻译境界的追求，也承载了我们文化传递、沟通和共享的渴望。

在英译汉中，余光中认为翻译如婚姻，是一种两相妥协的艺术。譬如英文译成中文，既不能西风压倒东风，变成洋腔洋调的中文，也不许东风压倒西风，变成油腔滑调的中文，则东西之间势必相互妥协，以求“两全之计”。至于妥协到什么程度，以及哪一方应该多让一步，神而明之，变通之道，就要看每一位译者自己的修养了。

【例 2.3】 You should help up the old man who has fallen.

译文① 你应该帮助这个已经跌倒的老人站起来。

译文② 老翁倒地，汝须扶之。

译文③ 一位老人跌倒了，你应该扶他站起来。

解析 译文①中便是典型的欧化语言，便是余老先生所说的西风压倒东风的欧化译文，而译文②则是东风压倒西风的“归化”语言，是与原文的译文体不相符的译语，因此都是欠妥的。最好的译文应是在“欧化”语言与“归化”语言中寻求一种恰到好处的妥协，使其在译文体和接受性方面达到最佳，因此译文③最佳。

也有不少专家认为，过去不认识汉字是文盲的话，那么今天不懂英语的人就是新的文盲。可见英语之重。我们所要强调的是，要做到“信达雅”，不仅仅需要扎实的英语功底，更需要深厚的汉语文学功底，即扎实的双语写作根基。

请试译(英译汉)：

【例 2.4】 Scarlett O'Hara was not beautiful, but men seldom realized it when caught by her charm as the Tarleton twins were. (M. Mitchell: *Gone with the Wind*)

译文① 那郝思嘉小姐长得并不美，可是极富魅力，男人见了她，往往要着迷，就像汤家那一对双胞胎兄弟似的。(傅东华译)

译文② 斯佳丽·奥哈拉长得并不美，但是男人一旦像塔尔顿家孪生兄弟那样给她的魅力迷住往往就不大理会这点。(陈廷良译)

译文③ 郝思嘉虽无十分姿色，却也有动人之处，男人一见就要着迷，塔尔顿家那对孪生兄弟便是如此。(查明建译)

解析 对比这三个译本，哪个译文更能体现出我们的翻译标准呢？译文①虽然也比较好地诠释了原文的含义，但总觉口语化较重。而译文③会让读者马上会回想起《红楼梦》第一回(甄士隐梦幻识通灵　贾雨村风尘怀闺秀)中“雨村遂起身往外一看，原来是一个丫鬟在那里掐花儿，生的仪容不俗，眉目清秀，虽无十分姿色，却也有动人之处。雨村不觉看得呆了”。因此查明建教授的译文完美地诠释了“信达雅”的翻译标准。

中西文化之间的巨大差异，导致中国文化中许多词汇很难在英语中找到对等的表达，许多结构和修辞方法也难以对等，因此使我们的译文在语义、结构上最大限度地接近中国文化，再现中国文化的文化内涵便是我们追求的目标。

翻译练习

1. 段落翻译

过　　年

守岁的传统源自于一个有趣的民间故事。

在中国古代有一个叫做“年”的凶猛怪物，在除夕夜，“年”会从地洞里出来吃人。

因此在除夕夜，每家每户都会一起吃晚饭，晚饭以后没人敢睡觉，所有的家庭成员会坐在一起聊天互相壮胆。

逐渐地，在除夕夜守岁的习惯形成了，因此在中国，“庆祝春节”也被叫做“过年”。

2. 句子翻译

(1) 中国是世界上人口最多的国家，2010 年人口总数为 13.705 3 亿。

(2) 早在公元前 11 世纪，北京就是燕国的国都，因此北京有“燕京”之称。

(3) 莫言发表了多部小说，第一部作品发表于 1981 年。

(4) 当前，中国人民正在为实现中华民族伟大复兴的中国梦而奋斗。

(5) 京剧是中国的戏曲形式，人们赞誉京剧是“东方戏曲”。

(6) 宋朝分为北宋和南宋两个阶段。

(7) 春节吃年糕的风俗，始于宋代，盛于明代。

(8) 在中国文化里，红灯笼是生活红火、事业兴旺的标志，所以在元宵节、春节、国庆等重要节日都要挂红灯笼。

(9) 胡同代表着北京文化。

(10) 脸谱是京剧的一大特色，观众通过脸谱就能知道角色的性格。

第三章

中国梦与翻译之句子主干的确立

2012 年 11 月 29 日，中共中央总书记习近平在国家博物馆参观“复兴之路”展览时，第一次阐释了“中国梦”的概念。习总书记把“中国梦”定义为“实现中华民族伟大复兴，就是中华民族近代以来最伟大梦想”，并且表示这个梦“一定能实现”。“中国梦”一经提出便成为时代的最强音，这个梦想承载了中华民族的未来和希望，汇聚了中华儿女富强中国的磅礴力量。

2013 年 3 月 17 日，中国新任国家主席习近平在十二届全国人大一次会议闭幕会上的讲话中 9 次提及“中国梦”。“中国梦”自此便变得生机盎然、活力无限，引无数中华儿女为之向往。下面我们便来看看中共中央总书记习近平在《中法建交 50 周年纪念大会上的讲话》中对中国梦的诠释，同时我们将通过其译文归纳总结汉译英的第一个基本方法——句子主干的确立。

一、导读

中 国 梦

在中法建交 50 周年纪念大会上的讲话(节选)

(2014 年 3 月 27 日，巴黎)

中华人民共和国主席　习近平

女士们、先生们、朋友们！

有梦想，有机会，有奋斗，一切美好的东西都能创造出来。当前，中国人民正在为实现中华民族伟大复兴的中国梦而奋斗。奥朗德总统也提出了“法国梦”。去年奥朗德总统访华时还向我建议，在两国人民实现各自梦想的基础上，努力实现“中法梦”。

近代以来，中华民族最大的梦想就是实现中华民族伟大复兴。中国的历史文化、历史命运、历史条件决定了中国人民必须在自己选择的道路上实现自己的梦想。

——中国梦是追求和平的梦。中国梦需要和平，只有和平才能实现梦想。天下太平、共享大同是中华民族绵延数千年的理想。历经苦难，中国人民珍惜和平，希望同世界各国一道共谋和平、共护和平、共享和平。历史将证明，实现中国梦给世界带来的是机遇不是威胁，是和平不是动荡，是进步不是倒退。拿破仑说过，中国是一头沉睡的狮子，当这头睡狮醒来时，世界都会为之发抖。中国这头狮子已经醒了，但这是一只和平的、可亲的、文明的狮子。

——中国梦是追求幸福的梦。中国梦是中华民族的梦，也是每个中国人的梦。我们的方向就是让每个人获得发展自我和奉献社会的机会，共同享有人生出彩的机会，共同享有梦想成真的机会，保证人民平等参与、平等发展权利，维护社会公平正义，使发展成果更多更公平惠及全体人民，朝着共同富裕方向稳步前进。

——中国梦是奉献世界的梦。“穷则独善其身，达则兼善天下。”这是中华民族始终崇尚的品德和胸怀。中国一心一意办好自己的事情，既是对自己负责，也是为世界作贡献。随着中国不断发展，中国已经并将继续尽己所能，为世界和平与发展作出自己的贡献。

为了实现中国梦，我们确立了“两个一百年”奋斗目标，就是到 2020 年实现国内生产总值和城乡居民人均收入比 2010 年翻一番，全面建成小康社会；到本世纪中叶建成富强民主文明和谐的社会主义现代化国家，实现中华民族伟大复兴。

我们认识到，为了实现中国梦，必须全面深化改革，进一步解放思想、解放和发展社会生产力、解放和增强社会活力。去年 11 月，中国共产党召开了十八届三中全会，对全面深化改革作出总体部署，吹响了新一轮全面改革的集合号。

CHINESE DREAM

Addresses on 50 years of China-France ties (Excerpts)
on March 27, 2014
Xi Jinping
President of the People's Republic of China (PRC)

Dear president, Ladies and Gentleman and friends:

Great achievements are made of dreams, opportunities and hard work. And now Chinese people are chasing the Chinese Dream: the dream of a strong nation, and the great rejuvenation of the Chinese people. President Hollande also proposed the idea of the "French Dream". During his visit last year to China, President Hollande mentioned that besides the national dreams of China and France, the future of the China-France relationship can be interpreted as a dream as well.

The greatest dream of Chinese people is the rejuvenation of the Chinese nation. It is determined by the history and culture of China, and we shall make it come true on the path China has chosen.

The Chinese Dream is about peace. A peaceful global environment is the premise of realizing the Chinese Dream. For a long time Chinese people have longed for world peace, and taken it as an obligation. We have been in wars and recessions, and we understand how precious peace is. China wishes to work with all countries in the world to bring peace to the globe, as well as protecting and enjoying it. According to history, realizing the Chinese dream would bring opportunities rather than threats, peace rather than turmoil to the world. It will help the world make progress in various aspects. Napoleon Bonaparte once said that China "is a sleeping lion", and "when China wakes up, the world will shake". In fact, the lion of China has awoken, but what the world sees now, is a peaceful, amiable, civilized lion.

The Chinese dream is a pursuit of happiness. It can be the dream of the nation, and the dreams of the individuals. The main objective of our government is to provide a platform for everyone to do what they're best at, to enjoy the success of dreams coming true, and to make contributions on the individual and national level. It is also our obligation to guarantee the fair opportunities for personal development, to maintain social justice, and to make sure that not a single person is missed from benefiting from collective hard work.

The Chinese dream is of making contributions to the world. It has been the consistent morality of the Chinese people that in times of hardship, one should improve himself; while in times of success, he is expected to benefit others. That China is dedicated in self-fulfillment and self-development shows its responsibility for China itself, and makes contributions to the all nations as well. Along with China's consistent development, the Chinese people have already been and will be continuous to do all it can to contribute to world peace.

In order to achieve the Chinese dream, we have set a target of two- one hundred years by 2020. The first goal is to double the GDP and the average income of the urban and rural resident by 2020 in order to build a comprehensively well-off society. And second is to build a prosperous democratic, civilized and harmonious modern socialist country by the middle of the 21st century.

We are all well aware that we must deepen the reforms in order to fulfill our ambitions; we should also further free our minds and keep developing the productive forces, in order to enhance the vitality of the Chinese society. The Third Plenary Session of the 18th Central Committee of the Communist Party of China which was held last November symbolized the beginning of the new-round of comprehensive reform.

[选自优习网 http://www.qiewo.com,有改动]

译文解读

汉译英能否通顺地进行,句子主干的确立是最关键的一环。通过对《中国梦》的中英文的对比,我们会发现,当把中国文化译为英语时,在句子成分方面,汉英成分的翻译并不总是一一对应的,即汉语句中的主语不总是译为英语句中的主语,同样,汉语句中的谓语并不总是直译为英语句中的谓语,其他成分也是如此;在时态的选择方面,根据句意的需要正确地选择恰当的时态和语态也是译文地道、通顺的重要一环。

(1) 汉语句子符合基本的主谓宾句型,可直译;谓语采用一般现在时。

【例 3.1】 中华民族最大的梦想就是实现中华民族伟大复兴。

译文 The greatest dream of Chinese people is the rejuvenation of the Chinese nation.

(2) 根据强调的内容,将句中的宾语提前做句子的主语;谓语采用一般过去式。

【例 3.2】 去年 11 月,中国共产党召开了十八届三中全会。

译文 The Third Plenary Session of the 18th Central Committee of the Communist Party of China was held last November.

(3) 根据行文需要,采用形式主语结构;谓语采用一般现在时。

【例 3.3】 我们的方向就是……保证人民平等参与、平等发展权利,维护社会公平正义,使发展成果更多更公平惠及全体人民,朝着共同富裕方向稳步前进。

译文 It is also our obligation to guarantee the fair opportunities for personal development, to maintain social justice, and to make sure that not a single person is missed from benefiting from collective hard work.

因此,在对中国文化进行翻译时,确立句子的主干,即如何选择句子的主语,谓语需采用何种时态、语态,是我们能够构建地道、顺畅译文句子总体框架的关键一环,值得重视,否则一味地直译,不考虑中英两种语言在句法结构、词汇等方面存在的差异,很容易出现中式英语,甚至导致错误的译文。

二、句子主干的确立

汉语与英语两种语言虽然在语音、语法、篇章结构等方面存在巨大的差异,但汉英之所以可以互相转换,其主要原因是在词汇和句法结构上具有很大的共性,如汉、英两种语言的句子主干都包含主语和谓语两大基本要素,而这是汉英翻译能否成功、顺畅的第一步。但从狭义的角度而言,汉英又存在许多不同之处,如英语的主语具有名词性或代词性(如,形式主语 it),谓语动词具有时态性且须与主语保持人称与数的一致,而汉语的主语具有话题性质,换言之,汉语主语的选择不仅仅局限于名词、代词,其他的词性,如形容词、副词、助词、动词等都可以用来充当主语;英语中的谓语只能使用动词做谓语,而汉语句中可以充当谓语的词性相当宽泛,远不只局限于动词,还包括动词性谓语、形容词性谓语、名词性谓语和主谓性谓语。因此,从广义的角度而言,汉英语言大都存在主语和谓语两大基本句法特征这一相似性,但从具体的词性选择的角度而言,用来充当主语和谓语的词汇,汉英却有着不完全相同的倾向。本章将通过对《中国梦》的翻译,分别从主语和谓语的确立两个层面讲解句子主干的确立。

(一) 主语的确立

汉英两种语言分属不同的语系,有着众多的不同点。具体来说,汉语是彰显主题的语言(topic-prominent),所突出的是主题而不是主语,多采用主题—述题结构,其中主题是句子讨论的对象。英语则是彰显主语的语言(subject-prominent),主语的地位身份突出,是整个句子最为关键的成分;英语属于"形合"语言,一个句子要独立表达一个完整的意思,必须包含有主语和谓语两个组成部分,英语中绝大部分句子都是按"主语—谓语”形式构建而成的。除了省略句和祈使句等特殊句式外，英语句子必须有主语。如“中国梦习总书记提出的”，这句话中主题是“中国梦”，主语是“习总书记”；再如，“筷子的用料种类各有不同，选材包括竹子、木材、玉石、象牙、塑料、金银等”，这句话中主题为“筷子的用料种类”，而主语为“筷子”。当汉语主题与主语相同或相异时，译文会有什么不同吗？

请试译：

【例 3.4】 我们形象地把这个目标概括为实现中华民族伟大复兴的中国梦。（主题 & 主语重合）

译文 We vividly summed to achieve this goal the great rejuvenation of the Chinese dream.（√）

【例 3.5】 你的学习取得了很大进步，但不能因此而骄傲自满。（主题 & 主语不一致）

译文 Your study has made good/great progress, but should not get conceited and arrogant.（×）

解析 例 3.4 中，汉语中主题与主语是重合的，都是“我们”，在此种情形下，汉语的主语便是英语的主语，因此，译文 3.4 是正确的；而在例 3.5 中，主语是“你的学习”而主题却是“你”。因此，当主题与主语不一致时，如果不做任何修改，译文可能会成为典型的中式英语。因此，译文 3.5 是不正确的，可改译为：You have made great progress in your study, but you should not get conceited and arrogant.

在进行汉译英的过程中，主语的确立对构建整个句子的框架十分重要，因此，我们要对汉语的主题和主语必须有明确的概念。要构建正确的句子框架，需要对英汉两种语言主语的差异有一个明确的概念，这直接关系到句子是否通畅、地道。

就主语的有无而言，汉语句子大致分为两种：一种是有主句，一种是无主句。本节主语的确立仅限于有主句的范围内，无主句中主语的确立以及如何翻译，我们将在第五章“中国传统节日与翻译之无主句的翻译”中进行讲解。根据陈宏薇(2011)，我们将主语的选择是否恰当的标准归为五项原则：① 是否符合英语的语言习惯；② 是否符合英美人的思维方式；③ 是否是句子突出的信息；④ 是否符合句中的逻辑关系；⑤ 在偏重翻译中是否符合上下文行文的需要。从技巧的层面来讲，有六项技巧可遵循。

1. 当汉语主题与主语重合时可直译

大部分句子的主题与句子的主语是重合的，将其直译便可突出句子需要突出的信息，同时也可做到句子的通顺、地道。

【例 3.6】 当前，中国人民正在为实现中华民族伟大复兴的中国梦而不懈奋斗。

解析 此句中的主题与主语重合都是“中国人民”，且与谓语动词“奋斗”是主动关系，可直译。

译文 We Chinese are striving to achieve the Chinese dream, which is the great renewal of the Chinese nation.

【例 3.7】 中国梦是继中国新一届中央领导集体成立后在政府和媒体中频繁使用的一个词语。

解析 主题与主语重合，都是“中国梦”；句子的主干是“中国梦是一个词语”，修饰成分“中国新一届中央领导集体成立后在政府和媒体中频繁使用”分为两部分：表时间的“中国新一届中央领导集体成立”和表范围的“在政府和媒体中频繁使用”，因此翻译时需分别译出。

译文 Chinese Dream is a phrase appearing during and after establishment of the new Chinese leadership and used by the government and journalists.

【例3.8】 中国梦也同时赞美在改革开放后自力更生的一代人，例如很多农村人为了更好的生活移居到城市中去谋发展。

解析 句子主题主语重合，同为“中国梦”；句子主干是“中国梦赞美自力更生的一代人”。

译文 Chinese Dream also glorifies a generation of self-made men and women in post-reform China, such as those rural immigrants who moved to the urban centers and achieve magnificent improvement for improving their living standards.

【例3.9】 中国梦也被用来解释为中国人在社会转型和经济变革后的一种集体意识。

解析 同上，主题主语都是“中国梦”；句子主干是“中国梦被用来解释为一种集体意识”。

译文 Chinese Dream can be interpreted as the collective consciousness of Chinese people during the era of social transformation and economic progress.

2. 主题译为主语

请试译：

习主席的中国梦是在参观“复兴之路”展览时提出来的。

译文① President Xi's Chinese dream was proposed during the visit to the exhibition of “The Road to Revival”.

译文② President Xi proposed Chinese Dream during the visit to the exhibition of “The Road to Revival”.

上述两个译文哪个好？汉语句中的主语“习主席的中国梦”，主题是“习主席”。译文①显得晦涩生硬，中式英语的色彩特别重，而译文②将主题译为句子的主语，译文则显得通顺、流畅。

可见，并不是所有的句子都适合“一个萝卜一个坑”的翻译方法，这是源于汉英两种语言的文化与习惯差异。那么当汉语中的主题与主语不一致时，如何选择英语句子的主语呢？如果其主题与谓语动词构成逻辑关系时，常采用的翻译方法之一是：可以将汉语句中的主题译成主语，此类句子的特点是主语通常以“……的”形式出现。

【例3.10】 中国现阶段的特点是人口多、底子薄、发展不平衡。

解析 此例中的主语是“中国现阶段的特点”，主题是“中国”；主语“中国现阶段的特点”与谓语“是”构成主谓关系，因此可将主语译为英文的主语；但同时主题“中国”与谓语“是”也构成主谓关系，因此也可将主题译为英文的主语。但比较此两种译法便会发现前者虽在语法上并无错误，但不够地道，相比之下后者更合乎西方人的表达方式。

译文① Chinese current features are a huge population, a weak foundation and unbalanced development.

译文② Contemporarily, China is characterized by a huge population, a weak foundation and unbalanced development.

【例 3.11】 从建立新中国到建设新中国，中国人民的革命实践与建设实践开启了古老中国的现代化进程。

解析 主语是“中国人民的革命实践与建设实践”，主题是“中国人民”；主题与谓语动词“开启”构成了逻辑上的主谓关系，因此可将主题译为句子的主语，而将“革命实践与建设实践”处理为英语句子的补语。

译文 From founding a New China to building a New China, Chinese people begin the modernization process of the state with their experiences of revolutionary and construction.

【例 3.12】 在经过几代人的努力，中国的教育取得了巨大的进步。

解析 同上。

译文 After generations of hard work, China has come a long way in education.

3. 表语译做主语

请比较：

汉语：

七巧来了

丁玉根喜欢过的七巧来了。

高富帅的丁玉根喜欢过的七巧来了。

拥有一栋别墅的高富帅的丁玉根喜欢过的七巧来了。

她哥哥的结拜弟兄拥有一栋别墅的高富帅的丁玉根喜欢过的七巧来了。

……

译文：

There comes Qiqiao.

There comes Qiqiao who was once loved by Ding Yugen.

There comes Qiqiao who was once loved by Ding Yugen who was tall, rich and handsome.

There comes Qiqiao who was once loved by Ding Yugen who was tall, rich and handsome who owned a villa.

There comes Qiqiao who was once loved by Ding Yugen who was tall, rich and handsome who owned a villa who was the sworn brother of her elder brother.

……

通过这两则例子我们会发现汉英的一个突出的不同点，即：汉语呈现出句首开放，可以向左扩展、延伸的结构，即头重脚轻，被称为“狮子头”结构；而英语呈现出句首封闭，句尾可通过关系词(which, that, who, where 等)无限的向右延伸，即头轻尾重，因此被称之为“孔雀尾”结构。

在汉译英的句子中，如果汉语句是由主语和表语构成的汉语句子，且主语较长而表语较短时，为了体现英语“孔雀尾”结构的特点，可以进行主表互换，即：以汉语的主语译为英语的表语，汉语的表语译为英语的主语。此类典型结构是：……是……。

【例 3.13】 实现国家富强、民族振兴、人民幸福就是中华民族最大的梦想。

解析 此例句主语长，表语短，是典型的"狮子头"结构，同时也属于"……是……"结构，因此可主表互换。

译文 The greatest dream of Chinese people is about enhancing the strength and prosperity of the nation and the well-being of the Chinese people.

【例 3.14】 到 2020 年实现国内生产总值和城乡居民人均收入比 2010 年翻一番，全面建成小康社会是我们的第一个一百年奋斗目标。

解析 同上。

译文 The first centenary goal is to double the GDP and the average income of the urban and rural resident by 2020 in order to build a comprehensively well-off society.

【例 3.15】 人民对美好生活的向往，就是我们的奋斗目标。

解析 同上。

译文 Our mission is to meet their desire for a happy life.

4. 形式主语

陈宏薇曾经在其《汉英翻译基础》中这样描述：中国人有"天人合一"的观点，强调人与自然的浑然一体，因而汉语句子习惯以人做主语，英美人则较强调客观，因而英语句子常以物或抽象概念做主语。汉语中常使用类似于"人们常说"、"众所周知"、"有人提出"、"我们都知道"、"大家讨论了"等结构，而此结构中的主语仅仅是人们出于习惯使用了一些没有实质性内容的泛称，在进行汉译英时，我们须去掉无实质性内容的主语，进而采用形式主语结构进行翻译。常用的形式主语结构有：

It is said/told/reported (...) that...

It is universally acknowledged (...) that...

It is well-known/obvious (...) that...

……

另外，当汉语主句太长，或当句子的主语为动词不定式、动名词或主语从句时，或需要对某一部分进行强调时可用 it 形式主语结构。

【例 3.16】 正是两国人民源源不断的相互理解和友谊，汇聚成了中澳友好关系之海。

解析 此句中的"正是"表明此句对原句中的"两国人民……友谊"进行强调，因此可采用 it be... that... 这一强调结构。

译文 It is the steady streams of mutual understanding and friendship between our two peoples that have created the vast ocean of goodwill between China and Australia.

【例 3.17】 习主席提出的强国富民的中国梦是振奋人心的。

解析 句中主语太长，同时符合非常典型的"主系表"的结构，因此可译为形式主语。

译文 It's soul-stirring for President Xi to put forward Chinese dream of enforcing the country and enriching the people.

【例 3.18】 人们普遍认为中国梦的意思是中华民族的伟大复兴。

解析 句中"人们普遍认为"因为主语是出于习惯使用了一些没有实质性内容的泛称，因此可采用形式主语结构 it is universally / widely believed / understood that ... 。

译文 It is widely understood that Chinese dream means the renewal of the Chinese nation.

【例 3.19】 中国梦作为一个新兴的概念正日益为中国人民所津津乐道，这是不争的事实。

解析 代词"这"是主句的主语，但其真正的主语是从句"中国梦作为一个新兴的概念正日益为中国人民所津津乐道"，因此这个主语从句可使用形式主语译出。

译文 It is a fact that Chinese dream is being talked enthusiastically by the Chinese as an emerging concept.

5. *主动变为被动*

被动语态共同存在于英汉两种语言内，但其出现的频率却是不同的。具体而言，汉语虽然也存在着"被"、"让"、"把"、"将"等被动语态的表达方式，但很少会使用，如我们常说的"人不可貌相，海水不可斗量"，我们通过语意表达被动的含义，而不会说"人不可(被)貌相，海水不可(被)斗量"，但其英语译文便可译为被动句式："A man can't be judged by his appearance, just as the sea not be measured in gallons."。同样的道理我们说"这菜真好吃"，而不会说"这菜真好被吃"。但英语中的被动出现的频率要高得多。因此，当汉语的句式呈现出：① 主语较长，宾语较短；② 上下文行文需要强调宾语；③ 当主语没有实质性内容时，可省略原句主语，将宾语提升至主语，即进行主宾互换。其目的便是使译文符合英语"孔雀尾"的结构特点，同时也将句子应该突出的部分(句中应该突出的被阐述对象)得到突出、强调。

【例 3.20】 中国要聚精会神搞建设，需要两个基本条件，一个是和谐稳定的国内环境，一个是和平安宁的国际环境。

解析 原句主语是一个句子"中国要聚精会神搞建设"，较长；而宾语"两个基本条件"较短，因此可将宾语提前。

译文 Two basic conditions, a harmonious and stable domestic environment, and a peaceful and tranquil international environment are quite necessary for China to concentrate on construction.

【例 3.21】 为了保证国民经济持续、快速、健康地发展，我们必须加快国有企业的改革步伐。

解析 原句中的主语"我们"是出于使用习惯而使用的无实质性内容的代词，因此可省略，将句中的宾语"国有企业的改革步伐"提升至主语的位置。

译文 The speed of reform of state-owned enterprises must be accelerated (stepped up) to ensure sustained, rapid and sound development of the national economy.

【例 3.22】 没有文明的继承和发展，没有文化的弘扬和繁荣，就没有中国梦的实现。

解析 表条件部分"没有文明的继承和发展，没有文化的弘扬和繁荣"可译为介词短语(介词+宾语);而表结构部分"就没有中国梦的实现"可将其宾语提前,实现对宾语"中国梦"的强调。

译文 Without the continuation and development of civilization or the promotion and prosperity of culture, the Chinese dream will not come true.

6. there be 结构

请比较:

【例 3.23】 两国之间的贸易和文化交流显著扩大。

译文① The trade and cultural exchanges between the two countries has been expanded notably.

译文② There has been a notable expansion of trade and cultural exchanges between the two countries.

译文①与②哪个更地道、更通顺?

汉语句中的主语"两国之间的贸易和文化交流"过长,如果用其做英语主语则显得头重脚轻,显然不符合英语"孔雀尾"结构的特点。译文②采用了 there be 结构,将汉语真正的主语后置,尤为符合英语"孔雀尾"的结构特点,因此译文②的翻译质量显然优于译文①。此外,我们也可采用主题语转译为英语主语的方法,将其译为 The two countries have notably expanded trade and cultural exchanges between them.

那么,什么情形下可以采用 there be 结构?如果汉语的句意表达的是"存在"、"有"、"出现"、"发生"等意义时,英语常采用 there be 句式,其中的"be"可以用"be likely to be"、"used to be"、"happen to be"、"seem to be"、"come"、"enter"、"occur"、"rise"、"stand"、"go"、"live"等词来替换,能表达较为丰富的含义。

【例 3.24】 当今世界的潮流只有一个,那就是和平、发展、合作、共赢。

解析 此句意包含"有"的含义,因此可译为 there be 结构,"和平、发展、合作、共赢"处理为"潮流"的后置定语。

译文 There is only one trend in today's world, which is the trend of peace, development and win-win cooperation.

【例 3.25】 中国还有大量文明成果被教科文组织列入世界文化遗产、世界非物质文化遗产、世界记忆遗产名录。

解析 同上;请注意"世界文化遗产"、"世界非物质文化遗产"和"世界记忆遗产名录"的英文表达。

译文 There are many more proud Chinese achievements that have been included in the World Cultural Heritage list, the World Intangible Cultural Heritage list and the Memory of the World list.

【例 3.26】 两国高层及各级别交往日益频繁,建立了 30 多对政府间磋商对话机制。

解析 此句意表达了"存在"的含义,因此可译为 there be 结构,将"各级别交往"、"30 多对政府间磋商对话机制"处理为并列结构。

译文 There are now frequent exchanges of visits at the top and other levels and over 30 government consultation and dialogue mechanisms.

（二）谓语动词的选择

汉语谓语成分具有开放性，几乎可以由各种词类和语言单位充当，如：动词（2014年，中华人民共和国设立了国祭日）、名词（鲁迅浙江绍兴人）、形容词（中国外交空前活跃）、数词（鲁能第一）及介词短语（他在哪）等。英语谓语则相对具有封闭性，通常只能由动词（be 动词或普通动词）充当。同时，汉语谓语动词无形态、时态、语体变化，而英语需要根据主语的人称选择谓语的单复数；需要根据时间，选择恰当的时态；根据主语与谓语的关系选择恰当的语态（汉语被动句不一定非要出现被动词，如：书读完了）等。因此按照英语的语言规范正确地确立译文句子的谓语非常重要（将在第四章详细讲解），以下几点应予以重视：① 谓语应该在人称、数、语态上与主语一致；② 谓语必须与宾语搭配得当；③ 必须注意谓语动词的时态、语态、语气等的变化。

请试译：

【例 3.27】 中国已经确定了未来发展目标，这就是……。

China has identified future development goals, which is ...

① 确立主语	② 根据主语确定谓语动词为单数，且为主动语态。 ③ 此句有宾语选择及物谓语动词 identify。 ④ 根据句中提供的时态标志“已经”选择完成时态，真实条件句。

【例 3.28】 奥朗德总统也提出了法国梦。

President Hollande also proposed the idea of the “French Dream”.

① 确立主语	② 根据主语确定谓语动词为单数，且为主动语态。 ③ 此句有宾语选择及物谓语动词 propose。 ④ 根据句中提供的时态标志“了”且为非持续性动作，故用一般过去时，真实条件句。

【例 3.29】 “中国梦”这个说法是由中国国家主席习近平提出的。

The concept of Chinese Dream was put forward by Chinese President Xi Jinping.

① 确立主语	② 根据主语确定谓语动词为单数。 ③ 通过句中“是由……提出的”确定动词与主语的关系为动宾关系，故应译为被动语态。 ④ 通过“是由……提出的”判断其表达的动作发生在过去且已经完成，故用一般过去时，真实条件句。

翻译练习

1. 主语的确立

（1）当汉语主题与主语重合时可直译

① 时尚界认为，传统的旗袍展示了中国女性之美，而中山装则代表了男性的地位。

② 平等、团结、互助和共同繁荣是中央政府处理民族关系问题的基本原则。

③ 中国人民正在为全面建成小康社会、实现中华民族伟大复兴的中国梦而奋斗。

④ 世界各国人民在实现各自梦想的过程中相互理解、相互帮助，努力把我们赖以生存的地球建设成为共同的美好家园。

⑤ “中国梦”由习近平主席提出并迅速走红，成为广泛讨论的概念。

⑥ 实现中华民族伟大复兴的“中国梦”，既深深体现了今天中国人的理想，也深深反映了中国人自古以来不懈追求进步的光荣传统。

（2）主题（主语的定语）译为主语

① 现在，粽子的形状大小都有很多种。

② 茶的品种不同，制法也不同。

③ 任何新生事物的成长都是要经过艰难曲折的。

④ 筷子的用料种类各有不同，选材包括竹子、木材、玉石、象牙、塑料、金银等。

⑤ 中国的饮食文化具有悠久的历史。

⑥ 中国人民的梦想就是为实现中华民族伟大复兴的“中国梦”而奋斗。

（3）表语译做主语

① 游览北京、上海、西安，最好的季节是在春秋两季。

② 中国游客最常光顾的出境旅游目的地是美国，紧随其后的是亚洲几大国家。

③ 中国最大、保存最完好的古代建筑群是紫禁城，也称故宫。

④ 推进现代化建设、完成祖国统一、维护世界和平与促进共同发展，是中国人民在新世纪的三大历史任务。

⑤ 最能代表中国功夫的是太极拳。

⑥ 在从前的农业社会里，中国人最重要的节日就是过年。

（4）形式主语

① 正是一代代中国人的艰苦奋斗，让“中国梦”前景光明。

② 从建立新中国到建设新中国，正是中国人民的革命实践与建设实践，开启了古老中国的现代化进程。

③ 人们常说：“人非圣贤，孰能无过。”

④ 中国一贯坚持通过对话协商以和平方式处理同有关国家的领土主权和海洋权益。

⑤ 大家都知道，中国在 1980 年成功地发射了第一颗洲际导弹。

⑥ 中国同澳大利亚历史文化、社会制度、发展水平不同，存在分歧很正常。

⑦ 有人认为中国造航空母舰会给别人以口实，宣扬“中国威胁论”。

⑧ 如果只有一种生活方式，只有一种语言，只有一种音乐，只有一种服饰，那是不可想象的。

（5）主动变为被动

① 目前中国正进行着一场意义深远的社会和经济改革。

② 自古以来，各种典礼和祭祀都要用酒。

③ 随着现代科学技术的迅速发展，我们能把各种各样的信息传到世界各地。

④ 为了探测月球的表面，人们一次又一次地发射火箭、卫星和飞船。

⑤ 只有把人生理想融入国家和民族的事业中，才能最终成就一番事业。

⑥ 香港这座城市特殊的历史和地理因素造就了一种多样化的文化。

（6）there be 结构

① 世界上不存在十全十美的文明，也不存在一无是处的文明，文明没有高低、优劣之分。

② 之后，中外文明交流互鉴更是频繁展开，这其中有冲突、矛盾、疑惑、拒绝，但更多是学习、消化、融合、创新。

③ 如果世界上只有一种花朵，就算这种花朵再美，那也是单调的。

④ 当前世界上主要有两个问题，一个是和平问题，一个是发展问题。

⑤ 要实现全球经济的稳步发展还面临许多不确定因素。

⑥ 从北京市区坐旅游车向西北走大约两个小时左右可以到达一个叫八达岭长城的旅游胜地。

2. 谓语动词的选择

(1) 中国自古就主张和而不同。

(2) 我相信有一天“教育优先”将不再是一个梦想，它将变成这个星球上每一个妇女都能享有的现实。

(3) 中国目前已经成为世界第二大经济体，经济成就举世瞩目，综合国力今非昔比，人民生活水平大幅改善，国际影响力迅速攀升。

(4) 1949 年以前，中国是一个经济落后的国家，但现在已经成为一个世界经济大国，发展潜力巨大。

(5) 每年一度由政府主办的艺术嘉年华为当地艺术家展示其独创性提供了一个广阔的平台。

第四章
中国政治制度与翻译之时态的确立

植根于中国独特的社会文化和历史背景而生长起来的独具中国特色的人民代表大会制度、中国共产党领导的多党合作和政治协商制度、民主区域自治制度以及基层群众自治制度，以及对香港、澳门、台湾所贯彻的一国两制的基本国策等，在60余年的发展历程中，已经证明了其能够有效保证人民的权利和自由，能够有效调节国家政治关系，能够有效维护国家独立自主，能够集中力量办大事。

1978年以来中国连续30多年取得的年均10%的经济发展速度，特别是没有特别的"高潮和低谷"就证明了中国政治体制的"奇妙之处"。伴随着中国经济的崛起，中国的政治治理和经济发展模式也在世界范围内引发热议。下面我们就来看看温家宝总理在《在第十一届全国人民代表大会第三次会议上的政府工作报告》中对于"一国两制"基本方针的诠释，同时我们将通过其译文归纳总结汉译英的第二个基本方法——时态的确立。

一、导读

中国政治制度

在第十一届全国人民代表大会第三次会议上的政府工作报告(节选)

(2010年3月5日)

国务院总理温家宝

我们将坚定不移地贯彻"一国两制"、"港人治港"、"澳人治澳"、高度自治的方针，全力支持香港、澳门保持长期繁荣稳定。支持香港巩固并提升国际金融、贸易、航运中心地位，发展优势产业，培育新的经济增长点。支持澳门发展旅游休闲产业，促进经济适度多元化。要认真实施珠江三角洲地区改革发展规划纲要，积极推进港珠澳大桥等大型跨境基础设施建设和珠海横琴岛开发，深化粤港澳合作，密切内地与港澳的经济联系。伟大祖国永远是香港、澳门的坚强后盾。只要特别行政区政府与各界人士同心协力，包容共济，共同维护繁荣稳定发展的大局，香港、澳门的明天一定会更加美好。

过去的一年，两岸关系在新的历史起点上取得重要进展，呈现和平发展良好势头。两岸交流合作不断深入，全面直接双向“三通”得以实现。经济关系正常化迈出重要步伐，经济合作制度化建设逐步推进。两岸关系持续改善和发展，给两岸同胞带来了实实在在的利益。

在新的一年里，我们要继续坚持发展两岸关系、促进祖国和平统一的大政方针，牢牢把握两岸关系和平发展的主题，不断开创两岸关系和平发展新局面。密切两岸经贸金融交往，深化产业合作，支持在大陆的台资企业发展，维护台胞合法权益。鼓励有条件的大陆企业赴台投资。支持海峡西岸经济区在两岸交流合作中发挥先行先试作用。通过商签两岸经济合作框架协议，促进互利共赢，建立具有两岸特色的经济合作机制。拓展文化教育交流，共同弘扬中华文化。加强两岸民众和社会各界交流，共同分享两岸关系和平发展成果，进一步凝聚推动两岸关系和平发展的共识。坚持大陆和台湾同属一个中国，巩固两岸关系和平发展的政治基础，增强两岸政治互信。我们坚信，全体中华儿女同心协力，祖国完全统一的宏伟大业一定能够实现！

CHINESE POLITICAL SYSTEM

Report on the Work of the Government (Excerpts)

——Delivered at the Third Session of the Eleventh National People's Congress on March 5, 2010

Wen Jiabao

Premier of the State Council

We will unswervingly implement the principle of "one country, two systems" under which the people of Hong Kong administer Hong Kong, and the people of Macao administer Macao both with a high degree of autonomy, and fully support Hong Kong and Macao in maintaining long-term prosperity and stability. We will support Hong Kong in consolidating and elevating its position as an international financial, trade, and shipping center; developing industries with local advantages; and fostering new areas of economic growth. We will support Macao in developing its tourism and leisure industry and appropriately diversifying its economy. We will conscientiously implement the Outline of the Program for Reform and Development of the Pearl River Delta, vigorously promote the construction of the Hong Kong-Zhuhai-Macao Bridge and other major cross-boundary infrastructure projects as well as the development of Zhuhai's Hengqin Island, deepen cooperation between Guangdong and the Hong Kong and Macao regions, and increase economic ties between the mainland and these two regions. The great motherland will remain a staunch supporter of Hong Kong and Macao forever. As long as the governments of the Hong Kong and Macao special administrative regions and their people from all walks of life work together; accommodate and help each other; and jointly safeguard overall prosperity, stability, and development, Hong Kong and Macao will enjoy a brighter future.

Last year relations between the two sides of the Taiwan Straits made important progress from a historic new starting point, and a positive trend toward peaceful development emerged. Cross-Straits exchanges and cooperation constantly deepened, and complete, direct, two-way mail, transport and trade links were established. We took important steps to normalize cross-Straits economic relations, and economic cooperation between the two sides gradually became institutionalized. The constant improvement and development of cross-Straits relations brought real benefits to our compatriots on both sides.

In the New Year, we will continue to adhere to the principle of developing cross-Straits relations and promoting peaceful reunification of the motherland, firmly embrace the theme of peaceful development of cross-Straits relations and constantly create new conditions for it. We will strengthen economic, trade, and financial contacts between the two sides; deepen industrial cooperation; support the development of Taiwan-funded enterprises on the mainland; and safeguard the lawful rights and interests of our Taiwan compatriots. We will encourage qualified mainland enterprises to invest in Taiwan. We will support the economic zone in Fujian Province on the west coast of the Straits in playing its role in pioneering new approaches to exchanges and cooperation between the two sides. We will promote a win-win situation, set up an economic cooperation mechanism that reflects the characteristics of both sides by negotiating and signing an economic cooperation framework agreement (ECEA). We will expand cultural and educational exchanges, and work with Taiwan to promote Chinese culture. We will increase exchanges between people from all sectors of society on both sides, so that everyone can share in the fruits of the peaceful development of cross-Straits relations and more fully realize the importance of promoting peaceful development. We will uphold the principle that the mainland and Taiwan belong to one and the same China, strengthen the political foundation for the peaceful development of cross-Straits relations, and enhance mutual political trust between the two sides. We firmly believe that with the concerted efforts of the Chinese people, we will achieve the complete reunification of the motherland.

译文解读

香港问题、澳门问题和台湾问题都是历史上遗留下来的问题，解决这些问题，实现国家统一，是中华民族的共同愿望。通过对温家宝总理政府工作报告(节选)中对“一国两制”的方针的中英文解读，我们便会发现此篇文章从整体上而言都是运用一般将来时，但也穿插着一般现在时、一般过去时。

(1) 因内容是对在香港、澳门、台湾问题上，中国政府阐述其立场——将继续贯彻“一国两制”的方针，以及对祖国统一大业实现的期望，因此本篇文章主题采用一般将来时。

【例 4.1】 我们将坚定不移地贯彻“一国两制”、“港人治港”、“澳人治澳”、高度自治的方针，全力支持香港、澳门保持长期繁荣稳定。

译文 We will unswervingly implement the principle of "one country, two systems", under which the people of Hong Kong administer Hong Kong, and the people of Macao administer Macao both with a high degree of autonomy, and fully support Hong Kong and Macao in maintaining long-term prosperity and stability.

(2) 当阐述事实“我们坚信”时，译文采用一般现在时。

【例 4.2】 我们坚信，全体中华儿女同心协力，祖国完全统一的宏伟大业一定能够实现！

译文 We firmly believe that with the concerted efforts of the Chinese people, we will achieve the complete reunification of the motherland.

(3) 本篇文章第二段是对过去的一年所发生的事实进行描述，采用一般过去时。

【例 4.3】 过去的一年，两岸关系在新的历史起点上取得重要进展，呈现和平发展良好势头。

译文 Last year, relations between the two sides of the Taiwan Straits made important progress from a historic new starting point, and a positive trend toward peaceful development emerged.

从上篇文章，我们可以看出，汉语句子结构多样，呈现出无主轴、无核心动词的流散和疏放的样态特征；对比之下英语句子呈现出一种以主谓为主轴、以动词为核心、其他成分主要围绕动词扩展的样态。正因为如此，钟书能曾在《汉英翻译技巧》中讲到：除了主语的确立和翻译之外，谓语动词的翻译就成了汉语句子翻译最重要的一个环节。谓语动词的翻译最难以处理的部分便是时态的确立。换言之，在句子主干——主语和谓语确立的基础上，谓语动词时态的确立便是翻译中第二个最基本、最重要的环节，因为它直接关系到在对中国文化进行翻译时，能否正确、通畅地将其译出。

二、时态的确立

众所周知，汉语通过使用表示时间的副词或使用助词“着、了、过、正在、快要、会”等来表述现在、过去或将来的时态。而对于曲折变化的英语而言，动词时态的重要性毋庸置疑，动词时态直接决定了主体动作发生的时间，因此需将汉语表示时态的助词转译为英语中的谓语动词时态。评价一篇译文的优劣，译文的基础时态起着最基础的作用，虽然中间可能穿插其他时态，但基础时态对于整个语篇的衔接起着重要的作用。

具体讲，常见的时态大体有四种：一般现在时(经常性或习惯性动作；客观真理；主语的状态、特征等)；现在完成时(动作已经完成或从过去持续到现在；对现在产生影响)；一般过去式(在过去时间里发生的动作或状态；过去经常或反复发生的动作)；一般将来时(将来某一时刻的动作或状态，或将来某一段时间内经常的动作或状态)。从文章的体裁角度而言，记叙文通常采用一般过去时，说明文、议论文通常采用一般现在时或现在完成时。总之，确立文章的时态要牢记一点：译者应以作者的身份陈述汉语文章或句子，而不是转述别人的话。如“现在，上海世博会即将呈现在我们面前”，虽然世博会早已在2010年开幕，但当我们以作者的身份陈述这个句子时，不难体会到，这个句子应该采用一般将来时，因为在作者陈述这个事实时，上述动作仍未发生。因此，译文应该是“Now, the Expo is about to open”。

（一）根据句中的时间确定译文时态

汉语句中如果有明显的时间状语，则需根据时间状语，同时也需要根据句中谓语动词的发生或完成情况确立英语谓语动词的时态。

【例4.4】 8年来，中国政府和人民怀着高度热忱，全力筹办上海世博会。

解析 汉语原文中的“8年来”这一时间状语意味着谓语动词发生在过去但一直延伸到现在，因此需采用现在完成时态。“全力筹办”译为“make tremendous effort”。“上海世博会”专有名词“Shanghai Expo//Expo 2010 Shanghai”。

译文 Over the past eight years, the Chinese government and people have worked with great enthusiasm and made tremendous efforts in preparation for Expo 2010 Shanghai.

【例4.5】 这一年(2014年)，我们通过立法确定了中国人民抗日战争胜利纪念日、烈士纪念日、南京大屠杀死难者国家公祭日。

解析 原文中的时间状语“这一年(2014)”以及此句中的谓语动词“确定”是非延续性的，因此此句需用一般过去式翻译。此句难点是对各纪念日的翻译：中国人民抗日战争胜利纪念日、烈士纪念日和南京大屠杀死难者国家公祭日的英文表达分别是the victory of Chinese People's War of Resistance against Japanese Aggression, the Commemorative Day of Martyrs 和 the National Memorial Day to commemorate victims in the Nanjing Massacre。

译文 In the past year, through legislation we established the Commemorative Day to mark the victory of Chinese People's War of Resistance against Japanese Aggression, the Commemorative Day of Martyrs, and the National Memorial Day to commemorate victims in the Nanjing Massacre.

【例4.6】 当前，中拉关系进一步发展面临重要机遇，拥有更好条件和更坚实基础。

解析 原句中的时间状语“当前”表明译文应当采用一般现在时。可将“中拉关系进一步发展”视为目的状语，添加隐含主语“我们”，将“我们面临重要机遇，拥有更好条件和更坚实基础”作为句子主干。

译文 Now, we are presented with important opportunities and blessed with better conditions and a more solid basis to further grow China-Latin relations.

【例4.7】 未来5年，中国将进口超过10万亿美元商品，对外投资超过5 000亿美元。

解析 原文中时间状语“未来5年”表明译文应当采用一般将来时。“对外投资”可译为动词短语“invest abroad”或名词短语“outbound investment”。

译文 In the next five years, China will import more than US＄10 trillion of goods and make over US＄500 billion outbound investment.

【例4.8】 假如我们的经济五年不发展，或者是低速发展又该怎么办？

解析 标志词"假如"及其与事实相反的句意将其确立为虚拟语气,根据时间状语"五年"确立是对将来的虚拟,再确立其谓语所选择的时态。

译文 What if our economy stagnated for five years or developed at a low rate?

(二) 根据句中的某些副词或助词来确定译文的时态

汉语中的某些表示时态的副词或助词(如,完成时态副词或助词"了"、"历来"、"一直"、"以来"、"自古以来"、"自始至终"等;将来时态副词或助词"将"、"快"、"要"、"会"等;进行时态副词或助词"正"、"在"、"着"、"呢"、"在……呢"、"一直"等;过去时态"过"、"了"等)用以表述汉语时态。汉译英时,可根据这些表示时态的副词或助词转译为英语中相应的时态。

【例 4.9】 我们将遵循"和平统一、一国两制"的方针……。

解析 此句难点有两处:一是时间副词"将"所蕴含的将来时态;二是"和平统一、一国两制"的翻译"peaceful reunification"、"one country, two systems"。

译文 We will unswervingly implement the principle of "peaceful reunification" and "one country, two systems".

【例 4.10】 中国人民正在满怀信心地推进改革开放和社会主义现代化建设。

解析 此句需考虑助词"正在"所蕴含的现在进行时态。"满怀信心"译文"with full confidence"。

译文 The Chinese people are moving forward with full confidence in reform, opening up and the socialist modernization drive.

【例 4.11】 中国政府历来重视环境保护工作。

解析 此句中所包含的副词"历来"表示从过去一直持续到现在并会继续延续下去,因此需用完成时态。

译文 The Chinese government has always attached great importance to environmental protection.

【例 4.12】 香港、澳门回归祖国以来,"一国两制"实践日益丰富。

解析 原句中的副词"以来"表示从过去一直延续到现在,通常译成英语中的since,因此句子的谓语动词应该使用完成时态。"……实践日益丰富"需将其意译为:"more experience has been gained in doing ... "。

译文 Since the return of Hong Kong and Macao to the motherland, more experience has been gained in putting into practice the principle of "one country, two systems".

(三) 根据时态呼应关系,从整个句子意思考虑选用时态

如果汉语句中没有任何时间名词或表示时态的助词或副词,则需要根据句意或上下文所蕴含时间以及句中谓语动词所表示的动作发生的时间以及是否还要延续下去等判断需要采用何种时态。

【例 4.13】 世博会是荟萃人类文明成果的盛会,也是世界各国人民共享欢乐和友谊的聚会。

解析 原文中没有出现任何明显的时态标志词,但所描述的是一个客观存在的状

况，因此需用一般现在时。

译文 The World Expo is a grand event to showcase the best achievements of human civilization. It is also a great occasion for people from around the world to share joy and friendship.

【例 4.14】 中国人民经过长期不懈的斗争建立了新中国。

解析 原文描述的是“建立新中国”这一动作所发生的状况，此动作已经发生，且不具有延续性，因此需要用一般过去时。

译文 The Chinese people established the New China after unremitting (*adj.* 不懈的，未减弱的) struggles.

【例 4.15】 中国人发明了罗盘，却并没有制造兵舰横行四海。

解析 此句稍有难度。前半部分“中国人发明了罗盘”，“发明”这一动作发生在过去且不具有延续性，因此需用一般过去时；而后半部分“却并没有制造兵舰横行四海”描述的是这一行为从过去一直持续到现在并可能继续延续下去，因此现在完成时态为佳。

译文 Chinese people invented the compass, but have never used it to make warships to prowl about the seas.

【例 4.16】 随着综合国力上升，中国有能力、有意愿向亚太和全球提供更多公共产品。

解析 本句中“综合国力的上升”是一个客观事实，因此可采用一般现在时；而后半部分作为句子的主干，是“综合国力上升”所必将带来的结果，这是在将来或近期便会发生的动作，因此需用一般将来时。“综合国力”的英文表达是“overall national strength”。

译文 As its overall national strength grows, China will be both capable and willing to provide more public goods for the Asia-Pacific and the world.

翻译练习

(1) 随着越来越多的人向城市迁徙，住房及城市基础设施建设(infrastructure construction)，包括水源和能源的供应将会成为城市发展的焦点问题。

(2) 大陆和台湾有不同的意识形态，实行不同的政治制度，但绝不能让这一点妨碍我们发展两岸关系，实现和平统一的大业。

(3) 近年来，中国城市化进入加速阶段，取得了极大的成就，同时也出现了种种错综复杂的问题。

(4) 现在，中国经济发展进入了新常态，今后一个时期将继续保持中高速增长。

(5) 我们既要不断创造 13 亿中国人民的美好生活，又要为人类和平与发展的崇高事业做出新的更大的贡献。

(6) 上海世博会将向世界展示一个拥有 5 000 多年文明历史、正快速发展变化的中国。

(7) 诞生 159 年来，世博会把不同国度、不同民族、不同文化背景的人们汇聚在一起。

(8) 中国的现代化建设离不开与世界各国的经济合作与贸易往来。

(9) 多年来那个国家一直有严重的失业现象。

(10) 只有充分发展商品经济，才能把经济真正搞活，使各企业增加效率。

(11) 北京不但是国家的政治中心，而且是经济、科学和文化中心。

(12) 千百年来，在这片广袤的土地上，中国人民耕耘、生活，创造并发展了其独特的文化。

(13) 过去的一年里，随着中国同世界的联系越来越紧密，国际社会更加关注中国。

(14) 去年这个时候，国际金融危机还在扩散蔓延，世界经济深度衰退。

(15) 实践将再次证明，任何艰难险阻都挡不住中华民族伟大复兴的历史进程。

(16) 神舟十号遨游太空，嫦娥三号成功登月，蛟龙深潜再创纪录，这表明中国人民完全有能力、有智慧实现建成创新型国家的目标。

(17) 提出建设丝绸之路经济带、21 世纪海上丝绸之路的构想。

(18) 启动教育扶贫工程，实施农村义务教育薄弱学校改造计划。

(19) 深化文化体制改革，加强文化市场建设。

(20) 一些经济学家指出，在中国几乎所有的发展中城市都面临着城市化的进程。

第五章

中国传统节日与翻译之无主句的翻译

在悠久的历史长河中，为了适应生产生活需要而给时间设立一个节点，这便是我们今天的节日。而作为中华民族悠久历史的重要体现形式，作为文明社会重要标志的中国传统节日，融合了中国节气、原始崇拜、生活禁忌、神话故事、对历史人物的纪念等因素，中国节日渗透出深厚的文化底蕴，缤纷浪漫，具有很强的内聚力和广泛的包容性。节日发展到唐代，已经从原始祭拜、禁忌神秘的气氛中解放出来，转为娱乐礼仪型，成为真正的佳节良辰。时至今日，从流传至今的诗歌中，还可以清晰地看到古代人民庆祝和社会生活的精彩画面，如(宋)王安石的《元日》，“爆竹声中一岁除，春风送暖入屠苏”；(唐)文秀的《端午》“节分端午自谁言，万古传闻为屈原”；(唐)苏味道的《正月十五夜》“火树银花合，星桥铁锁开。暗尘随马去，明月逐人来。游伎皆秾李，行歌尽落梅。金吾不禁夜，玉漏莫相催。”中国传统节日在经历了被西方文化入侵过后的沉寂，已然开始复苏。尤其是在2008年，清明、端午、中秋三个传统节日被以法定节假日的形式确立下来，使得中国的传统节日日益发挥着其历史的芬芳。

在对中国传统节日介绍的过程中，汉语意合的特征使得句子使用大量的无主句，因此本章将通过对“中国的传统节日”的介绍，来阐释在对其进行翻译过程中所需的翻译方法——无主句的翻译。

一、导读

中国的传统节日

中国的传统节日形式多样，内容丰富，是我们中华民族悠久历史文化的一个组成部分。传统节日的形成过程，是一个民族或国家历史文化长期积淀凝聚的过程。我国的传统节日，无一不是从远古发展过来的。从这些流传至今的节日风俗里，还可以清晰地看到古代人民社会生活的精彩画面。

节日的起源和发展是一个逐渐形成、潜移默化地完善、慢慢渗入到社会生活的过程。它和社会的发展一样，是人类文明发展到一定阶段的产物。中国古代的这些节日，大多和神话、天文、历法、数学以及后来划分出的节气有关。

节气为节日的产生提供了前提条件，大部分节日在先秦时期就已初露端倪。最早的风俗活动是和原始崇拜、祭祀有关；神话传奇故事为节日平添了几分浪漫色彩；还有宗教对节日的巨大冲击与影响；一些对历史人物永恒的纪念渗入节日。所有这些，都融合凝聚到节日的内容里，使中国的节日有了深沉的历史感。

到汉代，中国主要的传统节日都已经定型。人们常说这些节日起源于汉代，汉代是中国统一后第一个大发展时期，政治经济稳定，科学文化有了很大发展，这对节日的最后形成提供了良好的社会条件。

节日发展到唐代，已经从原始祭拜、禁忌的神秘气氛中解放出来，转为娱乐礼仪型，成为真正的佳节良辰。从此，节日变得欢快喜庆，丰富多彩，许多体育、娱乐的活动内容出现，并很快成为一种时尚流行开来，这些风俗一直延续发展，经久不衰。

春节、元宵节、清明节、端午节、七夕节、中秋节、重阳节是中国七大传统节日，其中春节、清明、端午和中秋节是我国的法定节假日。我们将着重介绍我国的七大传统节日。

农历正月初一，是新一个农历年的开始，是中国的传统节日春节。春节在我国大约有四千多年的历史，位居中国七大传统节日之首，是我国最热闹、最隆重的节日。

元宵节又称"上元节"，即农历正月十五日。由于元宵有张灯、看灯的习俗，民间又习称为"灯节"。此外还有吃元宵、踩高跷、猜灯谜等风俗。

清明是我国的二十四节气之一，清明节是我国最重要的祭祀、祭祖和扫墓的日子。清明节，又叫踏青节，古人有清明踏青、开展一系列体育活动的习俗。

农历五月初五为"端午节"，本来是夏季的一个驱除瘟疫的节日。在民间有端午节饮雄黄酒，挂艾叶、香蒲，赛龙舟，吃粽子的习俗。

农历七月七日的晚上称"七夕"。七夕节是我国传统节日中最具浪漫色彩的一个节日。受西方国家的影响，中国越来越多的情侣把那天视为中国情人节。

农历八月十五日，正当秋季的正中，故称"中秋"。这一天，人们都要吃月饼以示"团圆"。中秋节与春节、清明节、端午节并称为中国汉族的四大传统节日。

农历九月九日，为传统的重阳节，又称"老人节"。在民间有登高、佩茱萸、饮菊花酒的风俗。重阳节与除夕、清明节、中元节是中国传统节日里祭祖的四大节日。

腊月初八这一天，喝腊八粥是全国各地老百姓最传统、也是最讲究的习俗。传说释迦牟尼在这一天得道成佛，因此寺院每逢这一天都要煮粥供佛。

CHINESE TRADITIONAL FESTIVALS

Chinese traditional festivals with various forms, rich content are integral part of the time-honored history and culture of Chinese nation. The formation process of traditional festivals is also the progress of a nation or country's historical and cultural accumulation and cohesion over a long period. All the Chinese traditional festivals come from the ancient. From festival customs which dated back to ancient times, the wonderful picture of the social life of ancient people is still clearly present before us.

The origin and evolvement of our traditional festivals is a progress which gradually came into being subtly matured, and slowly seeped into our social life. Just like the social development, it is the product stemming from civilization development. The majority of these ancient Chinese festivals are correlated with mythology, astronomy, calendar, mathematics, and the solar terms in later times.

The solar terms are the prerequisite for the emergence of our traditional festivals. The majority took their shapes in the early Qin Dynasty; the earliest customs are related to the original worship, superstition and taboos; the myths and legends add some romance; the religion exerted a great impact and influence on the festival; the immortal memory for some historic figures seeped into it. All the above elements were integrated into the festivals, which made them have a deep sense of history.

In the Han Dynasty, the major traditional Chinese festivals took the defined shape. It is often said that this or that holiday was originated from the Han Dynasty, because Han Dynasty was the first developing period after China's reunification, and the politics and economy were stable and the science and culture made a great development. And the above elements provided decent social conditions for their final shape.

In the Tang Dynasty, the festivals freed from the primitive worship, taboo and myths. It turned into entertainment and etiquette and became the genuine joyous festival. Afterwards, the festivals became joyous, and colorful. With the emergence of various sport and entrainment activities, they soon prevailed as a kind of fashion, thus these customs continued to develop and last until today.

The seven traditional Chinese festival are the Spring Festival, the Lantern Festival, the Qingming Festival (or Tomb-Sweeping Day), the Dragon Boat Festival, the Mid-Autumn Festival and the Chongyang Festival. Among them, the Spring Festival, the Qingming Festival, the Dragon Boat Festival and the Mid-Autumn Festival are our statutory public holidays. We will focus on our seven traditional Chinese Festivals.

The lunar New Year's Day is the beginning of a new lunar year which is the traditional Chinese New Year. The Spring Festival, with a history of more than 4,000 years, ranks the first among our seven traditional Chinese festivals and is the most joyous and solemn festival in our country.

The Lantern Festival, also known as the "Shangyuan Festival", falls on the 15th day of the first lunar month. Because of the custom of seeing light lanterns, Lantern Festival is known as the "Shangyuan Festival". There are also the customs of eating rice dumplings, walking on stilts, and guessing riddles, etc..

Tomb-sweeping Day is one of twenty-four solar terms that is the most important day for sacrifice, ancestor worship and sweeping the graves. The Qingming Festival, also known as Spring Outing Day, during the day the ancients would launch a series of sports practices.

Fifth of May in lunar year is Dragon Boat Festival, which was originally a summer holiday for driving out the plague. There is a folk custom of wine drinking, hanging the Chinese mugwort leaves, cattail, dragon-boat racing, and eating Zongzi on that day.

Lunar July 7th night is called "Chinese Valentine's Day". Chinese Valentine's Day is the most romantic holiday among traditional festivals in China. Under the influence of Western countries, an increasing number of couples in China see that day as the Chinese Valentine's Day.

Lunar August 15th is rightly the middle of autumn, hence the name Mid-Autumn. On this day, people would eat moon cake to show reunion. Mid-Autumn Festival, as well as the Spring Festival, Qing Ming Festival, Dragon Boat Festival, is known as the four well-known Chinese traditional festivals among the people of Han nationality.

September 9th of Luna year is known as the Chongyang Festival, also called Festival for the Elderly. There is a folk custom of climbing, wearing cornel, and drinking chrysanthemum wine. Chongyang Festival, as well as the New Year's Eve, Qing Ming Festival, Ghost Festival, is renowned as the four sacrificial festivals in traditional Chinese festivals.

On the Eighth day of the twelfth lunar month, it is the most traditional and authentic custom for people all over China to eat Laba porridge. According to the legend, Sakyamuni, the founder of Buddhism, was enlightened on that day, so the temples would cook and offer porridge as a sacrifice.

[《七大传统节日的介绍》节选自网络孔子学院 http://www.chinese.cn/,有改动]

译文解读

通过对《中国传统节日》及其译文的中英对比便会发现,在对中国节日的汉语介绍中,存在许多无主句,即形式上没有主语的句子,但其主语是不言而喻的;或在具体语境中已经表明的;或是泛指的人或物。这些无主句在《中国传统节日》中以多种翻译方法译出。

(1) 将无主句潜在的主语补译出

【例 5.1】 从这些流传至今的节日风俗里,还可以清晰地看到古代人民社会生活的精彩画面。

译文 From festival customs which were dated back (dated back) to ancient times, the wonderful picture of the social life of ancient people is still clearly present before us.

(2) 通过添加隐含的主语将其译出

【例 5.2】 转为娱乐礼仪型,成为真正的佳节良辰。

译文 It turned into entertainment and etiquette and became the genuine joyous festival.

(3) 将无主句以 there be 结构译出

【例 5.3】 在民间有登高、佩茱萸、饮菊花酒的风俗。

译文 There is a folk custom of climbing, wearing cornel, and drinking chrysanthemum wine.

虽同为无主句,但因不同的无主句存在着其独特的特点,所以其翻译方法也不同。那么无主句究竟存在什么特点?如何根据其特点选择恰当的翻译方法?本章将进行详细讲解。

二、汉语无主句的翻译

缘于汉语意合语言的特点,汉语中无主句出现的频率要远远高于英语无主句。中国文化注重天人合一的理念,表达思想多强调主体意识,所以中国会有很多只可意会不可言传的哲学。这反映在语言上便是汉语注重意合,如"不自由,毋宁死(如果不给我自由,我宁愿去死)","知己知彼,百战不殆(如果我们对敌我双方的情况都能了解透彻,那么打起仗来即使百战我们也不会有危险)"等。而西方人重客观、重科学、重分析,这反映在语言中来,便成为对句子结构严谨的要求。因此英语多形合,如英语句子要求主、谓在人称、数上要搭配,谓、宾要搭配等。所以当把汉语句中意合的句子译为英文时,便需先把隐含的成分补充完整,后直译或采用其他句式,从而使英语句子符合英语"形合"的特点。无主句的特点是重在描述动作、变化而不在于叙述是"谁"进行的这一动作。在对中国传统节日的介绍中,因其涉及对中国传统文化、风俗习惯等的介绍,有诸多内容是不言而喻的或者主语是泛指的,故会使用诸多无主句。因此,本章将通过对中国传统节日的介绍,详细地阐释无主句的翻译方法。

(一)(谓语)动词转译为名词译为主语

汉语动词使用的频率明显高于英语,原因有二:① 英语属于印欧语系,印欧语系的特点就是具有强大的派生构词法,如在英语中动词"judge",通过添加名词后缀"-ment"便可构成名词"judgement";名词"luck"通过添加后缀"-y"便可构成形容词"lucky"。因此英语具备了使用名词、形容词等词汇表达汉语动词所包含的意义。② 英语动词在使用的过程中要受到限制,如受到人称和数的限制,受到有无宾语的限制等,而汉语属于汉藏语系,此语系的特点是动词的使用比较灵活,并无如此限制。

比较:

【例 5.4】 决不允许违反这个原则

译文

① We are not allowed to violate this principle.

② No violation of this principle can be tolerated.

译文①和②虽然内容完全相同,但①就是按照汉语的思维模式进行的直译,②是将"违反"转换为名词"violation",并让其做句子的主语,使其更符合英语使用者的语言习惯。可见,无论是从英语使用者说话习惯的角度而言,还是从句子本身所呈现出来的英语能力而言,译文②要远远优于译文①。因此,汉译英时,在适当情况下可以把动词转换为名词,让无生命名词做译文的主语,使译文更合乎语言使用者的习惯。

【例 5.5】 重新唤醒人们对传统节日的重视有助于增强人们的民族自豪感。

解析 原句中动宾短语"重新唤醒……的重视"可以译为动词短语"renew ... concern over / emphasis on";也可译为名词短语"the revivification of ... concern over/ emphasis on"。但名词短语的译文更合乎英语使用者的习惯,因此更好。

译文 The revivification of Chinese people's concern over traditional festival is contributed to enhance our sense of national pride.

【例 5.6】 必须特别强调传承和弘扬中国传统文化的重要性。

解析 动词"强调"转可译为名词"emphasis"。使用其构成的动词短语"place emphasis on",进而将其转换为主谓结构"emphasis must/should be placed on"。

译文 Special emphasis must be placed on the inheritance and promotion of traditional Chinese culture.

【例 5.7】 在菊花傲霜怒放的重阳节里,观赏菊花成了重阳节的一项重要内容。

解析 "菊花"的修饰词"傲霜怒放的"可转移至短语"(观赏)菊花"前,从而起到强调作用;同时将动宾短语"观赏(傲霜怒放的)菊花"可译为动名词做句子的主语。

译文 Enjoying the flourishing chrysanthemum becomes a key activity on the Double Ninth Festival.

(二) 宾语译做主语

中西方思维方式的一大区别在于:西方人注重客观性,而中国人突出主观。这反映在语言中便是:汉语经常以人做主语,而西方人则常以物或抽象概念做句子的主语;或者汉语多主动,英语多被动。因此,很多汉语主动语态译成英语时,需要进行语态转换。运用条件:汉语无主句有受动者或者宾语,且受动者或宾语较短时,常把其译为英语句中的主语。

【例 5.8】 作为中华民族悠久历史文化的重要组成部分,请珍视我们的传统节日。

解析 此句为典型的无主句,且宾语"我们传统的节日"较短,因此可将其译为句子的主语。

译文 As an integral part of the time-honored history and culture of Chinese nation, our traditional festival must be valued.

【例 5.9】 所有的门上都会贴上春联,红纸黑字醒目地展示着中国书法。

解析 同上,将宾语"春联"提前做句子的主语;可将"红纸黑字醒目地展示着中国书法"译为从属成分,其中动词"展示"与主语"春联"是主谓关系,因此可以为非谓语动词。

译文 Spring Festival couplets will be pasted on all the door panels, highlighting Chinese calligraphy with black characters on red paper.

【例 5.10】 用清明节之前采摘的茶叶制成的绿茶被誉为"明前茶",这种茶的价格要比其他种类贵得多。

解析 同上,可将宾语"茶叶"提前做句子的主语;"明前茶"的英文表达是"pre-qingming tea"。

译文 Green teas made from leaves picked before the Qingming Festival are given the prestigious "pre-qingming tea" designation which commands a much higher price tag.

【例 5.11】 在二月二这一天，往往有赏花、种花、踏青和赏红等一系列活动。

解析 可将名词“一系列活动”提前做句子主语；“赏红”是中国南方一种习俗，是在树枝头缠红丝带，许愿祈福，因此可将其译为“attach red straps to branches”。

译文 A series of activities are held on the Double-Second Festival, including appreciating flowers, growing flowers, going on a spring outing, and attaching red straps to branches.

（三）用适当的名词或代词为无主句添补主语

如果汉语无主句的宾语较长，或者有多个宾语时，则不适合将其译为被动句。这时应通过句意或者上下文找出其隐含的主语，选用合适的名词或者代词(he, we, one 等)为句子添补主语，从而符合英语使用者的语言习惯，即所谓的地道。

【例 5.12】 世界各地在每年的 5 月 12 日庆祝国际护士节。

解析 此句为无主句，将句中隐含的主语“人们”补充完整，后直译；也可将宾语“国际护士节”提前做主语，译为被动结构。

译文 People all around the world celebrate the International Nurse Day (IND) every year on 12 May. // International Nurses Day (IND) is celebrated around the world every year on 12 May.

【例 5.13】 元宵节通常都出来看灯笼和猜灯谜，也许还能看见一些精彩的民间表演舞龙和秧歌。

解析 根据语义，将第一分句隐含的主语“人们”，以及第二分句隐含的主语“你”或“我们”补充完整。

译文 On Lantern Festival, people go outside to have a look at the lanterns and guess the riddles on the lanterns. Perhaps you call see some wonderful folk performances, Dragon Dance and Yangko.

【例 5.14】 在亚洲，庆祝中秋的方式各有千秋，有放孔明灯的，有舞龙的，还有流传已久的吃月饼的传统。

解析 根据句意，将第一分句隐含的主语“人们”或“每个家庭”补充完整；“放孔明灯”的英文表达是“the releasing of sky lanterns”。

译文 In Asia, households celebrate the Mid-Autumn Festival in a variety of ways, with the releasing of sky lanterns, dragon dancing and the age-old tradition of eating moon cake.

（四）译为存在句或 it be ... to do

(1) 汉语中有些表示“有”、“存在”、“出现”等含义的无主句可以译为存在句，即 there be 句型。其中的“be”可以用“be likely to be”、“used to be”、“happen to be”、“seem to be”、“come”、“enter”、“occur”等词来替换，用以表达较为丰富的含义。

【例 5.15】 在民间有端午节饮雄黄酒(realgar wine)，挂艾叶(mugwort leaves)，香蒲(cattail)，赛龙舟，吃粽子的习俗。

解析 此无主句中表达了“有”的含义，可将其译为存在句。

译文 There is a folk custom of realgar wine drinking, hanging the Chinese mugwort leaves, cattail, dragon-boat racing, and eating Zongzi on that day.

【例 5.16】 在春节期间有大量的娱乐活动，比如戏剧、电影、舞狮和庙会。

解析 同上。

译文 There are a plethora of activities during the Spring Festival including opera and movie performances, lion dances and temple fairs.

【例 5.17】 在年画发展过程中曾经形成了三个不同主题的派别，分别是历史主体的齐家、小说主题的戴家和混合主题的霍家。

解析 此无主句表达了“存在”的含义，因此可译为存在句；“齐家”可译为“Qi Family”，同理“戴家”、“霍家”可译为“Dai Family”、“Huo Family”。

译文 There used to be three schools in terms of the subjects in the development of the New Year Paintings: the historical theme of Qi Family, the fictional theme of Dai Family and the mixed theme of the Huo Family.

(2) 汉语无主句如果表达是请求、号召、口号、格言、经验之谈或者表达某种哲理，常用 there be 或者 it be ... to—inf. 。

【例 5.18】 有必要把我国传统的节日重阳节定为老人节，让其成为尊老、敬老、爱老、助老的老年人的节日。

解析 此句意在发出一种“号召”，因此可将其译为 there be 结构或 it be 结构。“必要”的含义可用句型“it is essential / imperative / necessary / vital / crucial that”或“there is a imperativeness/necessity ... ”表达。

译文

① It is essential to designate our traditional festival—the Double Ninth Festival as Seniors' Day and make it a holiday to show people's respect and love to the seniors and give them our assistance.

② There is a necessity /imperativeness to designate our traditional festival ...

【例 5.19】 因为担心好运被扫出家门，从除夕到初四是不允许扫地的。

解析 此句表达的是一种经验之谈或者习俗，因此即可译为 there be 也可译为 it be ... to—inf.

译文

① It's not allowed to sweep the floor from New Year's Eve to the fourth day for fear that good luck would be swept away.

② There is a ban on floor-sweeping from New Year's Eve to the fourth day for fear that good luck would be swept away

【拓展】

【例 5.20】 有腐必惩，有贪必肃。

解析 汉语原句表达的是一种“口号”，因此可将其译为 there be 或 It be... to—inf. 结构。

译文 There's absolutely no tolerance for corruption and graft.

(3) 很多表示自然现象、时间与距离等的汉语无主句，以及一些固定的表达句式，如“据说”，“据报道”，“据猜测”，“大家认为”等翻译时，常用代词 it 做形式主语。

【例 5.21】 据报道，随着中国最隆重的春节聚餐和烟花爆竹气氛淡下来，环保人士已经发起了新一轮行动，说服消费者更加负责任地消费。

解析 原句中“据报道”等常采用固定的形式主语结构译出，即“it is reported that ...”。

译文 It is reported that as China winds down from its biggest ever binge of spring festival feasting and fireworks, environmentalists have launched a new drive to persuade consumers to spend more responsibly.

【例 5.22】 说是有一年，玉帝(the Jade Emperor)传谕四海龙王，三年内不得向人间降雨。(二月二传说)

解析 同上。

译文 It is said that once the Jade Emperor ordered the four Sea Dragon Kings not to rain on the earth in three years' time.

(4) 当谓语由系表结构(be + 形容词 / 名词)构成时，可使用形式主语同时将不定式后置，构成句型“it + be + 表语(形容词 / 名词)+ 不定式”结构。

【例 5.23】 不难发现中国古诗中对这个欢乐夜晚的描述。

解析 此句谓语有系表结构“be not difficult”构成，因此可译为形式主语结构，即“it is not difficult to find ...”.

译文 It's not difficult to find Chinese poems which describe this happy night.

【例 5.24】 虽然上述的传说很神奇，但可以确定的是元宵节的起源必定跟古代人们使用火来庆祝节日、躲避灾难有关。

解析 第二分句的谓语由系表结构“be sure/certain”构成，因此可将此分句译为形式主语结构。

译文 Although the above stories are quite fantastical, it is sure that the origins of Lantern Festival are related to ancient humanity's use of fire to celebrate festivals and avert disaster

(五) 译为祈使句

请仔细体会：

① Keep silence!

② Will you keep silence?

③ Let's explore the boundless universe in quest of never-ending truth.

④ We will explore the boundless universe in quest of never-ending truth.

同样的含义，用不同的句式表达便会产生不同的情感效果。祈使句②与④强调的是句子的主语“you”和“we”；而①与③则强调事件本身并且带有很强的感情色彩。其中，①带有强制性的感情色彩，言辞强硬，态度坚决；而③用祈使句表达建议，并带有舒缓并诚挚的感情色彩，言辞、态度平缓。因此，当汉语无主句表示请求、命令、号召、口号及其标语等含义时可译为祈使句式，做到与原文在句式和感情色彩上的统一。

【例 5.25】 让我们共同努力，让中国的节日文化走向世界。

解析 原句所传达的“号召”，带有很强的感情色彩，因此可将其译为祈使句式。

译文 Let's work in unison so that the Chinese festival culture could go out to the world

【例 5.26】 让我们来看看中秋节的一些习俗以及全国上下的人们如何度过合家团聚的时光。

解析 同上。

译文 Let's take at a look at some of the customs of the Mid-Autumn Festival and how people around the country spent this time of family reunion.

【拓展】

【例 5.27】 为建设一个富强、民主、文明的社会主义现代化国家而奋斗！

解析 同上。

译文 Strive to build a prosperous, democratic and culturally-advanced modern socialist country!

(六) 将无主句译为倒装句

请鉴赏：

Snowflakes By Henry Wadsworth Longfellow	雪花 亨利·朗费罗
Out of the bosom of the Air, Out of the cloud-folds of her garments shaken, Over the woodlands brown and bare, Over the harvest-fields forsaken, Silent, and soft, and slow, Descends the snow. ……	它来自天上。 叠叠乌云抖衣裳， 静悄悄，不慌张， 绵绵雪花降； 落在光秃秃的棕色树林， 和收割过的孤寂田野上 …… ——李景琪（译）

在这首诗里，诗人 Longfellow 富有创意地运用了倒装句式：前面连续出现了七个地点状语，却始终不见其被修饰成分，给人造成一种悬念，让读者迫切地想知道这到底描述的是什么。直到最后"decedents the snow"，答案揭晓，读者恍然大悟。因此，倒装句式具备其他句式所不具备的功能——制造悬念，渲染气氛。

如果我们将这首诗变为陈述句式：

The snow descends,
Out of the bosom of the Air,
Out of the cloud-folds of her garments shaken,
Over the woodlands brown and bare,
Over the harvest-fields forsaken,
Silent, and soft, and slow.

则其悬念全无，平铺直叙，读之如同嚼蜡，索然无味。因此在翻译过程中，有时为了达到强调、突出某些内容或达到制造悬念、渲染氛围等艺术效果，我们可以颠倒原有语序，将状语提前置于句首，即运用倒装句式。

【例 5.28】 分布在地球上各个角落的约 4 000 万海外华侨华人都在此时此刻庆祝我们最盛大的节日——春节。

解析 此句对“分布在地球上各个角落”进行了强调，因此在译文中为了保持原文的强调内容和风格不变，可采用英语的倒装句式。

译文 Scattered around the globe are more than 40 million overseas Chinese celebrating our grandest festival, the Spring Festival, at the moment.

【例 5.29】 山上立了块碑，说是除非金豆开花，玉龙才能重新上天。（二月二传说）

解析 同上，此句对表地点的状语“山上”进行了强调，因此可采用倒装句式。

译文 On the mountain was a tablet, which said the jade dragon would not go back to Heaven unless golden beans blossomed.

【例 5.30】 最早在周朝的史书中出现过“中秋”的说法。

解析 为了对“在周朝的史书”进行强调，可将其放在句首，使用倒装结构。

译文 In the historical books of the Zhou Dynasty appeared the word “Mid-Autumn”.

【拓展】

【例 5.31】 荷塘的四面，远远近近，高高低低的都是树，而杨柳最多。

解析 该汉语句式地点状语居前，并对其进行强调，因此，为保持原文风格不变，可采用英语的倒装式翻译。

译文 Around the pond, far and near, high and low, are trees. Most of them are willows.

三、小结

在处理一个无主句时，究竟用哪种方法，一方面要取决于句子本身的结构，另一方面还要看上下文，因文制宜，灵活掌握。同一个句子，用于不同的上下文，其处理方法往往也不相同。如，下面这个句子出现在不同的语境中，我们就可以根据其强调的内容或语境采用不同的翻译方法：

【例 5.32】 尤其在节日期间，必须特别强调在一线大城市禁止燃放烟花爆竹的重要性。

① Special emphasis must be given to the importance of the ban of fireworks in the front-line cities, especially during the holiday season.（动词做主语法）

② We must emphasize the importance of the ban of fireworks in the front-line cities, especially during the holiday season.（添加主语法）

③ It’s a must for us to emphasize the importance of the ban of fireworks in the front-line cities, especially during the holiday season.（形式结构）

④ There is a necessity for us to emphasize the importance of the ban of fireworks in the front-line cities, especially during the holiday season.（there be 结构）

⑤（The importance of）The ban of fireworks in the front-line cities, especially during the holiday season, should be emphasized.(宾语译为主语,即被动法)

翻译练习

1.(谓语)动词转译为名词译为主语

(1)只要一提到中国,人们马上就会想到四大发明:造纸术、印刷术、火药和指南针。

(2)他运用自有经济的手段挽救经济,把阿根廷变成了该地区经济改革的榜样。

(3)在清明节这天,为坟墓去除杂草,添加新土,在坟前点上香,摆上食物和纸钱,以此来表示对祖先的思念和敬意。

(4)改善小区生活环境有助于增强身心健康。

(5)若不是采取了严厉措施,那将会出现更严重的后果。

(6)必须采取有效措施防止空气污染。

2. 宾语译做主语

(1)在中国大陆,中秋那天,空气中飘散着浓烈的熏香味道,隔着几公里远也可以看到空中闪烁的灯笼。

(2)在元宵节这一天,花市和餐馆都会挂满传统样式的各色灯笼,吸引着大批的人观看。

(3)节日当天会举办假面舞会,用丢手绢的方式撮合邻村的单身男女,这看似不可思议却极具象征意味。

(4)通常月饼上都印有汉字,标明月饼的制造商和月饼馅的种类。

(5)在古代,民间在重阳有登高的风俗,故重阳节又叫"登高节"。

(6)通常把茶分成清茶、红茶、花茶,味道各有不同。

(7)由于中国功夫的发展,产生了中国人的侠义精神。

(8)要进一步加大对劳动者的技能培训,提高劳动者的整体素质。

(9)积极鼓励外商投资农业、基础设施、环保产业和高新技术产业。

(10)要开发中国广阔的西部地区,需要处理好经济发展和人口控制的关系。

3. 用适当的名词或代词为无主句添补主语

(1)根据中国人的习俗,初五这一天要进行大扫除,将所有的垃圾从家中清除并将贫穷赶出家门。

(2)要致力于推动建立公正合理的国际政治经济新秩序。

(3)应该继续努力防止污染,控制污染,保护生态环境。

(4)各民族之间建立了平等、团结、互助的新型关系。

(5)全面发展同其他发达国家的友好合作与交流。

(6)中国历史上产生了许多杰出的哲学家、思想家、政治家、军事家、科学家和文学艺术家。

4. 译为存在句或 it be ... to do

(1)现在全国只有一家商业传统年画作坊,由"霍家"经营着。

(2)相传,远古时候天上有十日同时出现,晒得庄稼枯死,民不聊生。

(3)对于元宵节的起源有很多说法,但是可以确定的是它和宗教信仰有关。

(4) 整个九龙区遍布着特别的街边市场，还会上演华美的彩灯游行(包括世界最大的造型灯)和著名的舞火龙表演。

(5) 中国北方大部分地区在冬至这一天有吃饺子的习俗。

(6) 在经济建设的实践中，已经涌现了大批的优秀人才。

(7) 必须在中国社会发扬孝顺父母的美德。

(8) 没有改革开放，就没有今天的经济发展。

(9) 在大都市里，有每月定期的庙会，这种庙会都是在地方宽大的庙里举行。

(10) 当今世界的潮流只有一个，那就是和平、发展、合作、共赢。

5. 译为祈使句

(1) 让世界了解中国，让中国走向世界。

(2) 让我们共同努力，使丝路精神历久弥新，使友好交流的步伐永不停息。

(3) 用发展的眼光看中国。

(4) 让我们携手合作，使各国人民对实现持久核安全更有信心、对核能事业造福人类更有信心!

(5) 让我们携手在无穷的宇宙长河中去探索无穷的真理吧!

(6) 采取严厉措施打击各种违法犯罪活动。

6. 将无主句译为倒装句

(1) 所有的门上都会贴上春联，红纸黑字醒目地展示着中国书法。

(2) 在门上挂起一种叫艾草(Ay Tscao)的药草来避邪。

(3) 全中国遍布着约 24800 个自然湖泊，其中大多数位于长江中下游平原和青藏高原。

(4) 世界需要和平，和平才能发展。

(5) 在展览会上，展出了许多中国最新的电子产品。

(6) 地下埋藏着大量的矿产资源。

(7) 只有这样我们才能赶上世界先进的科学技术水平。

第六章

习语、诗歌与翻译之直译与意译

汉语历史悠久，它产生了大量优秀的脍炙人口的诗歌，同时包含了大量的反映中国独特的民族文化的习语。汉语诗歌与习语的产生离不开其独特的文化背景。中国自古以来便是以农业立国，因此其诗歌或习语的产生背景往往离不开土地。因此，唐代道教思想理论家、政治军事理论家李筌曾在《太白阴经·国有富强》中写道：地诚任，不患无财。他认为只要充分开发并充分利用地上地下的一切资源，就会创造出无穷的财富。艾青也曾写下了脍炙人口的诗歌《我爱这土地》，“为什么我的眼里常含泪水？因为我对这土地爱得深沉”表达他对土地深沉的爱恋。而英国“桂冠诗人”梅斯菲尔德则被誉为“大海的诗人”，写下了“Sea Fever”，其中几乎每个人都耳熟能详的“I must go down to the seas again, to the vagrant gypsy life(我一定要再次回到大海，似吉普赛人浪迹天边)”表达了其对大海的热爱和深深眷恋之情。在习语方面，我们常说“挥金如土”，然而翻译成英语时需要译为“spend money like water”，这是源于英语产生的独特的文化背景——英国是一个岛国，其很多生活内容及其语言往往都与水有关。

下面，我们将通过《习语》的中英文简介，对比总结在对诗歌、习语的翻译过程中需要使用的两种翻译方法——直译法和意译法。

一、导读

习　语

何为习语？习语是语言中惯用的表达方式，它要么语法结构特殊，要么整体意义不能从其构成成分的意义得出。在广义上，习语包括成语、典故、谚语、格言、俗语和俚语。习语大都言简意赅、形象生动、富有韵律，大量地存在于日常和书面语言中。习语作为文化中的一个重要组成部分，像一面镜子反映着民族的文化、人民的智慧和语言的特色。

因为其涉及生活的各个方面，包括历史、地理、经济、文化、宗教信仰、文学作品、神话传说、风俗习惯等，其语言形式的简练和固定性，很多时候由于缺乏文化底蕴，人们往往会误解其所传达的真正含义，如：他真是颗扫帚星；萝卜青菜，各有所爱；这个富二代被戴上了绿帽子等。

再如：

1. 画饼充饥

三国时代魏国的皇帝曹睿，准备选拔一个有才能的人到朝廷来做官。曹睿对他的大臣说："选择人才，不能光找有虚名的人。虚名好像是画的一块饼，只能看，不能解决肚子饥饿的问题啊！"后来人们就用"画饼充饥"这个成语比喻用空想安慰自己，不能解决实际问题。

2. 世外桃源

东晋的文学家陶渊明写了一篇著名的文章叫《桃花源记》。叙述一个渔人出外捕鱼的时候，偶然来到了桃花源这个地方。从这里通过一个山洞，发现了一个村子，这里的居民是秦朝时避难人的后代。这是一个与世隔绝、没有剥削和压迫、人人安居乐业的美好社会。渔人告别村民回家以后，再也找不到这个地方了。

后来，由这个故事产生了"世外桃源"这个成语，用来比喻与世隔绝的、理想的美好世界。

因此，带有浓厚民族文化色彩的习语，在翻译过程中不能望文生义，相反必须理解其背后的文化背景。

[《画饼充饥和世外桃源》节选自大耳朵英语学习网站 http://www.ebigear.com/]

IDIOM

What is idiom? It is an expression established in the usage of a language that is peculiar to itself either in grammatical construction or in having a meaning that can't be derived as a whole from the conjoined meaning of its elements. (Webster's Third New World International Dictionary, 1976) In a broad sense, idiom includes set phrase, allusion, proverb, saying, colloquialism and slang. With the characteristic of concision, vividness and full of rhythm, idiom is frequently present in our oral and written languages. As a vital component of our culture, idiom is functioned as a mirror reflecting our national culture, people's wisdom and linguistic characteristics. With its content involved all aspects of life, such as history, geology, economy, culture, religious belief, literary works, myths and legends, custom and habits etc., and its concise form and fixed pattern, idioms frequently confuse the language users who are lack of the cultural background, for example,他真是颗扫帚星 with a literal meaning he is indeed a comet, it really means he is indeed a jinx;萝卜青菜，各有所爱 with a literal meaning some prefer radish but others prefer cabbage, it really means tastes differ; 这个富二代被戴上了绿帽子 with a literal meaning the rich second generation is made to wear a green hat, it really means the rich second generation is a cuckold.

More examples:

1. Relieving hunger with a picture of cakes or to feed on illusions

During the Three Kingdoms Period (220—280), the duke of the Wei, Cao Rui, planned to select a very capable man to work for him. He said to his ministers, "When choosing a talented person, we should always beware of the ones with a false reputation. A false reputation is just like a picture of a cake; it can't ease hunger." Later, the idiom-relieving hunger with a picture of cakes, came to be used to mean comforting oneself with unrealistic thoughts, without solving practical problems.

2. A Heaven of Peace and Happiness

Tao Yuanming, a famous writer of the Eastern Jin Dynasty (317—420), wrote the well-known essay Peach-Blossom Spring. In it he tells a story which goes like this: A fisherman happened to come upon a place called Peach-Blossom Spring. Squeezing through a cave, he found a village, the residents of which were descendants of refugees from the Qin Dynasty. It was a paradise isolated from the outside world, without exploitation or oppression, and everybody living and working in peace and contentment. The fisherman left the villagers and went home. But he could never find the place again.

This idiom is derived from the story above, and is used to mean an isolated, ideal world.

Therefore, the idioms loaded with a rich national culture, shouldn't be translated literally. Conversely, they must be translated based on the real understanding of its cultural background.

译文解读

通过对《习语》中英文的对比，我们会发现在对习语的翻译过程中，因为涉及众多具有中国特色文化的习语，因此对于缺乏中国文化底蕴的外国人来说可能很难准确明白其含义，因此直译法和意译法是在对习语的翻译过程中经常被使用的翻译方法。

1. 使用直译法

【例 6.1】 画饼充饥

译文 Relieving hunger with a picture of cakes

2. 使用意译法

【例 6.2】 画饼充饥

译文 to feed on illusions

【例 6.3】 世外桃源

译文 A Heaven of Peace and Happiness

【例 6.4】 他真是颗扫帚星。

译文 He is indeed a jinx.

【例 6.5】 萝卜青菜，各有所爱。

译文 Tastes differ.

【例 6.6】 这个富二代被戴上了绿帽子

译文 The rich second generation is a cuckold.

在对中国文化的翻译过程中，尤其是在对习语和诗歌的翻译过程中(因诗歌、习语具有文约旨博、言简意赅、含蓄、生动等特点)，为了保证跨文化交流的畅通，同时也为了让中国的文化走出国门，有时需直译，有时需意译，有时既可直译也可意译。何时直译？何时意译？其翻译标准是什么？本章将通过对习语和诗歌的介绍对直译法和意译法进行详细讲解。

二、直译与意译

美国语言学家尤金·奈达认为："世界的语言和文化惊人地相似，相似之处占90%，不相似之处仅占10%。"这相似的90%便是不同文化间的共性，也是我们翻译的基础，如圣经《旧约·传道书》中曾说"All the rivers run into the sea, yet the sea is not full"，和《淮南子·汜论训》中讲到的"百川归海，而海不盈"如出一辙，这便是文化的相通之处。

在各种文化相似的基础上所进行的翻译，直译与意译是这一过程中常采用的两种方法。所谓直译是指译文既忠于原文意思又不失原文的形式和结构。如"让过去的事过去吧！"可直译为"Let bygones be bygones!"；"人山人海"直译为"people mountain people sea"。可见，直译可以保留原作的风格、原文的形象比喻、民族色彩等，但直译不等同于"一个萝卜一个坑"的死译。如有人将"他是个醋坛子"直译为"He is a vinegar jar"；"男性"直译为"male man"；"当心落水"直译为"Take care to fall into water(请小心地落水)"，这便会贻笑大方。因此，当词组或句子的字面含义与实际意义不完全对等时，汉语便需要从意义角度进行翻译，即意译。意译是指不受原文词语的限制，不拘泥于原文句子的结构，用不同于原文表达方法，从其他的角度把原文意思表达出来。如"他是个醋坛子"，就可以从意义的角度翻译，译为"He is insanely jealous"；"东南西北，家乡最美"译为"East or west, home is best"，再如，"镇江一个美得让您吃醋的地方"，译为"Zhenjiang, a place with enviable beauty"。

什么是直译，什么是意译？何时采用直译？何时采用意译？直译与意译的优点是什么？

(一) 直译

正如鲁迅所推崇的翻译方法"宁其信而不顺[rather to be faithful (in thought) than smooth (in language)]"，直译放在第一位的是忠于原文内容，第二位的是忠于原文形式。直译要求在保持原文内容的前提下，力求使译文与原文在选词用字、句法结构、形象比喻及风格特征等方面尽可能趋同，如宁浩导演的《疯狂的石头》，就直译为"Crazy Stone"；李安导演的经典武侠电影《卧虎藏龙》直译为"Crouching Tiger, Hidden Dragon"。这不仅仅使原作的文化特征得以保留，而且还促进了语言的多样性，因此这些译文得到了观众的认可。

1. 某些习语或诗句可直译

在英汉语言中都有大量的习语和诗歌，它们本身含有丰富的比喻意义，具有鲜明的形象，民族、地方色彩浓厚。英汉诗歌或习语中，有许多因其在文化背景上重合的地方，此类习语经过简单的或创造性的直译便可被另一语言使用者所理解，如"三三两两"译文"in twos and threes"。另一类是某些直译后的习语保持了独特的民族特色，同时又引起英语使用者的共鸣，因此被广泛地使用，如“不作就不会死”的译文“no zuo, no die”。此两类汉语诗歌或习语可直译。如：

【例 6.7】

关雎 关关雎鸠 在河之洲 窈窕淑女 君子好逑 ……	Kwan ts'eu Kwan-Kwan go the ospreys, On the islet in the river, The modest, retiring, virtuous, young lady For our prince good mate she …… ——Translated by James Legge

解析 这是理雅各(James Legge)翻译的《关雎》，为了达到逐字对译的效果，煞费苦心。郝娜曾这样对其译文进行描述：为了达到对译，理雅各创造了“Kwan-Kwan”音译“关关”，用介词“on”和“in”对译汉语的介词“在”和助词“之”；对“窈窕”的翻译更显示了他对原作的尊重和对译语的精确运用；虽“君子”译为“prince”差异甚大，但要找到与汉语对等的英文词汇很多情形下是不可能的。因此直译并非没有创造性，只是更看重作者原汁原味的创造。

【例 6.8】 来得容易去得快。

解析 此汉语原句指不经过努力就获得东西，往往失去得快。字面意义便是其深层次的含义，因此可直译。直译后明确表明了原文的含义，且保留了汉语原文的句法特征和形象的比喻，尽最大限度减少了翻译的损失。

译文 Easy come easy go.

【例 6.9】 吠犬不咬人。

解析 此句字面意义便是深层次的含义，可直译。直译的译文传达了原文的内容，同时也保留了原文形象、生动的特点。

译文 Barking dogs do not bite.

【例 6.10】 易如反掌

解析 此句语出枚乘《孟子·公孙丑上》。意思是：“事情很简单非常容易完成，就像翻一下手掌那样容易”，字面意义便是其深层次的含义，可直译。

译文 as easy as turning one's hand

【例 6.11】 以卵击石

解析 此句语出战国·荀况《荀子·议兵》，意思是“拿蛋去碰石头，比喻不估计自己的力量，自取灭亡”，字面意义便是其深层次的含义，可直译。

译文 to throw egg against rock

【例 6.12】 狗嘴里吐不出象牙。

解析 此句语出《元曲选·遇上皇》，意思是比喻坏人嘴里说不出好话来。字面意义便是其深层次的含义，可直译。

译文 A dog's mouth emits no ivory. //One doesn't expect ivory from a dog's mouth.

【例 6.13】 君子协定

解析 此成语出自毛泽东《反对党内的资产阶级思想》,意思是"双方只以口头承诺或交换函件而订立的协定,它与书面条约具有同等的效力"。本用于国际事务间,后亦用为事先约定的套语。又称做"绅士协定"。

译文 gentleman's agreement

【例 6.14】 高大上

解析 "高大上"即"高端、大气、上档次"。

译文 Executive Distinguished VIP

【例 6.15】 立党为公,执政为民。

解析 中国共产党的执政理念,此句字面意义便是深层次的含义,可直译。

译文 To establish the Party for the public and assume power for the people.

2. 句子的直译

直译不仅仅运用在对习语、诗歌的翻译之中,在对汉语的句子进行翻译时也可采用直译法。其条件是:当中文结构与英语句子结构较为接近时,即当汉语句子属于典型的主谓宾或主系表结构时,且句子的含义便是字面的含义时,可直译。直译有助于保留原文的写作特点,同时也有助于译文通顺自然。

【例 6.16】 后来,人们就用"画饼充饥"这个成语比喻用空想安慰自己,不能解决实际问题。

解析 汉语原文与英文在结构上极为接近,即都属于典型的主谓宾结构,且句子本身的含义便是字面的含义,因此只需要将汉语原文"不能解决实际问题"译为 without 引导的介词短语做句子的状语便可。

译文 Later, people used the idiom—to draw a cake to satisfy one's hunger, to mean comforting oneself with unrealistic thoughts, without solving practical problems.

【例 6.17】 "井底之蛙"教导我们要以更开阔的视野看待我们周遭的世界。

解析 同上。

译文 The idiom—Little Fro, in the Well teaches us to have a broader view of the world around us.

【例 6.18】 中国自古以来就崇尚礼尚往来的传统美德,它可以显示人们的慷慨和关心。

解析 同上;第二分句可处理为"礼尚往来"的后置定语。

译文 Since ancient times, China advocates the traditional virtue of reciprocity, which demonstrates generosity and caring.

3. 直译的优点

作为一种被广泛采用的翻译方法,直译具有自己独特的优点。直译可以尽量贴近原作的写作风格和表现手法,传达原作意义,使读者原汁原味地感受中华文化,传播中华文化,同时直译也有助于读者吸收一些新鲜生动的词语和新颖独特的语法结构以及表达方式。而这是其他翻译方法所不具备的。请比较:

【例 6.19】 你行你来做，不行少啰唆。

① If you can do it then you do it; if you can't then don't gabble.

② You can you up, no can no BB.

请比较两种译文的翻译，译文①是从语义的角度进行翻译，译文②是根据汉语的原文所转化的拼音，这充分体现了民族色彩，而且还可使读者逐步接受原作的文学风格，促进语言多样性，丰富目的语的语言形式，以利跨文化沟通与交流。

【例 6.20】

天净沙·秋思 马致远 枯藤老树昏鸦， 小桥流水人家， 古道西风瘦马。 夕阳西下， 断肠人在天涯。	Tune: Sunny Sand Autumn Thoughts By Ma Zhiyuan Sear vines, old trees and crows in twilight. A small bridge, flowing water and cottages in sight. An ancient road, a lean horse in the westerly wind. The westering sun down wend, A heart-broken man is at heaven's end. —Translated by Qin Xuelan

诗歌在翻译过程中往往遵循“三美”原则，即“意美”、“音美”和“形美”，但“意美”是翻译者最看重的。而本首诗歌的翻译基本上是在原文的基础上进行的直译（只是为了尾韵，将其中的“西风”和“瘦马”的顺序进行了调整），但恰恰是这种翻译方法在原作的基础上，通过一系列景色的描写“sear vines”、“old trees”、“crows in twilight”、“a small bridge”、“flowing water”、“cottages”、“an ancient road”、“a lean horse”、“westerly wind”、“westering sun”以及“at heaven's end”准确地展现了原诗的“意美”，更突出了原诗所要表达的感情。在翻译过程中，我们翻译的原则是首先选择直译，在直译不能进行的情形下选择意译。

（二）意译法

不同的文化之间存在着诸多差异，换言之，各民族都包含自己独特的个性文化，而这是造成各民族交流失败或障碍的根源。当涉及民族个性文化时，若其蕴含了历史故事、神话传说、独特的风俗习惯等，则其含义比较隐晦，如果按照字面的意思直译，则意思可能模糊不清，不能确切传达原文内容，有时还可能造成误解。如“瓜田李下”，如果将其直译为“in the melon field and under a plum tree”，则其汉语中所隐含的“瓜田不纳履，李下不整冠”的含义无法重现，因此需将按其意义翻译“Neither adjust your shoe in a melon patch, nor your hat under a plum tree”，再如“to cast pearls before swine”，如果将其直译为“把珍珠扔到猪面前”，我们很难准确地明白其含义，因为此成语来源于《圣经》，有着显著的基督教色彩，因此可按其意义翻译为汉语成语“明珠暗投”或“对牛弹琴”。因此，当句子无法直译或直译不能传达原文的内容时，我们就需要不拘泥原文结构形式与修辞手法，从句子的内容出发进行意义的诠释，如将“班门弄斧”直译为“Display your axe at Lu Ban's door”，那么对汉语文化不了解的人便会不知所云，造成文化交流障碍，因此需将其从意义的角度诠释为“Remain proud before an authority”或者“Teach a fish how to swim”，这便是意译法。

1. 习语或诗句意译

习语或诗句作为语言文化的精华，承载了各民族独特的环境、风俗、宗教、历史等特性，因此大部分的习语或诗句是不能被直译的。何时采用直译，何时采用意译取决于其表层结构与其深层含义是否统一，如果统一，则可采用直译法；如果不统一，则需意译。如“山水”指的是“water and mountains (hill)”，但当我们翻译“山水画”时，“山水”含义已远远超过其字面内容，其深层含义指的是“风景”，因此要从意义的角度重新措辞，将其译为“Landscape painting”；电影“霸王别姬”为了凸显悲剧结局，将其译为“Farewell My Concubine(再见，我的小老婆)”，看似戏谑幽默，实则为了与其内容形成强烈反差，给读者留下深刻印象。请仔细体会下面习语或诗句的翻译。

【例 6.21】 海内存知己，天涯若比邻。

解析 此诗句出自唐代王勃的《送杜少府之任蜀州》。作者采用了对偶的修辞手法，对仗工整，音律和谐，高度地概括了“友情深厚，江山难阻”的情景。此诗句中所包含的“爽朗的音调、清新高远的语言”着实难以用英语表达。因此只能从意义的角度诠释出此诗句的内涵。

译文 A bosom friend afar brings a distance near.

【例 6.22】 塞翁失马，焉知非福。

解析 此汉语原句语出《镜花缘》。比喻一时虽然受到损失，反而因此能得到好处。也指坏事在一定条件下可变为好事。如果按照其字面的含义直译，则会成为“an old man, living near the Great Wall, lost his horse. How do you know it's not a blessing?”此译文繁琐难懂。因此不如摆脱原文的束缚，将其意义译出。

译文 A loss may turn out to be gain.

【例 6.23】 医生常对我们说：迈开你的腿，管好你的嘴。

解析 原文中“迈开你的腿，管好你的嘴”描述的是表面现象，此习语实际上是具有深层次含义的，“迈开你的腿”是医生建议我们多锻炼，而“管好你的嘴”是医生建议我们少吃。因此，可从其意义的角度进行翻译。

译文 The doctor always tells us, exercise more and eat less.

【例 6.24】 钻石王老五

解析 此汉语原句同样是字面含义与深层次的含义不相符，“钻石”指的是“有钱的”，而“王老五”则指的是“单身男子”。因此，需从意义的角度翻译。

译文 a golden / rich / diamond bachelor

2. 句子的意译

意译法也不单纯仅仅运用在习语中，也可运用在对汉语句子的翻译过程中。归属不同的语言体系使得汉英在诸多方面存在差异，如独特的表达方式(汉语：我们到了；英语：here we are)，不同的思维方式(汉语：2015 年 3 月 30 日；英语：Mar. 30，2015)，不同的词汇选择(汉语：挥金如土；英语：spend money like water)等。

【例 6.25】 在中国一提到孔子，上至白发苍苍的老人，下至天真幼稚的顽童，无人不知，无人不晓，人们为了纪念他，在许多地方都建有祭祀他的寺庙，天津也不例外。

解析 原文中“上至白发苍苍的老人，下至天真幼稚的顽童，无人不知，无人不晓”，是汉语中经常用到的表达方式，即重复强调。如果将其直译，势必繁冗拖沓。因此，可意译为“a household name”，从而使译文简洁、更容易被理解和接受。

译文 Confucius is a household name in China. Temples in memory of him could be found everywhere in China. Tianjin is no exception. (李欣译)

【例 6.26】 中国人也好，外国人也好，死人也好，活人也好，对的就是对的，不对的就是不对的。

解析 句子的主干是“对的就是对的，不对的就是不对的”；而“中国人也好，外国人也好，死人也好，活人也好”表述的是范围，因此可将其意译为“be it Chinese, foreigners, the dead or the living”或者“no matter what it concerns, the Chinese or foreigners, the dead or the living”。

译文 What is right is right and what is wrong is wrong, no matter what it concerns, the Chinese or foreigners, the dead or the living.

【例 6.27】 中国已经进入改革的深水区，需要解决的都是难啃的硬骨头。

解析 “中国已经进入改革的深水区”，此处实际上是强调“中国改革”，因此可将句式转化为“中国改革已经进入深水区”；“难啃的硬骨头”可意译为“difficult problems”。

译文 China's reform has entered a deep water zone, where problems crying to be resolved are all difficult ones.

3. 意译法的优点

例 6.25 中，如果将“上至白发苍苍的老人，下至天真幼稚的顽童，无人不知，无人不晓”进行直译，则是“from the white-haired old people, to the naïve children, there is no one who doesn't know him, and who isn't familiar with him.”可见，直译具有一定的局限性，如译文有时冗长啰唆，晦涩难懂，有时不能正确传达原文意义。而意译法则可以规避直译的这些局限性。意译法可以超越句子结构带来的障碍，可以让译文在深层次与原文对应，可以让译文变得简洁明了，变得更加地道，更加符合英美人说话的习惯。

【例 6.28】 你真是不到黄河不死心。

① You really do refuse to give in until you reach the Yellow River.

② You really do refuse to give in until all hope had gone.

【例 6.29】 国家无论大小、强弱、贫富，都应该做和平的维护者和促进者。

① Countries, whether big or small, strong or weak, rich or poor, should all become the peace maintainer and contributor.

② Countries, whether big or small, strong or weak, rich or poor, should all contribute their share to maintaining and enhancing peace.

通过比较译文①和译文②的翻译就会发现，①是根据汉语原文的结构形式和字面含义进行的直译，而②则是摆脱了原文的结构形式，对其深层次的含义进行的诠释。译文①语义含糊，尤其例 6.28 中的“until you reach the Yellow River”，让不明白汉文化的人摸不着头脑，而例 6.29 中的“all become the peace maintainer and contributor”太过于“中式英语”，怎么都觉得不够地道。而译文②则明显克服了这一缺陷，使其译文超越了原文的结构形式和字面含义，做到了与汉语原文在深层次的对应，使译文显得更加地道。

三、小结

直译强调的是既忠实原文内容，又符合原文结构形式；而意译是在忠实原文内容前提下，摆脱原文结构束缚，使译文在深层次与汉语原文对应。这两种翻译方法不是完全对立，非此即彼的。直译与意译往往是结合使用的。如果过度直译，便可能会造成句子繁琐，句意不明，而过度意译，则会使原文的结构特点尽失，体会不到原文中所彰显的汉语文化特征。如"胆小如鼠"可直译意译结合，译为"as timid as a hare"；"沧海一粟"译为"A drop in the bucket"；"说曹操，曹操就到"译为"Talk of the devil and he will appear"；"光明前进一分，黑暗便后退一分"译为"Where light inches forward, darkness retreats"。可见，直译不等同于字对字的直译，意译也不是毫无顾忌的乱译，大多数译文中，我们往往是直译和意译结合使用的，如《红楼梦》译者 David Hawks 把"卜世仁"英译成 Hardly Human，很巧妙地创造了一个英文姓，译出了声音，又暗含"不是人"的隐义，实在难得。

翻译练习

1. 直译法

(1) 习语翻译

① 冷战

② 热销书/畅销书

③ 黑市

④ 血浓于水

⑤ 连锁反应

⑥ 东奔西逃

⑦ 穿梭外交

⑧ 君子协定

⑨ 雄辩是银，沉默是金

⑩ 要善始善终

⑪ 伸出了橄榄枝

⑫ 人肉搜索

⑬ 闪婚

⑭ 裸婚

⑮ 剩女

⑯ 隔墙有耳

⑰ 说时容易做时难

⑱ 福无双至

⑲ 武装到牙齿

⑳ 凡事必先难后易

㉑ 金钱是万恶之源

(2) 句子翻译

① 中国国家博物馆记载着中华民族五千年的文明足迹,也是中华文明与世界文明对话的窗口。

② 随着国际社会对中国的关注日益提升,越来越多的外国人开始对中国和中国文化感兴趣。

③ 据一项调查显示,更多的大学毕业生选择参加工作、积累工作经验,而非继续升学、追求更高的学位。

④ 我们不能出卖我们的国格,不能出卖我们的人民。

⑤ 鸦片战争是中国历史的转折点,标志着古代时期结束,近现代时期开始。

⑥ 中国人的家族观念很重,认为齐家是治国的根本。

⑦ 我们需要在政治、商业和其他领域创造更多的机会。

⑧ 为实现持久核安全,中国愿意继续做出自己的努力和贡献。

⑨ 中欧关系已经成为世界上最具影响力的双边关系之一。

⑩ 这充分体现了中华民族的无疆大爱,有力彰显了社会主义制度的无比优越。

2. 意译法

(1) 习语或诗歌翻译

① 善有善报,恶有恶报

② 吃一堑,长一智

③ 不入虎穴,焉得虎子

④ 千里之堤,溃于蚁穴

⑤ 谋事在人,成事在天

⑥ 眼不见,心不烦

⑦ 充耳不闻

⑧ 猫哭老鼠假慈悲

⑨ 拥挤不堪

⑩ 三口之家

⑪ 杀手锏

⑫ 水货

⑬ 发烧友

⑭ 老马识途

⑮ 少小离家老大回

⑯ 三思而行

⑰ 苦尽甘来

⑱ 坏事传千里

⑲ 蜡烛焚自身,光亮照别人

⑳ 轻诺必寡信

㉑ 欲盖弥彰

㉒ 幸福不觉光阴过

(2) 句子翻译

① 这个歌星很快红遍长城内外,大江南北。

② 中国经济取得巨大发展,中国人民终于扬眉吐气了。

③ 汉朝延续了426年。公元220年,中国进入三国时期,魏蜀吴三国鼎立。

④ 我们的先人早就强调要"苟日新,日日新,又日新"。

⑤ 我们相信用不了多久我们的产品就会走向世界。

⑥ 梅兰芳位居京剧四大名旦之首,代表作有《贵妃醉酒》(*The Drunken Beauty*)、《游园惊梦》(*Dream in the Deserted Garden*)等。

⑦ 2 000 多年前中国人就认识到了这个道理:"橘生淮南则为橘,生于淮北则为枳。"

⑧ 我们要继续全面深化改革,开弓没有回头箭,改革关头勇者胜。

3. 诗歌翻译

班扎古鲁白玛的沉默

扎西拉姆·多多

你见,或者不见我,我就在那里,不悲不喜。
你念,或者不念我,情就在那里,不来不去。
你爱,或者不爱我,爱就在那里,不增不减。
你跟,或者不跟我,我的手就在你手里,不舍不弃。
来我的怀里,或者,让我住进你的心里。
默然 相爱,寂静 欢喜。

第七章
人文景观与翻译之语序的调整

在汉英两种语言中，其主要成分的次序基本一致，如都是主系表、主谓宾结构。差异最大、比较难以把握的是句内语序即定语和状语的位置以及句间语序的调整。而这些差异源于中西方人思维方式的差异。

广袤的土地使中国成为世界上自然景观资源最丰富的国家之一，悠久的历史和古老的文化使中国拥有大量的文物古迹，而这些自然和人文景观的介绍都或多或少地会涉及朝代年份、地理位置、神话传奇、历史典故、文学艺术甚至天文、考古等多方面知识，且汉语往往喜欢用华丽的辞藻对其进行修饰，这便更增加了对人文景观翻译的难度，也涉及如何根据英语的习惯对其语序进行调整。下面我们将通过对南航公司的导游词“畅游中国”及其译文进行对比，以此来讲解在对中国文化，尤其是在人文景观的翻译过程中所需要进行的语序调整。

一、导读

畅游中国

①

遥远的地方有一条龙，他的名字叫“中国”。中国是一个幅员辽阔、资源丰富、文化灿烂、民族团结、社会进步的国家。位于亚洲东部，太平洋西岸，是世界上人口最多的国家，人口约13亿，共有56个民族。早在170万年至20万年前，元谋人、蓝田人、北京人等古人类就生活在这块土地上。5 000多年来，中华儿女勤劳而智慧的人文创造和天开万物造就的自然景观为中国大地留下了景象骄人、数量繁多的名胜古迹，也创造了辉煌绚丽、影响深远的文化艺术。

1949年，中国共产党领导中国各族人民建立了中华人民共和国。每年的10月1日，为中国法定国庆日。发展中的中国自然资源丰富，有众多矿物资源，农业在国民经济占很大比重，许多工业产品居世界前列，特别是旅游业发展迅速。

中国作为世界古代文明的发祥地之一，同时，也是一个融合和吸纳了世界多个民族优秀文化和传统的国家。世界三大宗教之一的伊斯兰教，约于公元七世纪由阿拉伯传入中国。在漫漫的历史长河中，是中国和阿拉伯的使者、商人架起了中阿两大地区间经济文化交流的桥梁，是他们把这一具有世界影响的宗教移植和传播到中国。目前中国信仰伊斯兰教的人口总数约 2 000 万，现有清真寺 34 000 多座，阿訇、毛拉 45 000 多人。其中，中国最大的一座清真寺——喀什艾提尕尔清真寺，就坐落在美丽的天山脚下。

②

中国，这个古老东方神韵里绵延了 5 000 年的龙的国度，是一个历史悠久、文化灿烂、旅游资源十分丰富的国家，不仅拥有巍峨的山川、秀美的河流、雄伟的古代建筑艺术，还有数不尽的名胜古迹，可谓自然景观与人文景观交相辉映，众多的世界自然与文化遗产闪烁着中国人民的智慧和勤劳的光芒。

截至 2015 年，中国已经有 48 项世界遗产被联合国教科文组织列入《世界遗产名录》。如故宫、颐和园、长城、天坛、承德避暑山庄及周围寺庙、秦始皇陵及兵马俑坑、大足石刻、武当山古建筑群、莫高窟、布达拉宫（大昭寺、罗布林卡）、龙门石窟、曲阜孔庙、孔林及孔府等。众多的旅游名胜，吸引了大量国际国内游客。2003 年入境来中国旅游人数就达到 9 166.21 万人次之多。

踏上巍巍长城，感触龙脉的搏动；徒步穿行大漠，梦访神奇的丝绸之路；摇橹轻渡，梦里烟雨情长的江南水乡；赶赴凤凰古城，聆听吊脚楼前年的歌声；去新疆的月亮湾体味嫦娥的情思；去北京的周口店追溯人类古老的起源；再或者扬鞭天山脚下，探索安拉也曾到的地方。

9 600 000 平方千米土地，处处充满着古老东方神韵的诱惑。欢迎来到中国，欢迎体验龙的国度。

——南航旅游公司的导游词

EXCURSION CHINA

①

Far at the ends of the earth is there a dragon, whose name is "China". China is a nation with a vast territory, rich resources, a glittering culture, a steadfast national solidarity, and a high level of social development. Situated in the east of Asia, on the west bank of the Pacific Ocean, China is the most populous country in the world, with a population of 1.3 billion and 56 nationalities. Dated back to 1.7 million years to 0.2 million years ago, some ancient human species such as Yuanmo Man, Lantian Man and Peking Men, lived on this land. In the past 5,000 years, the cultural creation by the industrious and wise Chinese people and the unique God-given natural landscape have left remarkable and multitudinous places of historic interest and scenic beauty on the land of China, and have also generated resplendent and far-reaching culture and arts.

In 1949, led by the Chinese Communist Party, the Chinese people of all nationalities founded the People's Republic of China. October 1 each year is China's legal National Day. The developing China is rich in natural resources, with numerous mineral resources. Its agriculture accounts for a great proportion in national economy, many industrial products rank first in the world, and especially its tourist industry grows very fast.

As one of the cradle lands of ancient civilization of the world, China is also a nation that has melted and absorbed the excellent cultures and traditions of many nations in the world. One of the three major religions of the world, Islamism, was introduced into China via Arabia in about the seventh century A. D. In the very long course of history, it was the Chinese and Arabic emissaries and merchants who built up the bridge of economic and cultural exchange between China and Arab, and it was they who transplanted and spread this world-famous religion into China. At present, in China, there are totally about 20 million Moslems, more than 34,000 masjids, and more than 45,000 ahongs and mullas. Among others, one of the largest masjids in China, Kashiaitiga'er Masjid, is just situated at the foot of the beautiful Tian Shan Mountain.

②

With a long history and a glittering culture, China, the nation of Dragon in the ancient oriental verve rolling along for 5,000 years, is a country abundant in tourism resources. It not merely has lofty mountains, charming rivers, grand ancient architecture, but also has countless places of historic interest and scenic beauty. So we may say, the natural landscape and human landscape are adding radiance and beauty to each other here. The rich natural and cultural heritages are glittering with the wisdom and industriousness of the Chinese people.

Up to 2015, China has already had 48 world heritages that have been listed by United Nations Educational Scientific and Cultural Organization into Catalogue of World Heritages. To name only a few of them: The Imperial Palace, the Summer Palace, the Great Wall, Temple of Heaven, Chengde Summer Resort and its surrounding temples, Qin Shi Huang's Mausoleum and Buried Sculpture Legion, Dazu Stone Inscriptions, Antique Buildings of Wudang Mountain, Mogao Cave, the Potala Palace (including Dazhao Temple and Luobulinka), Longmen Stone Cave, the Mansion, Temple and Cemetery of Confucius in Qufu, etc. Numerous tourist attractions are drawing a great many tourists here from home and abroad. In 2003 alone, the tourists visiting China were up to 91. 662,1 million people.

Set foot on the lofty Great Wall, to feel the throbbing of the dragon's pulse; Walk across the desert, to visit the miraculous Silk Road in your dream; Row and steer with a self-feathering oar on the rivers, to enjoy the picturesque scene of the water country in a misty rain south of the Yangtze River; Head for the ancient city of Phoenix to listen to the singing of old songs at the hanging corner tower; Go to the Moon Bay of Xinjiang to taste the tender love of the Goddess in the moon; Go to

Zhoukoudian of Beijing to trace back to the origin of mankind; Or ride a horse at the foot of the Tian Shan Mountain, to search after the place where Allah has been to.

Every place of the 9,600,000 km^2 land is full of the temptation of the ancient Oriental verve. Welcome to China to taste this nation of the Dragon.

译文解读

通过这篇导游词的中英文对比，我们便会发现在对人文景观进行介绍时，因存在众多的修饰成分，因中西思维方式的差异，对其进行翻译时都进行了适当的语序调整。

1. 定语位置

(1) 定语前置

【例7.1】 天开万物造就的自然景观

译文 the unique God-given natural landscape

(2) 定语后置

【例7.2】 中国是一个幅员辽阔、资源丰富、文化灿烂、民族团结、社会进步的国家。

译文 China is a nation with a vast territory, rich resources, a glittering culture, a steadfast national solidarity, and a high level of social development.（用 with 引导的介词短语做后置定语）

【例7.3】 中华儿女勤劳而智慧的人文创造

译文 the cultural creation by the industrious and wise Chinese people（用 by 引导的介词短语做后置定语）

【例7.4】 世界古代文明的发祥地之一

译文 one of the cradle lands of ancient civilization of the world(用 of 引导的介词短语做后置定语)

【例7.5】 旅游资源十分丰富的国家

译文 a country abundant in tourism resources(形容词短语整体后置)

(3) 形容词与中心词位置互换

【例7.6】 每年的10月1日

译文 October 1 each year

2. 状语后置

【例7.7】 世界三大宗教之一的伊斯兰教，约于公元七世纪由阿拉伯传入中国。

译文 One of the three major religions of the world, Islamism, was introduced into China via Arabia in about the seventh century A. D.

3. 句间语序调整

【例7.8】 1949年，中国共产党领导中国各族人民建立了中华人民共和国。

译文 In 1949, led by the Chinese Communist Party, the Chinese people of all nationalities founded the People's Republic of China.

在对人文景观的翻译中，存在众多语序调整的情况，如对定语位置的调整，状语位置的调整以及句间语序的调整。何为语序？何时需要对语序进行调整？本章将进行仔细讲解。

二、语序的调整

语序指的是句子成分排列的次序，它是词语和句子成分之间关系的体现，反映语言使用者的逻辑思维和心理结构模式。请比较：

① 中国近代建筑史上的第一陵	the First Mausoleum in the History of Chinese Modern Architecture
② 黄鹤楼雄伟地屹立在长江之滨。	Yellow Crane Tower stands magnificently on the shore of the Yangtze river.
③ 乌镇有许多的古桥、古街、古巷和精巧的民居，是中国最有名的水乡之一。	Wuzhen Town is one of the most renowned waterside towns, as it possess numerous ancient bridges, streets, lanes and delicate residences.

可见，汉语与英语句子的语序在主要成分的次序上基本保持一致，都以主语＋谓语＋宾语为基本语序；但不容忽视的是汉英在词组层面、句子层面都存在较大的差异，如①中定语“中国近代建筑史上的”的位置在译文中后置，②中状语“雄伟地”的位置在译文中放在了谓语动词之后，③中句间语序进行了很大的调整。

下面将着重探讨在对中国文化的翻译中，尤其是对人文景观的翻译中需要调整语序的两种常见情况：句内语序和句间语序。

（一）句内语序的调整

句内语序的调整主要包括定语、状语位置的调整。

1. 定语位置的调整

请比较定语在汉语和英语中的位置：

① 大量珍贵的文物和宝藏	a large number of cherished cultural relics and treasures
② 炎黄子孙敬奉先祖的圣地	a holy place where the Chinese people offer sacrifices to their ancestors
③ 目前的文物保护工作进展顺利。	The present preservation of cultural relics is going on smoothly.

可见，汉英两种语言的排列顺序不尽相同。汉语中心词的所有修饰成分都可以按照一定的顺序（所属＋数量＋动词短语＋形容词＋名词）排列在中心词前面，因此汉语属于向左延伸的语言。但是英语定语情况比较复杂，根据其所选择的单词的不同、词性的不同，其用法也不同。例①中定语“大量珍贵的”译为英文时顺序与汉语相比没有变化；例②中，定语“炎黄子孙敬奉先祖的”，译为英文时集体后置；例③中定语“目前的”，译为英文形容词“present”，此单词用法较为特殊，其含义决定其前置或后置，即，当其意为“目前的”时需前置，但当其意为“到场的、出席的”时，需后置。这看似杂乱无章，实

则有规可循，主要有以下几种情形：

（1）定语直译

① 浩瀚的大海	the vast sea
② 古老的中原文化	the time-honored Central Plain culture

汉语中名词前如果仅有简单的修饰成分如限定词、表主观判断的修饰词、描述客观表现的修饰词等往往可以直译。

【例 7.9】 在当今世界，亚洲是最具发展活力和潜力的地区之一。

解析 原句中“最具发展活力和潜力”同为名词“地区”的表主观判断的且较为简单的修饰词，可直译。

译文 In the contemporary world, Asia is one of the most dynamic and most promising regions.

【例 7.10】 周庄以深厚的文化底蕴、保存良好的古代民居和突出的带有地方特色的(local-colored)传统和风俗而著称。

解析 “保存良好的古代民居”和“突出的带有地方特色的传统和风俗”中的形容词是词类较简单的表主观判断和客观描述的形容词，可直译。

译文 Zhouzhuang is reputed for its profound cultural background, the well-preserved ancient residential houses and the impressive local-colored traditions and customs.

【例 7.11】 豫园，位于上海老城区中心，被认为是最堂皇精美的园林之一。

解析 “园林”的修饰成分“堂皇”和“精美”都是表主观判断的形容词，可直译。

译文 Yu Garden, located in the center of the Old City in Shanghai, is considered one of the most lavish and finest Chinese gardens.

（2）定语换序

汉语中定语，即使是多个定语连用、很长的词组甚至句子，也会置于名词前，如“不同形状、色彩和大小的灯笼”。但在英语中情形则不尽相同，如果简短单词做定语通常前置(但特殊用法的单词除外)，较长的词组或句子做定语时往往后置。

① 特殊定语

A. a-为首的表语形容词

请比较：

① 醒着的病人	the patient awake
② 完全醒着的病人	the wide awake patient
③ 睡觉的孩子	the child asleep
④ 熟睡的孩子	the fast / sound asleep child

可见，以 a-为首的表语形容词用做定语时须后置，如 awake、asleep、alone、alive、ahead、alike、ashamed、astir、aslant、afraid、alert、aware、averse 等，但如果该表语形容词

有其他的词修饰时,则需集体前置。

【例7.12】 单就气候而言,青岛就足以让某些所谓一线城市垂涎欲滴。

解析 汉语中的“单”在英语中可译为形容词“alone”,因以a-为首的表语形容词需后置,因此单就气候而言,可译为“in terms of climate alone”。

译文 In terms of climate alone, Qingdao is enough for some so-called first-tier cities to drool with envy.

【例7.13】 在夏天,黄果树大瀑布的河水猛然沸腾起来,从倾斜的悬崖倾注进犀牛潭。

解析 首先确立句子主干“黄果树大瀑布的河水猛然沸腾起来”,第二分句做句子的从属结构,可译为非谓语动词做句子的结果状语。名词短语“倾斜的悬崖”中,“倾斜的”可使用表语形容词“aslant”表达,需后置。

译文 In summer, the water of the Huangguoshu Grand Waterfall rises suddenly, pouring downing from cliffs aslant 700 meters high to the Xiniu Poo.

【拓展】

【例7.14】 莫言可能是中国当代还活着的最伟大的作家。

解析 原文中名词“作家”的修饰成分——“中国当代还活着的最伟大的”较为复杂。此定语可使用介词短语处理“中国当代”,可译为“in contemporary China”,其余部分“最伟大的”译为英语形容词“greatest”需前置,而“还活着的”则是以a-为首的表语形容词则需后置。(注:此句中的“greatest”并非修饰“alive”,因此不能集体前置。)

译文 Mo Yan could well be the greatest author alive in contemporary China.

B. 分词

请比较:

① 建成的跨海大桥	the built cross-sea bridge
② 去年建成的跨海大桥	the cross-sea bridge built last year

可见,当分词单独做修饰语时一般前置,如“built (bridge)”;修饰语扩展时则往往整体后置,如“(bridge) built last year”。

【例7.15】 豫园是上海著名的古典园林,已有400多年的历史。

解析 此句中“园林”有三处修饰成分,分别是“上海”、“著名的”、“古典”。其中“上海”可处理为地点状语,后置;“著名的”使用分词“well-known”或“renowned”表达,因分词后无修饰成分(注:“古典”修饰园林,不是修饰“著名的”),可直接前置修饰中心词“古典园林”。

译文 Yu Garden is a renowned classical garden in Shanghai with over 400 years of history.

【例7.16】 莫高窟是坐落于甘肃省敦煌市最有名的石窟(grotto),也是中国三大著名古代雕塑遗址之一。

解析 名词“石窟”有较长修饰成分,分别是表地点的“坐落于甘肃省敦煌市”和形容词“有名的”。其中修饰成分“有名的”可译为“renowned/distinguished/noted ...”,

因其单独做修饰词可前置；而“坐落于甘肃省敦煌市”则可译为“located in Dunhuang Gansu Province”，是扩展的分词短语，因此需集体后置。

译文 Being one of the three renowned ancient sculptural sites of China, Mogao Grottos are the best distinguished Chinese Buddhist grottoes located in Dunhuang Gansu Province.

【拓展】

【例 7.17】 解决人类面临的生存环境和发展问题的关键是实施可持续发展战略。

解析 正确翻译此句，首先必须找准句子主干“关键是实施可持续发展战略”；而后需分析句子主语“关键”的修饰成分，其中“人类面临的”又是“生存环境和发展问题”的修饰语，因此可将“生存环境和发展问题”处理为名词短语“the problems of living environment and development”；而“人类面临的”处理为分词短语“confronting mankind”，因分词“confronting”后有扩展成分，因此需集体后置，修饰“the problems of living environment and development”。

译文 The key to solving the problems of living environment and development confronting mankind is to implement sustainable-development strategies.

C. 位置、方向副词

请比较：

① 国内外的游客	visitors home and abroad
② 附近的古建筑物	the ancient building around

可见，某些表示位置、方向的副词，如 here、there、in、out、home、above、below、abroad、before、upstairs、downstairs 等用做定语时，需后置。

【例 7.18】 大青山脚下的昭君墓被称为青冢。

解析 此句中的“脚下”可用表方位的“below”表达，修饰“大青山”时需后置。

译文 Wang Zhaojun tomb, in Daqing mountain below, was once called Qing tomb.

【例 7.19】 紫禁城是五大世界宫殿之一，和法国的凡尔赛宫(Palace of Versailles)、英国的白金汉宫(Buckingham Palace)、美国的白宫和俄国的克里姆林宫(Kremlin)齐名。

解析 “法国的凡尔赛宫”、“英国的白金汉宫”、“美国的白宫”和“俄国的克里姆林宫”中的定语都是表地点的名词，因此可将其译为“in”引导的后置定语。

译文 The Forbidden City is one of the five world-renowned palaces along the Palace of Versailles in France, Buckingham Palace in England, the White House in the U. S. and the Kremlin in Russia.

【例 7.20】 墙上的漏窗(Latticed windows)使得内部的景色和院外的景色空间连接在一起，这就是典型的“借景”手法。

解析 名词短语“墙上的漏窗”，其定语“墙上的”可使用表地点的状语表达“on the wall”，并后置；名词短语“内部的景色和院外的景色”，可将表地点的定语“内部的和院外的"使用方位副词表达"inside and outside the garden",并集体后置。

译文 Latticed windows on the wall supply the spatial link between the scenery inside and outside the garden, which is the typical device of "borrowed view".

D. some-, any-等构成的复合不定代词

请比较:

① 数量繁多的名胜古迹	multitudinous places of historic interest and scenic beauty
② 繁琐的事	something tedious

可见,形容词修饰由 some-、any-、every-、no- 构成的复合不定代词时,形容词需后置。

【例 7.21】 这正是世界最长的跨海大桥——青岛海湾大桥历时四年修建完成的原因之一,每位工人都在做一件极其光荣伟大的事。

解析 "极其光荣伟大的事"译为"something great and glorious",因为其中心词"事"属于"some-、any-等构成的复合不定代词",所以形容词"great and glorious"需后置。

译文 It is one of the reasons why the construction of the world's longest cross-sea bridge—Qingdao Bay Bridge took only four years—every worker feels like they are doing something great and glorious.

【例 7.22】 无论是在园林数量还是在园林艺术性上,苏州园林都独占鳌头并极大地引起了人们的关注。

解析 "独占鳌头"可表达为"top sth. in ...";"引起了人们的关注"可意译为"something remarkable",形容词"remarkable"因修饰"something"故需后置。

译文 Topping all others in both the number and the artistry of gardens, Suzhou gardening is really something remarkable.

【例 7.23】 在日月潭的这棵树的形状并没有什么独特之处,只是一颗不大不小的枫树而已。

解析 "独特之处"可使用形容"remarkable"表达,因其修饰复合不定代词"nothing",故需后置。

译文 There was nothing remarkable about the shape of the tree in the Sun-Moon Lake, only a medium-sized maple.

② 多个普通定语换序

A. 换序

中国古代建筑	the ancient Chinese building
陡峭的高山	a high steep mountain

当汉语名词前有几个不同类型的修饰成分时,需要根据英语的定语排序习惯进行

换序。英语定语的排序一般是：限定词、形容词、分词、动名词、名词性定语。当几个不同类型的形容词同时出现在名词短语之前，我们应该遵循的原则是：限好美小高状其新，色国材途特别亲，即限定词＋好（好坏）＋美（美丑）＋小（大小宽窄）＋高（高低长短）＋状（形状）＋（其）新，色（颜色）＋国（国籍）＋材（料）＋（用）途＋特别（程度词如 very，much）亲。另外，与汉语排列顺序不同的是，在英语中，越是表明事物本质属性的定语，越是靠近被修饰的中心词。汉译英定语的基本原则是：由范围小的到范围大的；由次要的到重要的；由程度弱到程度强；由一般到专有。请根据上述原则翻译下列短语：

【例 7.24】 北京是中国古老的文化名城，文物古迹、风景名胜众多。

解析 “名城”的修饰成分“中国古老的文化”，其中“中国古老的”按照“限好美小高状其新，色国材途特别亲”的原则，重新排序为：“古老的（新）”＋“中国（国）”，而“文化”则是“名城”的具有本质属性的定语，因此需要直接修饰“名城”。所以最终排序为“an ancient Chinese cultural city”。

译文 Beijing is an ancient Chinese cultural city, filled with cultural heritage sites and scenic spots.

【例 7.25】 承德避暑山庄，又名“承德行宫”，是现存最大的皇家园林，也是中国十大名胜之一。

解析 句中名词“园林”共有三个修饰成分“现存”、“最大”和“皇家”；其中“皇家”是最本质属性的词，需直接修饰中心词“园林”，其次便是“现存”和“最大”。

译文 Known as “the temporary palace of Chengde”, the Chengde Summer Resort is the largest existing imperial garden and also one of the top ten scenic spots in China.

【例 7.26】 大雁塔（Big Wild Goose Pagoda）建于唐朝时期，是中国最负盛名的佛塔之一。

解析 “塔”共有三个修饰成分“中国”、“最负盛名”和“佛”，按照越是具有本质属性的词越靠近中心词的规则，其最终排列顺序应该是“最负盛名”、“中国”和“佛”。

译文 Built in the Tang Dynasty, Big Wild Goose Pagoda is one of the most-renowned Chinese Buddhist pagodas.

【拓展】

【例 7.27】 在漫长的历史长河中，勤劳勇敢的中国人民谱写了光辉的篇章。

解析 原文中名词“国家”共有三个修饰词“勤劳”、“勇敢”、“中国”。形容词顺序的调整依据有两条：一是在英文中，当形容词的地位难以区分或同等重要的情形下，则根据“音节越短越靠近中心词”的原则，将“勤劳勇敢”的顺序调整为“brave and industrious”；二是“本质属性的定语靠近中心词”，因此修饰语“中国”需要直接修饰名词短语“人民”，即修饰语的最终顺序需调整为“the brave and industrious Chinese people”。

译文 In the long history, the brave and industrious Chinese people write a glorious chapter.

B. 定语后置

请比较：

① 世界文明的旅游景观	The tourist attractions of world civilizations
② 深受北京人和外地人喜爱的地坛庙会	the Earth Temple Fair appealing to people in and outside Beijing
③ 被誉为"第四代体育馆"的"鸟巢"	the "Bird's Nest"which is honored as "the fourth generation of Stadium"

汉语中，所有的定语成分前置；而英语中，单词、短语、从句等都可以成为中心词的定语，如例①中的定语译为短语并整体后置，例②中的定语译为非谓语动词并整体后置，例③中的定语译为后置从句。

【例 7.28】 北京是座既古老又年轻的城市，有许多名胜古迹。

解析 一般情况下，修饰词如果是单词或单词的组合往往放在中心词的前面，如"famed civilized tourist attractions"(其中修饰词"famed"、"civilized"和"tourist"是单词的组合因此可放在名词" attraction"之前)；而名词的修饰词如果是短语则可放在中心词的后边，"城市"的修饰词"既古老又年轻"的译文是短语"both old and young"，因此可后置。

译文 Beijing is a city both old and young, with many places of historical interest and scenic beauty.

【例 7.29】 布达拉宫(The Potala Palace)是古代建筑的不朽巨作。

解析 同上。名词短语"古代建筑的不朽巨作"的定语需集体后置。

译文 The Potala Palace was a masterpiece of ancient architecture.

【例 7.30】 传统中国园林设计在历史名城苏州的九座园林中得到最好的说明。

解析 "……是最好的说明"可使用句式"A be nowhere better illustrated than B"翻译；"在历史名城苏州的九座园林"的修饰成分可转化为介词短语后置。

译文 Classical Chinese garden design is nowhere better illustrated than in the nine gardens in the historical city of Suzhou.

【例 7.31】 素有龟城之称的平遥，令人印象深刻，如今已经是联合国教科文组织认定的世界文化遗产。

解析 当汉语句中的修饰成分存在(隐含)逻辑主语时，可将其译为从句，后置。"素有龟城之称的平遥"中，其定语(素有龟城之称的)的逻辑主语(平遥)和逻辑谓语(有)，因此可译为从句(which has long been called "tortoise city")。

译文 Pingyao, which has long been called "tortoise city", leaves us a deep impression. Now, it is a UNESCO World Heritage Site.

【例 7.32】 苏州园艺起源于人们远离官场(officialdom)纷争和脱离世俗纷扰的愿望。

解析 名词"愿望"的修饰词"人们远离官场纷争和脱离世俗纷扰"本身具有自己独立逻辑主语和谓语，因此可译为后置从句，也可译为表目的的 to do 不定式。

译文 Suzhou gardening was originated from the desire that people hoped to retire from the strife of officialdom and to shun from worldly affairs.

// Suzhou gardening was originated from men's desire to retire from the strife of officialdom and to shun from worldly affairs.

【例 7.33】 世博会是荟萃人类文明成果的盛会，也是世界各国人民共享欢乐和友谊的聚会。

解析 当汉语中心词的定语较长时，且其逻辑主语是主句的主语时，可以按其定语在中心词中所充当的功能或与中心词之间的关系将其译为不定式、动名词、过去分词等非谓语动词结构。原句中修饰成分"荟萃人类文明成果"是名词短语"盛会"的目的，因此可将名词短语"荟萃人类文明成果的盛会"译为"a grand event to showcase the best achievements of human civilization"；"世界各国人民共享欢乐和友谊的聚会"同上。

译文 The World Expo is a grand event to showcase the best achievements of human civilization. It is also a great occasion for people from around the world to share joy and friendship.

【例 7.34】 元明清时代建造的十四座桥中，双桥是游客们纷纷拜谒的经典。

解析 修饰成分"元明清时代建造的"的逻辑主语是"十四座桥"，且它们之间的关系为被动，因此可译为非谓语动词并后置。

译文 Of the 14 stone bridges (which were) built during the Yuan, Ming and Qing Dynasties, Twin Bridges are the one scenic spot tourist clamor to visit.

(3) 特殊单词

有的单词可前置，可后置，意思基本保持不变，如 an available promise，也可以是 a promise available(一个有效的承诺)，a precious medicine material, a medicine material precious(一种珍贵的药材)等，但也有些单词，虽也可做前置和后置定语，但其意义完全不同。

① 关切的话题	a concerned topic
② 有关文物部门	cultural heritage sector concerned

"concerned"做前置定语时，意思是"关切的，关心的"；做后置定语时，意思是"有关的，相关的"。因此，某些单词的用法比较特殊，既可以做前置定语，也可以做后置定语，但其含义完全不同。

【例 7.35】 青岛的小珠山是一个值得一逛的地方。

解析 汉语原文中"值得"有多种翻译方法。可用"worthy"，当其单独使用时可做前置定语，但当其与 of 连用时可做后置定语，构成 *n.* + worthy of + *n.* / being done 结构。第二种使用 worth，其用法是 be worth doing = be worthy of being done。

译文 Xiao Zhushan in Qingdao is a worthy scenery // a scenery worthy of being visited // worth visiting // worthy of being visited.

【例 7.36】 中国园林的设计思路本身就是基于中国风水学说的。

解析 形容词"proper"可前置可后置，前置意思为"适当的"，后置的意义为"本身的、本区域的"，因此可将"设计思路本身"译为"the design thinking proper/itself"。

译文 The design thinking proper of Chinese garden is based on Chinese Fengshui theory.

【拓展】

【例 7.37】 与同龄人相比，我们都认为他是一个非常负责任且有抱负的人。

解析 原文中"负责任的"译为英文的"responsible"。"responsible"用法较为特殊，当其做前置定语时，意思是"可信赖的，可靠的"，做后置定语时意思是"有责任的，应负责的"，如"The man responsible for finding the volunteers is Dr. Charles Weber"。

译文 Compared with his peers, we all think of him a responsible and ambitious man.

温馨提示：此类单词还有 absent（前置定语"茫然的，漫不经心的"；后置定语"缺席的，不在场的"）、poor（前置定语"穷"、"可怜的"；谓语动词后"穷"）等。

（4）固定特殊词序

在英语中有许多固定的翻译，如"north, south, east and west（东南西北）"，"enterprises of small and medium sizes（中小型企业）"其顺序与汉语截然不同，这是固定不变的，这主要依靠同学们平时多积累。

【例 7.38】 自隋唐以来，拱墅就是南北水陆交通要道和繁华商埠。

解析 原句难点主要在"南北水陆交通"的翻译。其固定的译文顺序为"north-south land and water transportation"。

译文 Since the Sui and Tang dynasties, the Gongshu is the north-south land and water transport routes and busy trading port.

【例 7.39】 游览丽江的一个好处就是游客不必担心天气变化，因为丽江的景色不论晴雨，都会呈现出不同的风情。

解析 句中"不论晴雨"的英文表达是固定的"rain or shine"。

译文 One of the advantages to visit Lijiang River is that the tourists do not need to worry about the change of the weather, because rain or shine, the views of Lijiang River present different characteristics.

【拓展】

【例 7.40】 二十四节气能反映季节的变化，指导农事活动，影响着千家万户的衣食住行。

解析 原句的难点在于对"二十四节气"和"衣食住行"的翻译，其译文分别为"the 24 Solar Terms"、"food, clothing, housing and transportation //the basic necessities of life"。

译文 The 24 Solar Terms could show the change of seasons, direct farming work and affect food, clothing, housing and transportation// basic necessities of every family lives.

2. 状语位置的调整

请比较汉语与英语译文中状语的位置：

【例 7.41】 中国通过丝绸之路给西域各国带去了丝绸织物、火药和印刷术。

译文 China brought silk, gunpowder, and printing techniques to the West, via the Silk Road.

汉语里,句内语序模式通常为:主语+状语+谓语+宾语,即状语通常放在主语之后,谓语之前,但有时为了强调可放在主语之前(明天他就到北京了)。而英文中的状语一般在谓语或宾语之后,通常放在句尾,其次是句首,偶尔会出现在句中。汉译英时,有的可以保持其原有次序,但是在更多的情况下,需要对原文中的状语进行调整,以使译文更加符合英语的表达习惯。

(1) 单个状语

在汉语中,单个状语一般位于主语和谓语之间,呈"主语—状语—谓语—宾语"模式,如,他每晚都要看电视。有时为了强调,也可放在主语之前,如,几十年来,我经常想起象牙塔里那段美好的日子。在英语中:

① 单个状语一般出现句首或句尾,呈(状语)—主语—谓语—宾语—(状语)模式。

【例 7.42】 德和园建于清光绪十七年(1891),是专供慈禧太后看戏的地方。

解析 汉语原句中的"建于清光绪十七年(1891)"位于主谓间,但当其译为英语时,需按照英语习惯,将其位置调整到主语"德和园"前。

译文 Built in the 17th year of Emperor Guangxu's reign (1891), the Garden of Virtue and Harmony (Dehe Yuan) was built as a theater for the Empress Dowager.

【例 7.43】 长廊始建于乾隆十五年(1750),是颐和园著名的风景。

解析 可将"始建于乾隆十五年(1750)"译为非谓语动词做状语,并将其调整句首。

译文 Originally built in the 15th year of Emperor Qianlong's reign (1750), the Long Corridor is the renowned scenery of the Summer Palace.

【例 7.44】 因为可可西里的气候恶劣,自然环境严酷,因此它被称为"世界的第三极"和"生命禁区"。

解析 同上,原因状语可调整至句首或句尾。

译文 For Kokoxili is featured by severe climate and reverse natural conditions, it is hereby called "The Third Pole in the World" and "Forbidden Zone for Life".

【例 7.45】 通过鸟瞰图一个人可以看到处处碧波涟漪,家家近水而居。

解析 同上,方式状语"通过鸟瞰图"可放句首或句尾;"鸟瞰图"的译文表达为"a bird's-eye view (of)"。

译文 Through a bird's-eye view of the town, one can see green waves ripple everywhere and all families reside near water.

② 当状语较简洁时,也可出现在句中。

【例 7.46】 中国古代园林传统上可以分为两类:北方风格和南方风格。

解析 状语"传统上"简短,因此可放在句中修饰动词词组"分类"。

译文 Chinese ancient gardens traditionally fall into two styles: northern and southern styles.

【例 7.47】 周口店北京猿人遗址的发现再一次证实了"人是由人猿变化而来的"这一事实。

解析 同上,状语"再一次"可放在句中修饰动词"证实"。

译文 The discovery of Peking Man site at Zhoukoudian once again proves the fact—Man originated from apes.

(2) 多个状语

请比较汉语原文与其译文中状语的位置:

【例 7.48】 大明宫,坐落于西安市龙首原,在唐朝时期是长安城最宏伟的宫殿群(palace complex)。

译文 Located in Longshan Plain north of Xi'an City, the Daming Palace was the grandest palace complex in Chang'an City during the Tang Dynasty.

在汉语里,一个句子如果有两个或多个简短的状语时,通常连在一起放在主谓间,如地点状语"坐落于西安市龙首原"和时间状语"在唐朝时期";而英语则不然,往往是把两个状语分别放在句首和句末,或分别放在句首(或句尾)和主语后,以免句子出现头重脚轻的不平衡现象,如句首的地点状语"Located in Longshan Plain north of Xi'an City"和句尾的时间状语"during the Tang Dynasty"。

【例 7.49】 中国于 2005 年在北京奥林匹克公园精心筹建国家体育馆——鸟巢。

译文 The National Stadium (also known as Bird's Nest) was elaborately built in the Beijing Olympic Park in 2005.

如果有多个不同类型的简短的状语时,其排列是按照"时间—地点—方式—动词"的顺序,如"2005 年"、"在北京奥林匹克公园"和"精心";但在英语中,其顺序则需调整为"方式—地点—时间",如"elaborately"、"in the Beijing Olympic Park"和"in 2005"。

【拓展】

【例 7.50】 中国于 1970 年 4 月成功地发射了第一颗人造地球卫星。

解析 汉语原文中共有两处状语,一是时间状语"1970 年 4 月",二是方式状语"成功地"。其位置都位于主谓间。把其译为英语时,为了避免头重脚轻,可将方式状语"成功地"放于谓语动词前,时间状语"1970 年 4 月"放于主语前或句尾。

译文 China successfully launched its first manmade earth satellite in April 1970.

(二) 句间语序的调整

所谓句间语序就是指分句间的顺序。由于中西方思维方式的区别,汉英句间语序的顺序也有不同。汉语中分句间的顺序往往是原因在前,结论在后;条件或假设在前,结论在后;表转折或让步的句子在前,结论在后。换句话说就是叙事在前,结论判断在后。而英语中的分句位置则相对比较灵活,通常情况下先结论后叙事。因此在对此类句式进行翻译时需考虑句间语序的调整。

【例 7.51】 游客在园中可以直观地感受慈禧(Empress Dowager Cixi)当年看戏的场景,并可目睹到大量珍贵的帝后生活用品及外国馈赠清室的礼物,真是让人震撼。

解析 句中"真是让人震撼"是对其前描述的结论,因此按照英语的习惯需先翻译结论部分;"直观地"的英文表达是"intuitively"。

译文 It is quite shocking that the visitors can intuitively imagine the scene when the Empress Dowager Cixi watched opera in this garden and see a large number of precious articles used by emperors and empresses, as well as the gifts presented to the

Qing court by foreign states here.

【例 7.52】 长廊东起邀月门，西至石丈亭，共二百七十三间，全长七百二十八米，是中国古典园林中最长的游廊。

解析 “长廊东起……二十八米”是对长廊的描述，而“是中国古典园林中最长的游廊”是结论，因此需按照英语的习惯先翻译结论部分，描述部分可通过 as 引导的分句译出。

译文 Of all the corridors in Chinese classical gardens, the Long Corridor is the longest one as it starts from the Inviting Moon Gate (Yaoyue Gate) in the east and ends at Shizhang Pavilion in the west, covering a distance of 728 meters with its 273 sections.

【拓展】

【例 7.53】 如果有一杯新茶，一卷好书，坐在那儿慢慢地享受，可能比做皇帝还自在呢。

解析 此汉语原句假设在前，结论在后。可按照英语表达习惯采用形式主语结构，将其语序调整为结论在前，假设在后。

译文 It is more pleasurable than being an emperor to enjoy oneself in leisure, with a cup of fresh tea and a good book.

【例 7.54】 在国际金融危机严重冲击、世界经济负增长的背景下，我国取得这样的成绩极为不易。

解析 汉语原句条件在前，结论在后。可按照英语表达习惯采用形式主语结构，将其语序调整为结论在前，条件在后。

译文 It was not at all easy for our country to make all these achievements against the backdrop of the severe impact of the global financial crisis and the negative growth of the world economy.

三、小结

东西方思维方式的差异导致汉英语序在句内语序和句间语序之间存在相同之处，但也存在相异之处。译者在进行汉英翻译时应根据英语使用者的逻辑思维模式进行适当的调整。

翻译练习

1. 句内语序的调整

(1) 词组

① 救死扶伤

② 历史的兴亡

③ 世界各国人民的团结和友谊

④ 这一地区的环保工作

⑤ 强大的社会主义工业国

⑥ 国际经济新秩序

⑦ 外国的先进经验

⑧ 钢铁工业

⑨ 前前后后，来来去去

⑩ 农民们，男的女的，老的少的

(2) 句子

① 我期待着金砖国家共同成为繁荣、富强、民主、文明的未来之国。

② 据新华社报道，为防止烟雾持续不散，北京市政府不久将出台单双号限行规定。

③ 人类面临着生存、环境和发展的严峻问题。

④ 苏州因其地处长江下游，气候温和，土地肥沃，自唐代以来就有“鱼米之乡”的美称。

⑤ 山东曲阜是中国古代著名思想家、教育家孔子的故乡。

⑥ 国际合作已成为世界宇航企业生存与发展的一个重要基石和战略布局中不可或缺的要素。

⑦ 这个蓝图就是发展金砖国家更紧密、更全面、更牢固的伙伴关系。

⑧ 颐和园，集中了古代建筑以及园艺的大成之作，是传统中国园艺当之无愧的博物馆。

⑨ 人们来周庄也为了看传统建筑，许多建筑自苏州被开发已不复存在。

⑩ 敦煌在甘肃，其地是古代丝绸之路上的重镇，也是多少世纪来中国与西域文化交流的汇合处，又是佛教的中心地。

⑪ 在此时进入香港市场是因为香港是一个国际商业中心，尽管那儿的竞争非常激烈。

⑫ 中国烹饪(Chinese cuisine)文化是中国文化中有关烹饪和休闲的重要组成部分。

⑬ 始建于公元1044年，这座园林是现存苏州名园中最古老的一座。

⑭ 扬州园林不仅仅呈现了园林的富丽堂皇，还拥有大量精美的建筑作品。

⑮ 经济、政治、军事和文化活动在这个交界口很活跃，为中国最早的佛教中心之一的繁荣奠定了基础。

⑯ 中国人民正在满怀信心地推进改革开放和社会主义现代化建设。

⑰ 12年来，博鳌亚洲论坛(Boao Forum for Asia)日益成为具有全球影响的重要论坛。

⑱ 通过举办文化节，许多中国城市在世界上的知名度(prestige)提高了。

⑲ 皮影戏(Shadow Puppet Play)在元代时还曾传到世界上很多国家，迷倒了不少国外戏迷。

⑳ 节日期间，不同形状和大小的灯笼会悬挂在街上，吸引无数的游人。

㉑ 这个慈善团体力图培养具有环保意识的新一代消费者和制造商。

㉒ 贫富差别这个一直困扰人类的社会话题，其实是一种自然现象。

2. 句间语序的调整

① 能有几样可口的小菜，两三位谈得来的朋友，大家聚在一起小斟，那真是人生乐事。

② 我原打算在今年一月访问中国，可后来不得不予以推迟，这使我深感失望。

③ 有时候，在工作中重要的倒是能否处理好人际关系而不是有多大的才能。

④ 如果有人认为中国人好用武力，动不动就用拳脚来解决问题，那就大错特错了。

⑤ 越来越多受英文教育的海外华人父母，已经认识到孩子在通晓不可或缺的英文的同时，也通晓中文的重要性。

⑥ 一个人不论做什么事，都不要使自己的父母感到羞耻，这才是真正的孝顺。

⑦ 众所周知，对生态环境和生物多样性的保护是环保工作的重点。

⑧ 据预测，未来 25 年全球人口将由 60 亿增长到 80 亿，环境保护面临更大的压力。

⑨ 在中国的传统节日，准备一些历史悠久、具有象征意义的食物也是节日必不可缺的。

⑩ 布达拉宫(The Potala Palace)在 1994 年 12 月被联合国教科文组织列为世界文化遗产。

第八章

中国传统艺术与翻译之增译法

中国传统艺术一直以来都以其种类繁多、技艺精湛、历史悠久而被视为中华民族的文化艺术瑰宝。绘画、书法、音乐、舞蹈、戏曲、园林、建筑、雕塑、工艺美术、传统美食、传统服饰等传统艺术都是历代的中国画家、书法家、手工艺者、诗人、建筑师等大师们在中国的历史长河中的积累和伟大创造，是古老中国文明的历史积淀，也是区别于其他民族的根本特征。以植根于中国传统文化土壤的书法而言，出现了像王羲之、颜真卿、柳公权这样的大家，同时也出现了歌颂书法艺术的诗歌，如曹植的"墨出青松烟，笔出狡兔翰"；再如在绘画领域有像顾恺之、吴道子这样的"画祖"、"画圣"，同样也出现了歌颂画家或绘画的诗歌，如元代诗人赵孟頫在其《桃源春晓图》中发出了"何处有山如此图，移家欲向山中住"这样的感慨。因此丰富且辉煌的中国传统艺术早已是中国文化的一张绚丽的明信片。

中国传统艺术以其浓郁的民族气息、醇厚的艺术内涵、鲜活的意境、高度的概括力与想象力而闻名于世，因此在对其进行翻译时，适度的补充讲解是必不可少的，这便是增译法。下面我们将通过对《中国传统手工工艺》的中英文的对比，以此来讲解在翻译中国文化，尤其是中国传统工艺过程中所需要的翻译方法——增译法。

一、导读

中国传统手工艺

在我国历史的长河中，由于广大人民群众的聪明才智，创造了大量优秀的民间艺术，极大地丰富了人民的文化生活。但随着中国经济和建设的发展，大量的非物质文化遗产面临消失。所以，近年来中国各级政府整理和保护非物质文化遗产的力度也在迅速加大，经中国政府公布的非物质文化遗产已经达 500 多项。2009 年 9 月，联合国教科文组织保护非物质文化遗产政府间委员会第四次会议 30 日在阿布扎比（Abu Dhabi）审议并批准了列入《人类非物质文化遗产代表作名录》的 76 个项目，其中包括中国申报的 22 个项目。

下面就让我们以皮影戏、吹糖人和风筝为例，一起来了解各地民间艺术的魅力吧！

皮影戏是中国一种古老的表演艺术，古时候也叫傀儡戏，有 2 000 多年的历史。皮影戏始于战国，兴于汉朝，盛于宋代，元代时期传至西亚和欧洲，可谓历史悠久，源远流长。它源于秦末"楚""汉"相争，张良情急之下用皮革来迷惑敌人的故事，后人受这个故事的启发，创造了皮影戏。表演时，艺人们在白色幕布后面，用灯光将人工雕刻的人物、动物映衬在纱幕上，然后由艺人操纵这些人物、动物，同时配以打击乐器和弦乐，用当地流行的曲调唱述故事(有时用方言)。皮影戏是 18 世纪中期传到欧洲的，法国传教士在 1767 年将皮影戏带回法国，在巴黎和马赛举办表演，引起一阵轰动。"中国影戏"马上被改造，加入了法国特色元素，成为原汁原味的"法国影戏"，并在法国长期流传下来。在印度、印尼、马来西亚、泰国、土耳其，都有皮影戏。

吹糖人作为中国传统的民间艺术，历史悠久，然而随着中国经济的发展，这一艺术正渐渐消失。据说这一民间艺术始于宋朝，当时被称为戏剧糖果。吹糖人以糖作为基本材料，糖人艺人用自己的方法熬糖，然后吹成各种人物。艺人先把糖加热到适当的温度，然后拉一些糖稀(syrup)捏成一团，再用各种技巧做出不同的形状，并涂上鲜艳的颜色。这种艺术需要手、眼的密切配合，同时对温度的控制也有极高的要求。

风筝，古时称为"鹞"，北方谓"鸢"，早在两千年前中国就发明了风筝。中国是风筝的故乡，从这里，放风筝的运动传到了日本、韩国、泰国和印度。中国风筝有着悠久的历史和高超的技艺，这点早已为世人所公认。中国风筝以细竹扎成骨架，再糊以纸或绢制作而成。传统中国风筝的技艺概括起来只有四个字：扎、糊、绘、放，简称"四艺"。风筝的种类包括：硬翅风筝、软翅风筝、串式风筝和立体风筝。潍坊是风筝的故乡，也是中国风筝的发源地之一，走进这座城市，人们就会发现处处都有风筝以及和风筝有关的事物。随着社会的发展，这种休闲娱乐的方式已经成为一项世界性的运动。2006 年，风筝制作技艺经国务院批准列入第一批国家级非物质文化遗产名录。

THE TRADITIONAL CHINESE HANDICRAFT

In the time-honored history of China, with their intelligence and wisdom, Chinese people have created a large number of excellent folk arts, which have greatly enriched the people's cultural life. However, with the development of China's economy and construction, a large number of intangiblecultural heritage are facing the danger of vanishing. So in recent years, Chinese governments at all levels enhance the protection. The number of intangible cultural heritage announced by the government has already reached more than 500. In September 2009, the fourth meeting of the Intergovernmental Committee for the protection of the intangiblecultural heritage of UNESCO considered and approved 76 projects in Abu Dhabi, including 22 projects of China.

Let's take the Shadow Play, the Sugar Figure Blowing Art, Chinese kite for example to show the charm of folk art in different regions.

With 2,000 years of history, Shadow Play, called shadow puppetry in ancient times, is an ancient performance art. Appeared in the Warring States period, and sprang up in Han Dynasty and flourished in the Song Dynasty, Shadow Play was spread to Western Asia and Europe in the Yuan Dynasty. It indeed has a long history. It originated from the competition between Chu State and Han State at the end of the Qin Dynasty, when Zhang Liang, one famous counselor in Han State, confused the enemy by using the leather figures in an emergency. The later generations were inspired by this story and created the Shadow Play. In the performance, staying behind the white curtains, the players manipulate the artificial carving human or animal figures which are reflected on the curtain through the light, singing or narrating the stories in the local popular tunes (sometimes in dialect) to the rhythm of percussion and string instruments. Shadow Play spread to Europe in the mid-18th century, when French missionaries in China took it back to France in 1767 and put on performances in Paris and Marseilles, causing a sensation. "Chinese Shadows" was instantly changed and added the French features, and finally became the original "French Shadows" which was passed down ever since. There is Shadow Play in India, Indonesia, Malaysia, Thailand and Turkey.

As a traditional Chinese folk art, the Sugar Figure Blowing Art has a long history. But it is gradually disappearing in the process of Chinese economic development. It is said that this folk art was formed in the Song Dynasty; at that time it was called Opera Candy. The Sugar Figure Blowing Art uses sugar as its basic material, and the artists boil sugar and blow it into various figures by using their own ways. Artists heat up sugar to proper temperature, then pull some syrup and knead it to a ball. Then they make different shapes by using different skills and paint bright colors on the figures. This art needs the timely and closely cooperation between hands and eyes, and also a high requirement for temperature control.

In ancient time, kite, called "Yao" and also well known as "Yuan" in northern region of China, was invented by the Chinese people 2,000 years ago. China is the birthplace of kites, from where kite flying was spread to Japan, Korea, Thailand and India. It is universally acknowledged that Chinese kite has a long history and superb skills. Chinese kite is made of the frame, which are made with thin bamboo strips, and paper or silk which are pasted onto it. The techniques for making traditional Chinese kites can be summarized by four words, that is tie, paste, paint and fly, which are briefly called "Four Techniques". The type of Chinese kite comprises hard-winged kite, soft-winged kite, composite kite and three-dimensional (3d) kite. Weifang is home to kites and one of the birthplaces of Chinese kites. When you get into this city, you'll find kites and things related to kites everywhere. With the development of society, flying kites has become a worldwide sport. In 2006, the kite-making skills were listed in the first national nonmaterial cultural heritage list with the approval of the state council.

译文解读

通过《中国传统手工艺》的中英文对比，我们会发现译文与原文在很多处存在不一致，对汉语原文没有做到绝对的忠实。如“中国传统手工艺”被译为“The Traditional Chinese Handicraft(译文添加了定冠词 the)”，“2009 年 9 月”被译为“In September 2009(译文添加介词 In)”，“吹糖人以糖作为基本材料”被译为“The Sugar Figure Blowing Art uses sugar as its basic material(译文添加了代词 its)”，“在印度、印尼、马来西亚、泰国、土耳其，都有皮影戏”译为“There is shadow play in India, Indonesia, Malaysia, Thailand and Turkey.(根据英语行文习惯，译文添加了主语 there)”等。

为何在汉译英的过程中需要增词或增句？何时需要增词或增句？本章将对上述两个问题进行详细讲解。

二、增译法

作为翻译的一个普通原则，在翻译的过程中译者应忠实于原文，不应对原文的内容随意增减，但由于英汉两种语言思维方式、语言习惯和表达方式等方面存在着巨大差异，同时也为了准确传达原文的内容，使译文符合目的语的语法规则和语言的行文习惯，在翻译过程中，尤其是在中国传统艺术领域，因其存在许多出于行文习惯而进行的省略或许多不言而喻的省略，而这对于西方读者而言却是完全陌生或不明白的，因此为了保证与西方读者交流的通畅，往往需要译者对原文进行适当的增加，即在原文的基础上增加必要的单词、词组甚至是句子，这便是增译法。

请试译：

【例 8.1】 湖笔被誉为“笔中之王”。

译文 Hu Brushes are renowned as the “king of writing brushes”.

【例 8.2】 篆书是现今仍被广为使用的最古老的字体。

译文 The Seal Script, one kind of writing systems, is the oldest style that continues to be widely practiced.

例 8.1 中，“笔中之王”属于特指，因此需在其前加定冠词；而在例 8.2 中，篆书对于中国人而言，是非常熟悉的书写方式，但对于西方读者而言，可能比较陌生，如果不做适当的增补解释说明，可能就会引起跨文化交际的失败。因此在汉译英的过程中，为了保证译文语法结构的完整以及译文意思的明确，需要对原文在单词、词组甚至句子方面进行增加，从而保证译文的自然、地道、通顺。

(一) 根据英语的语法结构或行文习惯增词

1. 增加冠词

在中国民间艺术中，会涉及许多普通名词、专有名词、抽象名词等，如“喜庆”、“吉祥”、“门神”等。在对其进行翻译时，需要考虑英汉在冠词领域的不对等现象(汉语中没有冠词)，即对汉语中的名词适当地增加冠词(a、an、the)或零位冠词。

【例 8.3】 惠山泥人，一种植根于民间、取材于民间又为群众所喜闻乐见的传统民间工艺。

解析 物质名词、抽象名词、专有名词等前使用零位冠词，因此可直接将其译为

"Huishan Clay Figurine";"植根于民间"和"取材于民间"属于语意重复,因此可减译。

译文 As a type of traditional folk art, Huishan Clay Figurine is originated from among the people and is very popular as well.

【例 8.4】 一只 300 多米长,造型为一只龙头蜈蚣的风筝赢得了在意大利举行的国际风筝节的第一名。

解析 世界上独一无二的事物、序数词、形容词最高级、节日、乐器或者特指某些人或物时,其前需加定冠词"the",因此"第一名"前需加定冠词。

译文 A kite, which was over 300 meters long and in the shape of a centipede with a dragon's head, won the first place in the International Kite Festival held in Italy.

【例 8.5】 皮影戏(Shadow Play)的源头可以回溯到数千年的史前历史时期。

解析 "皮影戏"属于专有名词,其前使用零位冠词;但"皮影戏的源头"则是特指,因此其前需加定冠词"the"。

译文 The roots of Shadow Play can trace back thousands of years into pre-history.

2. 增加介词

汉语重意合,语意之间可采用意合过度,在不使用介词的情形下同样可以表示其状语等语法成分,如"清朝末年,张明山创造了'泥人张'彩塑"。而属于形合语言的英语,在表示时间、地点、方式、数量、原因等语义时必须使用介词,因此时间状语"清朝末年"在译为英语时需要添加介词"in (the late Qing Dynasty)"。

【例 8.6】 山东潍坊国际风筝节已经成为中国一年一度的盛会。

解析 句中"山东"虽然是"潍坊风筝节"的定语,但因为"山东"是表地点的名词,因此可添加介词并后置,即"in Shandong Province"。

译文 Weifang International Kite Festival in Shandong Province has become an annual grand meeting in China.

【例 8.7】 中国民间艺术家使用简单便宜的材料制作小巧精致的手工艺品。

解析 "制作小巧精致的手工艺品"表目的,在译为英文时可添加表目的的"to",即"to make small and delicate handicrafts"。

译文 Chinese folk artists use simple and cheap materials to make small and delicate handicrafts.

【例 8.8】 2006 年,风筝制作技艺经国务院批准列入第一批国家级非物质文化遗产名录。

解析 "2006 年"是时间状语,译为英文时需添加介词"in"。

译文 In 2006, the kite-making skills were listed in the first national nonmaterial cultural heritage list with the approval of the state council.

3. 增加代词

作为意合语言的汉语,许多句子是没有主语(第五章无主句)或宾语的,但这丝毫不会影响对句意的理解,如"年画中,最有名的当属杨柳青";汉译英时,需将其隐含的成分用恰当代词,如 one、you、he、we、it 等补充完整,以符合英语形合的特点,因此上句应该补充隐含成分“(最有名的)年画”,并使用代词“one”指代(因“年画”是第二次出现,为避免重复,故用代词指代),即“among New Year Pictures, the best one can be found in Yangliuqing”;同时在强调句结构中和形式主语结构中,在对汉语中表示天气、时间、距离等无主句翻译时,应增加代词。

【例 8.9】 有些灯笼的材料由原来的纸、竹子,变成布、塑胶、铁线,而且灯笼的形状和颜色与传统也大不相同。

解析 “与传统也大不相同”中“传统”后的宾语被省略,因此需要用代词 ones 指代其前出现的“灯笼的形状和颜色”。

译文 The materials of some lanterns have changed from paper and bamboo to cloth, plastics and iron wire, and their shape and color have been quite different from traditional ones.

【例 8.10】 因外观对称(symmetrical)精致,符合中国传统装饰的习俗和审美观念,故被命名为中国结。

解析 汉语物主代词常可省略,但在英语中说到归属特征或物品时,需要在其前加上物主代词,如原文中“外观”,可添加物主代词“its”;谓语动词前“符合”和“被命名为”缺少主语,可添加代词“it”。

译文 For its delicate and symmetrical appearance and accordance with the conventions of Chinese traditional decoration and aesthetics, it is named Chinese Knot. // It is possessed of delicate and symmetrical appearance and accords with the conventions of Chinese traditional decoration and aesthetics, hence the name Chinese Knot.

【例 8.11】 要制作一只让制作者引以为傲的风筝并非易事。

解析 句子由条件和结论部分构成时,需先翻译结论,因此需添加代词“it”做形式主语;“制作者”可添加物主代词“its”表明与风筝的归属性。

译文 It's no easy job to make a kite that its maker can be proud of.

4. 增加谓语动词

汉语重意合,在汉语的行文中可以出现不使用谓语动词,而采用意合法过渡的语句,如“风筝,中国的一项有趣的发明”;而英语是一种形合语言,对语言的语法结构要求严谨,谓语是所有结构中必不可少的句法成分,因此在进行汉译英时,在谓语动词缺失处需要补译,即“The kite was an interesting Chinese invention”。

【例 8.12】 吹糖人(Sugar Figure Blowing Art)作为中国传统的民间艺术,历史悠久。

解析 句子主干“吹糖人历史悠久”,缺少谓语动词,需添加。

译文 As a traditional Chinese folk art, the Sugar Figure Blowing Art has a long history.

【例 8.13】 传统年画,线条简单明晰、色彩鲜艳,反映了中国社会中历史、宗教信仰和风格的发展和变迁。

解析 句中“传统年画,线条简单明晰、色彩鲜艳”可译为短语“Traditional New Year Paintings with simple and distinct lines and brilliant colors”,也可译为句子。译

为句子时需添加谓语动词“Traditional New Year Paintings are featured by ...”。

译文 Traditional New Year Paintings are featured by simple and clear lines with brilliant colors, mirroring the development and changes in history, religious beliefs and customs of Chinese society.

【例 8.14】 中国民间艺术家手下的泥人不仅可爱、丰富多彩，还富有文化含义。

解析 句中主干“泥人不仅可爱、丰富多彩，还富有文化含义”缺少谓语动词，因此需添加。

译文 The clay figures, created by Chinese folk artists, are not only very cute and colorful, but also full of cultural connotation.

5. 增加连词

汉语属于波浪结构，最大的特点便是语言精练，少连词，往往通过上下文和语序表示词与词、词组与词组、句子与句子之间的逻辑关系，如“神农尝百草，首创医药，被尊为‘药皇’”；而英语是一种重形合(结构)的语言，按照其语法，需要添加明确的连接词来表达逻辑关系、语义关系，因此需根据句意所表述的语意关系，添加表因果关系的连词“thus”、“so”或“therefore”，即 Shennong, the founder of Chinese medicine, tasted a hundred varieties of herbs, and was thus crowned Emperor of Medicine.

【例 8.15】 在京剧脸谱中，黑色代表刚直，白色代表背叛和狡诈。

解析 句中主干“黑色代表刚直，白色代表背叛和狡诈”，两个分句并列但无连词连接，因此需根据其逻辑关系添加表转折的连词“while”、“however”或者“whereas”。

译文 In the mask of the Beijing opera, the black stands for uprightness, while the white signals treachery or deception.

【例 8.16】 新中国建立后，泥塑被列为一项重要的历史遗产，吸引了国内外的注意。

解析 同上，需在两个谓语“被列为”和“吸引”中间添加连词“and”。

译文 After the founding of New China, clay sculpture was listed as an important historical heritage and attracted worldwide attention.

【例 8.17】 惠山泥人(Huishan Clay Sculptures)已经被出口到 60 多个国家和地区，被邀请参加许多文化交流活动。

解析 同上，需在两个谓语“被出口”和“被邀请参加” 添加连词“and”。

译文 Huishan Clay Sculptures have been exported to more than 60 countries and regions and invited to take part in many cultural exchange activities.

(二) 根据句意的需要增词

汉译英时根据句意的需要，增补一些原文中暗含而没有明言的词语和一些解释性的词语，以确保译文意思明确而完整。

1. 增补在汉语中不言而喻的词语

汉语重语意，常有许多词是暗含其中而未曾言明的。这在对中国民间艺术的介绍中表现得尤为突出，如“杨柳青年画在年画印刷最昌盛的时期在杨柳青聚集”。汉译英时，我们需要从语义的角度出发，将其缺失的语义补足，如在翻译此句时，需要将其隐含其中的“(杨柳青年画的)画家和印刷匠”补充完整：一则可以避免语义的含糊，二则可以更清楚地表达原文的意思，从而使译文更忠实通顺地表达原文的内容。

【例 8.18】 经中国政府公布的非物质文化遗产已经达 500 多项。

解析 根据句意补充“（非物质文化遗产）的数量”。

译文 The number of the intangible cultural heritage announced by the government has already reached more than 500.

【例 8.19】 艺术可以放飞想象的翅膀，但一定要脚踩坚实的大地。

解析 仔细揣摩上下文，便会明白此句中的“艺术”指的是“艺术的创作”；而后面的“一定要脚踩坚实的大地”其暗含的主语是“艺术工作者”。

译文 The creation of art can fly with the wings of imagination, but make sure art workers tread on solid earth.

【例 8.20】 在广大农村地区，春节前几天都忙着在门上、窗户上甚至是橱柜上张贴彩色的年画或剪纸。

解析 根据句意补充主语“所有的人（都忙着）”或“家家户户（都忙着）”。

译文 In the vast rural areas, just before the Spring Festival, all people /every household are busy pasting colorful pictures or paper cuttings on their doors, windows, even wardrobes.

2. 增补解释性文字

中国民间艺术中，有许多作品与中国的历史文化、传统习俗、文学作品等有着非常密切的联系，如“他制作的关公泥塑很形象生动”。对“关公”这个在中国家喻户晓的人物，许多西方读者可能并不明白，因此在进行汉译英的过程中，如何保证与西方读者交谈的顺利进行？让西方读者对我们所谈论的内容有更深刻的了解呢？这便需要将具有浓厚的文化底蕴的词汇成功地译出，其方法主要有两种：一是意译法（详见第六章）；二便是先译后加注，即增补解释性文字。

【例 8.21】 皮影戏源于秦末“楚”“汉”相争，张良情急之下用皮革来迷惑敌人的故事。

解析 西方读者对“张良”并不了解，在译为英文时，为了便于他们更好地了解句子的内容可增加解释性信息：one famous counselor in Han State。

译文 The Shadow Play originated from the competition between Chu State and Han State at the end of the Qin Dynasty, when Zhang Liang, one famous counselor in Han State, confused the enemy by using the leather figures in an emergency.

【例 8.22】 艺术家采用了现实主义手法精确而流畅地刻画蒋门神的造型。

解析 同上，对“蒋门神”增加解释性信息：a local despot in Water Margin。

译文 The artists adopted realistic methods to portray the shape of the figure of Jiangmen Shen (a local despot in Water Margin) accurately and fluently.

【例 8.23】 春节期间，“福”字经常倒贴在门上，表达人们对“福到”的祝福。

解析 对于汉语文字“福”，西方读者可能并不明白，因此可添加解释性信息：which signifies happiness。

译文 During Spring Festival, the Character fu, which signifies happiness, is pasted upside down on the door to express a wish for happiness.

【拓展】

【例 8.24】 如果将"一带一路"比喻为亚洲腾飞的两只翅膀,那么互联互通就是两只翅膀的血脉经络。

解析 "一带一路"直译为"The Belt and Road",但是对中国历史不了解的人估计不会明白"The Belt and Road"的真正含义,因此需要解释说明——"the Silk Road Economic Belt and the 21st Century Maritime Silk Road";另外"血脉经络"是个中国特色词汇,为了便于理解可以将其进行意译的诠释"arteries and veins";"把……比喻为……"可以使用动词"liken",注意其与动词"like(喜欢)"的区别。

译文 If the "Belt and Road", that is the Silk Road Economic Belt and the 21st Century Maritime Silk Road, are likened to the two wings of a soaring Asia, then connectivity is like their arteries and veins。

翻译练习

1. 根据英语的语法结构或行文习惯增词

(1) 增加冠词

① 发展经济仍然是中国政府的首要课题/任务之一。

② 在端午节时受欢迎的食物就是粽子。

③ 故宫是中国现存规模最大、保存最完整的古代建筑群。

④ 中秋节的特制食品是一种圆形的月饼。

⑤ 在中国传统文化里,剪纸可以反映出生活中吉祥如意、健康长寿、五谷丰登等各个侧面。

⑥ 在中国传统节日里,尤其在春节期间,剪纸尤为常见。

⑦ 传统的中国画不是模仿自然的器具,而是表现心灵、抒发性情的艺术形式。

(2) 增加介词

① 绘画则是借着画面上的简单线条,表现自己想象的世界。

② 我省第二季度的进出口贸易总额有了较大幅度的增长。

③ 中国发展取得了历史性进步,经济总量已经跃升到世界第二位。

④ 中秋节是观赏满月的日子。

⑤ 清朝时期,人们相信放飞风筝,不仅仅是一种乐趣,还可以送走人的晦气和疾病。

⑥ 这种屋子冬暖夏凉。

⑦ 亚洲是当今世界最具发展活力和潜力的地区之一。

(3) 增加代词

① 中国皮影人偶与印度尼西亚和土耳其的大相径庭。

② 为何有时人们对垃圾食品食欲大增?据加利福尼亚大学的最新报道,是睡眠不足导致的。

③ 我们认为理论与实践相结合是十分重要的。

④ 凡是在科学技术上有建树者,都是工作最勤奋,并且勇于创新的人。

⑤ 学汉语,学到的将不仅是汉语的抑扬顿挫,还有中国悠久的历史和丰富的传统。

⑥ 越是要掩盖他的虚伪本质，就越是会暴露。

(4) 增加谓语动词

① 皮影戏在我国历史悠久。

② 中国地形特征复杂多变，西部为高原，东部为平原。

③ 中国民间剪纸的主题多种多样，多姿多彩，从日常生活中人们所熟知的话题到人们所梦想的未来生活。

④ 主要的剪纸工具很简单：纸、剪刀或刻刀。

⑤ 蒋门神，一个地方暴君，是泥人张最具有代表性的一件作品。

⑥ 传统的出口商品丰富多彩。

(5) 增加连词

① 松竹梅不受寒冬的影响，有君子的气节，被称为“岁寒三友”。

② 这座桥以中国结造型为设计原型，长约 150 米、高 24 米。

③ 虚心使人进步，骄傲使人落后。

④ 风筝起初被认为是一种科技形式，它也被列为一项艺术收藏品，被认为具有独特的艺术价值。

⑤ 纸张发明以后，风筝就用这种新材料做成，叫做“纸鸢”。

⑥ 2006 年，中秋节被列为中国的文化遗产，2008 年又被定为公共假日。

2. 根据句意的需要增词

(1) 增补在汉语中不言而喻的词语

① 杨柳青年画(New Year Pictures)在年画印刷最昌盛的时期在杨柳青聚集。

② 中国功夫最伟大的地方在于和平。

③ 在人权领域，中国反对以大欺小、以强凌弱。

④ 加强了政治互信，扩大了共同利益，为亚洲经济发展增加了新的动力。

⑤ 同样，中国的丝绸、茶叶和瓷器也传遍各地。

⑥ 普通的老百姓能在不久的将来圆私家车之梦。

(2) 增补解释性文字

① 张明山制作的泥人形象逼真，富有表现力。

② 2 000 年前，秦始皇修筑的长城是防御性的。

③ 湄洲岛因供奉妈祖的“湄洲祖庙”闻名世界。

④ 古代中国人觉得月亮可爱又神秘，连苏东坡也不禁要问：“明月几时有？把酒问青天。”

⑤ 邓小平曾用“摸着石头过河”来形容中国的改革和现代化进程。

⑥ 在端午节那一天，人们通常要赛龙舟、吃粽子，以纪念古代诗人屈原。

第九章

中国传统建筑与翻译之减译法

中国历史悠久、文化灿烂、地域广博、民族众多等特点造就了源远流长的中国建筑艺术，它是中国悠久历史和传统文化最直观和最精彩的表现形式。中国建筑，如万里长城、北京故宫、圆明园等尤其是中国传统建筑之代表，是中国文化最重要的组成部分，是影响世界的文化遗产。对此，有学者曾这样描述：欣赏中国传统建筑，就好比翻开一部沉甸甸的史书。那洪荒远古的传说，秦皇汉武的丰功，大唐帝国的气概，明清宫禁的烟云，还有史书上找不到记载的千千万万劳动者的聪明才智，都一一被它形象地记录了下来。

中国传统建筑类型多种多样，主要有宫殿、坛庙、寺观、佛塔、民居和园林建筑等。其中宫殿、坛庙等都采用以一条中轴线将封闭四合院落贯束起来的格局，表现出封闭严谨含蓄的民族气质或可以说是地道的儒家风范。唯独园林建筑与此迥异，布局自由灵活，变幻无穷，极力追求自然情调。

中国传统建筑具有独特的民族风情、丰富的内涵、绚丽的风格、宏伟的布局、“墙倒屋不塌”的功能，是中国古代人民伟大智慧最直接的表现形式。因此，在对其进行描述时往往会使用如反复、强调等修辞手段，特殊语法结构或表达方式，而英语追求的却是简洁，因此在对其进行翻译时，往往需要省略一些让译文累赘的词甚至是句子，这便是减译法。

我们将通过对《中国古典园林》的介绍及其译文对比，来分析在对中国传统建筑进行翻译时需运用的减译法。

一、导读

中国古典园林

园林一向是中国文化的重要组成部分之一。一般来说，如果没有观赏过中国的园林就没有真正到过中国。

中国园林历史悠久。最早是皇家贵族的狩猎场，建于公元前 11 世纪的周朝。秦汉年间成为皇家的休闲娱乐场所，修建得更加美丽堂皇。明清时期园林建筑进入鼎盛时期，圆明园是这一时期的杰出代表。与西欧的古典园林不同，后者长于几何建构，中国园林则更多是小规模的天然景观。传统的中国园林分三种：皇家园林、私人花园、风景区园林。

大多数皇家园林位于华北：北京的北海公园、颐和园、紫禁城，河北承德的避暑山庄，陕西西安的华清池（有名的华清温泉）。皇家园林占地面积很大，比如颐和园占地290公顷，而承德的避暑山庄占地560多公顷，是中国最大的皇家园林。园林大体有三种作用：行政管理，居住，休闲娱乐。多数的皇家园林以南北为轴，园林的主体建筑与此假想中的中心线连接，其他的建筑分散在山水之间作为辅线与之相互呼应浑然一体。

皇家园林色彩斑斓，建有人工假山和人工湖，别具一格。以塔、栏杆、屏风、石桌、石桥、拱桥为其建筑风格。

大多数私家园林聚集在中国的南方，尤其在长江以南，多建在住宅的一侧或者后面。园林中多为岩石、凉亭、池塘、小桥、树木和花草，四周到处是游廊、装饰、门窗，以便客人可以欣赏其中的美景。家庭的园林多为花园，用以招待客人、举行宴会、吟诗作画，多为开放式的且常在水边，以便赏景。蜿蜒曲折的游廊连接着各个景点，也是遮阴避雨的好去处。

苏州园林，是“园林中的园林”，是展现中国传统私家园林的最好代表。沧浪亭质朴迷人，狮子林奇石巧布，拙政园水静房显，而留园则是建筑艺术古朴、山水林井然有序，这些都分别代表了宋、元、明、清时期的园林。

扬州的园林多以建筑风格独特、奇山怪石为特征。比如：在葛园中，不同形状的岩石可以表现不同的季节。南京的詹园、无锡的济昌园和上海的豫园都很著名。

广东的园林多以大池塘、建筑颜色鲜艳和植物繁多而著名。顺德的清辉园、东莞的客园、佛山的十二石馆以及番禺的雨音山社都是很好的代表。

风景园林多以自然景观为名，多用于大众休闲。古代的中国人多以“景”来命名风景区，美丽的名字使其更有意境。比如：杭州的西湖、扬州的瘦西湖以及济南的八坝湖等。杭州西湖很具有代表性：在湖心岛的南岸有3个塔，每个有2米高，各有5个出口。在岛的南角有个“我心相印亭”，透过出口可以看到分成3个部分的月亮，故得名“三潭印月”。

在古代中国，一些寺庙也多建在风景优美的地方，后来多成为人们休闲的好去处。

诗人和画家也为风景园林增色不少。他们为这些园林或填诗作赋，或匠心设计，后代们为了纪念他们，把他们的诗歌刻在桌子上、庭子里以及塔上。这丰富了园林的内涵，吸引了众多的游客。

这些风景园林与很多的神话传说有关，这也为它们增添了许多神秘的色彩。比如，浙江金山的法海寺和白蛇洞就与“白蛇传”的传说有关；南京的“莫愁湖”就是根据世代相传的传说得名的。风景园林不仅是休闲娱乐的地方，也是公众活动的地方。传统的宗教活动每年多在风景园林中进行。

中国园林的建筑艺术也对其他国家产生了巨大的影响。早至6世纪，中国的园林建筑就被引入日本，并被冠以中国名字。对中国风格的热衷使中国园林后来也传入了欧洲，比如在巴黎就有20多个这样的园林花园。

现代中国在竭力保护和重建古典园林。1980 年中国建筑工程总公司的风景建筑公司建立，并与外国客户签约修建园林。同年，美国纽约市的大都市艺术博物馆的明轩园由该公司的苏州分公司建成。而该公司的广州分公司为西德的 1983 年的慕尼黑世界园林展览会修建了芳华园。

CHINESE CLASSICAL GARDENS

Garden building is considered a chief component of Chinese culture. Some people say that if you have never walked through a Chinese garden, you cannot say that you have really visited China.

The Chinese garden has a long history. It first appeared as early as the 11th century BC during the Zhou Dynasty in the form of a hunting preserve for emperors and nobles. During the Qin and Han dynasties, those natural preserves were made more beautiful and became places of recreation for imperial families. Garden building had its heyday during the Ming and Qing dynasties and the imperial garden Yuanmingyuan (the Old Summer Palace) was regarded as the masterwork of this period. Different from classical European gardens, in which geometric patterns dominate, Chinese gardens are made to resemble natural landscapes on a smaller scale. Traditional Chinese gardens fall into three categories: imperial, private, and landscape gardens.

Most imperial gardens are located in north China: Beihai Park; the Summer Palace; the Imperial Garden of the Forbidden City in Beijing; the Imperial Summer Resort in Chengde, Hebei Province; and Huaqing Palace, presently known as Huaqing Hot Spring, in Xi'an, Shaanxi Province. Imperial gardens occupy large areas. The Summer Palace, for instance, has an area of 290 hectares while the Imperial Summer Resort in Chengde, which covers more than 560 hectares, is the largest imperial garden in China. Most of these gardens have three sections which serve administrative, residential, and recreational purposes. In large imperial gardens, the main buildings are connected by an imaginary line in the middle of the garden on a north-south axis. Other buildings scattered among hills and waters are linked by subordinate lines, forming a well-designed symmetry and adding more beauty to the chief architectural complex.

The gorgeous imperial gardens are built with man-made hills and lakes with a unique style. The distinctive architectures, such as pagodas, balustrades, screen walls, stone tablets, bridges, and decorated archways abound in those gardens.

Most private gardens are founded in the south, especially in cities south of the Yangtze River. Private gardens were mostly built at one side or at the back of the residential houses. In almost every case, there is a large space in the garden set in a landscape of artistically arranged rockeries, ponds, pavilions, bridges, trees and flowers. Surrounding the beautiful scene are small open areas partitioned by corridors or walls with latticed windows or beautifully shaped doors through which visitors can enjoy the sights. Buildings in the garden were used for receiving guests, holding banquets, reading, or writing poetry. They are open on all sides and are often situates near the water so that the whole scene can be enjoyed. The winding corridors connect various buildings and also provide a covered veranda as shelter from the rain and shade from the sun.

Suzhou garden, known as the land of gardens, displays the most and the best Chinese traditional private gardens. Among them, the Pavilion of the Surging Waves is known for its rustic charm, Lion Grove for its strange rockeries, the Humble Administrator's Garden for its tranquil waters and elegant buildings, and the Garden for lingering in for its ancient architectural art and the arrangement of hills, waters, and plants. They are examples of the garden styles of the Song, Yuan, Ming, and Qing dynasties respectively.

Gardens in Yangzhou are characterized by their architectural style and artistic rockeries. In the Ge Garden, for example, different formations of rocks are used to show different seasons. The Zhan Garden in Nanjing, the Jichang Garden in Wuxi, and the Yu Garden in Shanghai are also well-known.

Guangdong style gardens are distinguished by large ponds, brightly colored buildings, and luxuriant plants. The Qinghui Garden in Shunde, the Ke Garden in Dongguan, the Twelve Stone Studio in Foshan, and the Yuyin Mountain House in Panyu are good examples.

Landscape gardens are different and are places for public recreation. The landscape gardens contain a number of pleasant natural scenes. With a few man-made details, it looks more natural than artificial. The ancient Chinese used to call garden landscape ring which means"scene" in English. Good examples include the ten West Lake scenes in Hangzhou, the slim West Lake scenes in Yangzhou and the Eight Darning Lake scenes in Jinan. In addition, each scene is endowed with a beautiful name, and each name in only a few words can express the principal theme of the scenery and give it a soul. The West Lake is typical. Off the southern shore of an island stand three stone pagodas, each two meters high. Five openings form a striking feature of the pagodas. From the centre of the "Mutual Affinity Pavilion" at the southern tip of the island, reflections of the moon can be viewed through the openings and they are divided into three part.

Thus, the name "San Tan Yin Yue" or "Three Pools Reflecting the Moon" is created.

In ancient China, temples and monasteries were usually built in beautiful places; consequently, those built with gardens have become places for public recreation.

Many famous poets and painters contributed greatly to the development of landscape gardens. They either left poetic inscriptions for those gardens, or designed the gardens themselves. In order to commemorate those poets and painters, later generations had their poems and inscriptions engraved on tablets, pavilions, or pagodas, thus enriching the gardens and inspiring visitors.

In landscape gardens there are often reminders of Chinese fairy tales or legends which add mystery to the beautiful scenes. For instance, the Fahai Temple and the White Dragon Cave in Jinshan Mountain in Zhenjiang relates to the fairy tale "The Legend of the White snake". The Mochou Lake in Nanjing is associated with a legend which has been handed down from ancient times. Landscape gardens are not only places for recreation, but also places for public activities. Traditional religious activities are usually held in these gardens annually.

The technique of Chinese garden building has also exerted a great influence on other countries. As early as the sixth century, Chinese garden building was introduced into Japan where gardens were given Chinese names. Later the enthusiasm for Chinese style gardens spread to the European continent. For example, more than twenty such scenic parks were built in Paris.

Modern China tries to protect and restore classical gardens and to build new ones. In 1980, the Landscape Architecture Art in New York City was built by the Suzhou branch of the company, and the Guangzhou branch completed the Chinese Garden (Fang Hua Yuan) for the 1983 Munich World Garden Exhibition in the West Germany.

[选自小 e 英语网站 http://www.en8848.com.,有改动]

译文解读

通过中英文对比,可以看出在对中国传统建筑进行描述时,汉语往往喜欢用华丽辞藻对其进行修饰,因此存在诸多形式重复或语意重复的词或短语;而英语则注重简洁、流畅。

【例 9.1】 秦汉年间成为皇家的休闲娱乐场所,修建得更加美丽堂皇。

译文 During the Qin and Han dynasties, those natural preserves were made more beautiful and became places of recreation for imperial families.

【例 9.2】 传统的中国园林分三种:皇家园林、私人花园、风景区园林。

译文 Traditional Chinese gardens fall into three categories: imperial, private, and landscape gardens.

【例 9.3】 这些风景园林与很多的神话传说有关,这也为它们增添了许多神秘的色彩。

译文 In landscape gardens there are often reminders of Chinese fairy tales or legends which add mystery to the beautiful scenes.

可见,对汉语的英译不仅仅需要在适当的情形下对其进行适当的增添,而且需要进行适当的减词,如例 9.1 中"美丽堂皇"只需译为"beautiful";而例 9.2 中三处"园林"仅需翻译一处;例 9.3 中"色彩"却未译出。因此,如何根据句子不同的特点对其进行翻译而又不失民族特色，便是我们今天要解决的翻译难题。此问题包含两部分：一是什么是减译法；二是何时用减译法。

二、减译法

中国传统建筑作为中华民族一大明信片，是中国文化、历史、经济、政治发展和进步的体现。中国传统建筑以其大气、富丽闻名于世，因此把其推向世界显得尤为必要。为此我们必须了解中国传统建筑描写的特点，同时也必须了解对其进行翻译时应该采取的翻译技巧。

为了展示中国建筑的宏伟壮观、精巧别致，在对其进行描写时往往会使用重复词，可能是形式上的，也可能是语意上的，还可能添加一些概括性的范畴词；而英语则不同，英语追求的是简洁、紧凑、文气贯通的行文特点，因此在对汉语进行描写时，可适当减译，但减译并非随意删除原文的意义，而是删去一些对语句的理解而言可有可无的，或者有了反嫌累赘或违背英文表达习惯的词或句。

（一）形式重复的词

汉语中许多词或句子是为了求得形式的齐整或达到某种修辞效果，如强调、韵律等，往往会简单地使用形式重复词。在对其进行翻译的过程中，对形式重复的词或减译，或用代词替代，从而达到英语简洁、通畅的目的。

1. 省略形式重复的词

当汉语中形式重复的词或短语出现在同一句中时或在句中所担任的句子成分相同时，适当情形下可减译。

【例 9.4】 故宫是中国现在最宏伟、最具吸引力的宫殿之一。

解析 “最宏伟”、“最具吸引力”中都是最高级，且其对应的英文单词“magnificent”和“attractive”都是多音节单词，因此可只译第一处。

译文 The Imperial Palace is the most magnificent and attractive palace in China.

【例 9.5】 中国传统的桥大多为石桥，有直桥、曲桥、拱桥。

解析 汉语原句中的出现了五处“桥”：前两处“桥”为同一分句的主宾成分，可减译；而后三处“桥”为并列成分，可减译使句子简洁、流畅。

译文 Most of the bridges in this garden are stone, including straight, winding and arched bridges.

【例 9.6】 在园林中游赏，犹如在品诗，又如在赏画。

解析 句中“如”是形式重复，因此可省译；同时，“品”和“赏”属语意重复，可减译。

译文 Visitors wandering in the gardens feel as if they are appreciating a poem or a painting.

【拓展】

【例 9.7】 在中国古代的发明中，四大发明不仅为中国的发展，还为世界经济和文化的发展，做出了四大贡献。

解析 此例句中有两处“为……发展”，且都充当状语，因此可减译，将“中国”与“世界经济和文化”用“and”进行并列。

译文 Among the inventions of Ancient China, the four great inventions have made great contributions to the developments of the country, and the world's economy and culture.

2. 替代形式重复的词

重复的词、短语有时为了保证句子语法的正确或语意的顺畅,不能一省了之,有时需要用代词进行替代,如代词 it、he、she、they、one、ones;关系代词 which、that 等。但当需要对重复的词或短语进行强调时,有时为了保持修辞效果的一致性,也可使用代词指代。

【例 9.8】 许多窗户的图案也都装饰得非常美丽。游客可以透过这些窗户,将园内的佳景尽收眼底。

解析 汉语原句中有两处"窗户",一处为第一分句主语,第二处为第二分句的状语,可通过关系代词"which"进行指代,将其合译;也可使用代词"them"进行指代,将其分译。

译文 Numerous windows are decorated with very beautiful patterns and designs, through which visitors can have excellent view of the garden.

//Numerous windows are decorated with very beautiful patterns and designs. Visitors can have excellent view of the garden through them.

【例 9.9】 大昭寺的建筑风格盛大而独树一帜,整个建筑的整体布局是典型的传统汉式风格。

解析 同上,第二处"建筑"可使用代词指代。

译文 The architectural style of the Dazhao Temple was quite grand and unique, and its overall layout is the typical traditional Han style.

【例 9.10】 在古代中国这个以儒教为国教的君主制国家(monarchic country),宫殿是古代最重要的建筑,因为宫殿象征着一切。

解析 同上,第二处"宫殿"可使用代词指代。

译文 Palace was the most important architecture in ancient China, a monarchic country with Confucianism as its state religion, because it symbolizes everything.

【拓展】

【例 9.11】 中国人民关注自己国家的前途,也关注世界的前途。

解析 此句有两处"前途",都充当宾语,可省译。但原文很明显是属于递进关系,表达强调的目的,因此为了保证译文的修辞效果不变,可使用代词指代。

译文 Chinese people are not only concerned with the prospect of their own country, but also that of the whole world.

(二) 语意重复的词

所谓语意重复指的是为了达到强调的目的,运用不同的具有同样语意的词汇进行表达。对于语意重复的词可根据句式结构或者句意表达的需要,进行减译或者用代词指代。

1. 省略语义重复的词

如果语义重复的词出现在同一句中,尤其是当其充当的成分是相同的时,如"富丽堂皇的建筑如雨后春笋般矗立起来",其中"富丽"与"堂皇"属于语意重复,为了保证译文简洁的需要，可减译。

【例 9.12】 私家花园中的溪、桥、山、亭小巧玲珑，布局精明，尽显其自然美，令人赏心悦目。

解析 修饰成分“小巧玲珑”可译为形容词并前置做主语的补足语；“布局精明”可译为非谓语动词词组，因其与主语“私家花园中的溪、桥、山、亭”构成动宾关系，故可使用过去分词“cleverly laid out”翻译；“令人赏心悦目”中“赏心”与“悦目”实际上属于语意重复，可减译。

译文 Small and delicate, cleverly laid out, the streams, bridges, rockeries and pavilions of private Chinese garden reveal a natural beauty of their own and are pleasing to the eye.

【例 9.13】 石头与假山是中国南方园林的特色。奇形怪状的石头常带有引人注目的波纹、线条和水孔。

解析 句中有两处属于语义重复，一是“奇形”与“怪状”；二是“波纹”与“线条”。

译文 Rocks and rockeries are special features of southern Chinese gardens. Stones of grotesque forms are often attractive with ripples and water holes.

【例 9.14】 中国园林可分为御花园和私家花园两类。前者多见于北方，后者则多见于南方，尤以苏州、无锡和南京三地为盛。

解析 汉语句中的“园林”与“花园”对应的英文都是“garden”，因此可减译。

译文 Chinese garden can be divided into two categories: the imperial and the private. The former is seen most frequently in northern China while more of the later can be found in the south, especially in Suzhou, Wuxi and Nanjing.

【例 9.15】 集建筑、山水、花木、雕刻、书画等于一体的苏州园林，是人类文明的瑰宝奇葩。

解析 “集……于一体”可译为“with an integration/concentration of”或“with ... integrated”；“瑰宝”与“奇葩”属于语意重复，可减译。

译文 With architectures, hills, waters, plants, sculptures, calligraphies and paintings perfectly integrated, Suzhou gardens are the treasures of human civilization

2. 替代语意重复的词

如果语义重复的词是出于行文结构或某种修辞方法（如强调）的需要，有时需用代词替代。

【例 9.16】 硕大的石头可自成一景，而较小石块则堆积成假山，为园林增添无比魅力。

解析 “石头”与“石块”属于语意重复，但因其前的修饰词不同，因此不可完全减译，而需将第二处的“石块”使用代词进行替代。

译文 Some large stones form sceneries of their own while smaller ones are put together to form artificial hills to add to the fantastic attractiveness of the garden.

【例 9.17】 席力图召是呼和浩特保存最完好的一个寺庙，宏伟壮观的建筑，美妙绝伦的绘画使这座寺庙成为一个旅游胜地。

解析 “这座寺庙”指的就是前文中的“席力图召”，因两者出现在不同的分句中，且做不同的成分，故第二处需用代词指代。

译文 Xilituzhao Palace is one of the best-preserved temples in Hohhot, and its magnificent architecture and splendid colored paintings make it a tourist resort.

【例 9.18】 木结构建筑在地震中是最安全的建筑物，因为它所使用的木质材料韧性强，可随地震的力量摇摆，不易倒塌。

解析 “建筑”与“建筑物”属于语意重复，且做不同的语法成分，因此第二处可用代词替代。

译文 Wooden-structure buildings are the safest ones during an earthquake, because it's not easily-collapsed, for Wood is flexible and moves with the force of the earthquake.

【拓展】

【例 9.19】 人类只有一个地球，各国共处一个世界。

解析 原句中“地球”与“世界”属于语意重复词汇，都充当不同分句的宾语，但此二者的重复是出于修辞格对称、强调的需要，因此不能简单地省略，为了保持与原文修辞格的统一，可使用代词指代。

译文 Mankind has only one earth, and it is home to all countries.

（三）省略原文中的某些范畴词

汉语中许多词不具有实际内涵（如“这所建筑所体现的怀旧情绪”中的“情绪”），其存在的价值是为了给其前的修饰词加注范畴，此类词可减译。此类范畴词存在的目的是用来表示行为、现象、属性等概念所属的范畴，如 事业、事情、问题、局面、情况、现象、方面、情景等，这些辅助词（组）有时没有实际意义，只是补充说明具体内容所属的范畴，如“发展过程”、“准备工作”、“稳定性”等。若此类词没有实际意义，属于范畴词，则可减译。

【例 9.20】 明清时期，苏州封建经济文化发展达到鼎盛阶段，造园艺术也趋于成熟。

解析 “鼎盛阶段”中“阶段”就属于没有实际含义的范畴词，“鼎盛（summit）”本身就可以表达“鼎盛阶段”的含义，因此可减译。

译文 In the Ming and Qing dynasties, the feudalistic economy and culture in Suzhou reached its summit, leading garden art to maturity.

【例 9.21】 苏州是著名的风景旅游城市，具有“小桥、流水、人家”的独特地质风貌。

解析 同上，“地质风貌”可转译为“geology”，省略没有实际意义的范畴词“风貌”。

译文 Suzhou, a world-renowned scenic tourist city, possesses an extraordinary geology of "graceful bridges, flowing waters and elegant houses".

【例 9.22】 天坛内的奇妙建筑祈年殿（Hall of Prayer for Good Harvest）现已成为首都北京的象征性建筑之一。

解析 同上，“象征性建筑”可直接使用名词“symbol”表达。

译文 Hall of Prayer for Good Harvest, a marvelous building in the temple, is now one of the symbols of Beijing.

【例9.23】 苏州是中国著名的“园林城市(city of gardens)”，在园林数量和艺术性上都远胜于其他城市。

解析 同上，“艺术性”可直接使用名词“artistry”表达。

译文 Suzhou is China's well-known city of gardens, which tops all other cities in both the number and the artistry of gardens.

温馨提示：首先要根据上下文，确定上述这些词(如事业、事情、问题、局面、情况、现象、方面、情景、特征等)在句中是否有实际意义，如无，可减译，以免产生累赘而成为不规范的英语；但若有，就应译出。

翻译练习

1. 省略或替代形式重复的词

(1) 中国人始终希望天下太平，希望同各国人民友好相处。

(2) 脱离了中国的历史，脱离了中国的文化，脱离了中国人的精神世界，脱离了当代中国的深刻变革，是难以正确认识中国的。

(3) 加强核安全，既是我们共同的承诺，也是我们共同的责任。

(4) 我们希望各国人民都生活在没有战争和暴力的世界里，希望各国人民都能享有不被人压迫和歧视的自由。

(5) 上海世博会将书写中国人民同各国人民交流互鉴的新篇章，也将书写人类各种文明交流互鉴的新篇章。

(6) 在吃的方面，中国各省的习惯不一样，口味也不一样。

(7) 土地和谷物是人们赖以生存的根本。祭社稷便是表示人们对土地和谷物的敬重。

(8) 文明文化可以传播，和平发展也可以传播。

(9) 月饼被视为中秋节不可或缺的美食，人们将月饼作为礼物馈赠亲友或在家庭聚会上享用。

(10) 中国人的家族观念很重，而且也把家族观念推展到了社会上。

2. 省略或替代语意重复的词

(1) 一道菜要色香味俱全，才能使人胃口大开，吃了还想再吃。

(2) 在广袤无垠的中华大地上，有着无数绚丽多彩的自然景观。

(3) 生活在四川的十几个少数民族，各有不同的文化和习俗，成为巴蜀歌舞取之不尽、用之不竭的创作源泉。

(4) 世界多极化和经济全球化深入发展，科技进步日新月异，给各国发展带来了难得的机遇。

(5) 大昭寺大厅的前面辉煌而庄严，立着两个昂首挺胸的石狮子。

(6) 牌坊是当地古代建筑的“三绝”之一，与古祠堂、古民居鼎足齐名。

(7) 到现在，保存最完整的，就是位于北京的明清时代的皇宫——紫禁城故宫，它是中国现存最宏伟壮丽的古代建筑群。

(8) 游客可以透过这些艳丽多彩的走廊窗户，将园内的佳景尽收眼底。

(9) 海峡两岸的中国人都是骨肉同胞，手足兄弟。

(10) 莫高窟壁画(mural)的内容包罗万象，无所不及，反映了人类生活的各个方面。

(11) 世界各国人民应携手合作，继续推进人类和平与发展的崇高事业。

(12) 杭州不仅有风景如画的西湖，而且还有美味佳肴和漂亮的工艺品。

(13) 如今，过年更是一个亲人团聚的日子，离家在外的孩子在过春节时都要回家，全家老小团聚，共享天伦之乐。

(14) 直到今天，中国人仍然重视孝道。那些不孝顺的人，到处受人轻视。

(15) 我国人民生活总体越来越好，但我们时刻都要想着那些生活中还有难处的群众。

3. 省略原文中的某些范畴词

(1) 谦虚是中国人的美德，不论一个人的地位有多高，他都不能用粗鲁、傲慢的态度去对待别人。

(2) 不仅对人如此，就是国与国之间相处，中国人也秉持着谦虚的态度。

(3) 中国政府历来重视环境保护工作。

(4) 国家要加大对中西部的支持力度。

(5) 耍狮子、舞长龙、划龙舟这些活动不但可以达到娱乐的目的，同时也可以培养人们的合作精神。

(6) 任何人不能违背各国人民的利益去人为地挑起紧张态势。

(7) 北京最具代表性的建筑却是正在消失的胡同和四合院。

(8) 我们一定能够顺利解决沿海同内地贫富差距的问题。

第十章
诸子百家与翻译之词类转换法

中华民族有五千多年有文字可考的历史，在古代创造了灿烂的文化艺术和极其丰富的文化典籍。春秋战国时期是由分离趋向统一的历史时期，也是学术思想的繁荣时期。针对社会急剧的发展变化，许多有识之士纷纷表达各自看法，逐渐形成以孔子、老子、墨子为代表，儒家、法家、道家、墨家、兵家等许多学派共同繁荣活跃的局面，史称“诸子百家”。这一时期是中国民族文化最为辉煌的时代之一。

从中国文化的根源来看，“诸子百家”文化是我们的精神支柱，是我们自立于民族之林而区别于其他民族最根本的特征。它们的创始人虽已远去，但其闪光的思想仍让我们难以忘却，其中体现的变革思想，时至今日仍展现出其可与日月争辉的魅力。因此让中国的智慧结晶、价值体系走出国门，让其为世界所瞩目并接受，让其在世界的舞台上熠熠生辉便是我们翻译者的责任。

诸子百家学说及其文化内涵会使用大量的动词来表达，因为汉语偏爱从动态的角度表达动态或静态的内容；而英语则更多地呈现出一种静态特征，加之汉英之间的词类不对等决定了我们在对诸子百家文化进行翻译时，需进行词类转换。下面，我们将通过冯友兰先生《中国哲学简史》中的第三章来共同探讨对中国“诸子百家”文化的翻译及其使用的词类转换法。

一、导读

诸子百家

《中国哲学简史（节选）》

冯友兰

第三章　诸子的由来

前一章说，儒家和道家是中国思想的两个主流。它们成为主流，是由长期演变而来；而在公元前五世纪到三世纪，它们还不过是争鸣的许多家中的两家。那时候学派的数目很多，中国人称它们为“诸子百家”。

司马谈和六家

后来的历史学家对“百家”试行分类。第一个试行分类的人是司马谈（卒于公元前110年），他是编写《史记》的司马迁（公元前145～约86）的父亲。《史记》最后一篇中引用了司马谈的一篇文章，题为“论六家要旨”。这篇文章把以前几个世纪的哲学家划分为六个主要的学派，如下：

第一是阴阳家。他们讲的是一种宇宙生成论。它由“阴”、“阳”得名。在中国思想里，阴、阳是宇宙形成论的两个主要原则。中国人相信，阴阳的结合与互相作用产生一切宇宙现象。

第二是儒家。这一家在西方文献中称为“孔子学派”。但是“儒”字的字义是“文士”或学者，所以西方称为“孔子学派”就不大确切，因为这没有表明这一家的人都是学者以及思想家。他们与别家的人不同，都是传授古代典籍的教师，因而是古代文化遗产的保存者。至于孔子，的确是这一家的领袖人物，说他是它的创建人也是正确的。不过“儒”字不限于指孔子学派的人，它的含义要广泛些。

第三是墨家。这一家在墨子领导下，有严密的组织，严格的纪律。它的门徒实际上已经自称“墨者”。所以这一家的名称不像其他某些学派的名称，是司马谈新起的，而是原来就有“墨者”这个名称。

第四是名家。这一家的人，兴趣在于他们所谓的“名、实”之辨。究明它们之间的关系。

第五是法家。汉字“法”的意义是法式、法律。这一家源于一群政治家。他们主张，好的政府必须建立在成文法典的基础上，而不是建立在儒者强调的道德惯例上。

第六是道德家。这一家的人把它的形上学和社会哲学围绕着一个概念集中起来，那就是“无”，也就是“道”。“道”集中于个体之中，作为人的自然德性，这就是“德”，翻译成英文的 virtue（德），最好解释为内在于任何个体事物之中的 power（力）。这一家，司马谈叫做“道德家”，后来简称“道家”。

HUNDRED SCHOOLS OF THOUGHT

A SHORT HISTORY OF CHINESE PHILOSOPHY (Excerpts)

Feng Youlan

Chapter 3 The Origin of the Schools

In the last chapter I said that Confucianism and Taoism are the two main streams of Chinese thought. They became so only after a long evolution, however, and from the fifth through the third centuries B. C. they were only two among many other rival schools of thought. During that period the number of schools was so great that the Chinese referred to them as the "hundred schools".

Ssu-ma T'an and Six Schools

Later historians have attempted to make a classification of these "hundred schools". The first to do so was Ssu-ma T'an (died HO B. C.), father of Ssu-ma Ch'ien (145～ca. 86 B. C.), and the author with him of China's first great dynastic history, the Shih Chi or Historical Records. In the last chapter of this work Ssu-ma Ch'ien quotes an essay by his father, titled "On the Essential Ideas of the Six Schools". In this essay Ssu-ma T'an classifies the philosophers of the preceding several centuries into six major schools, as follows:

The first is the Yin-Yang chia or Yin-Yang school, which is one of cosmologists. It derives its name from the Yin and Yang principles, which in Chinese thought are regarded as the two major principles of Chinese cosmology. Yin being the female principle, and Yang the male principle, the combination and interaction of which is believed by the Chinese to result in all universal phenomena.

The second school is the ju chia or School of Literati. This school is known in Western literature as the Confucianist school, but the word ju literally means literatus or scholar. Thus the Western title is somewhat misleading, because it misses the implication that the followers of this school were scholars as well as thinkers; they, above all others, were the teachers of the ancient classics and thus the inheritors of the ancient cultural legacy. Confucius, to be sure, is the leading figure of this school and may rightly be considered as its founder. Nevertheless the term Ju not only denotes "Confucian" or "Confucianist", but has a wider implication as well.

The third school is that of the Mo chia or Mohistschool. This school had a close-knit organization and strict discipline under the leadership of Mo Tzu. Its followers actually called themselves the Mohists. Thus the title of this school is not an invention of Ssu-ma T'an, as were some of the other schools.

The fourth school is the Ming chia or School of Names. The followers of this school were interested in the distinction between, and relation of, what they called "names" and "actualities".

The fifth school is the Fa chia or Legalist school. The Chinese word fa means pattern or law. The school derived from a group of statesmen who maintained that good government must be one based on a fixed code of law instead of on the moral institutions which the literati stressed for government.

The sixth school is the Tao-Te chia or School of the Way and its Power. The followers of this school centered their metaphysics and social philosophy around the concept of Non-being, which is the Tao or Way, and its concentration in the individual as the natural virtue of man, which is Te, translated as "virtue" but better rendered as the "power" that inheres in any individual thing. This group, called by Ssu-ma T'an the Tao-Te school, was later known simply as the Tao chia.

—Translated by Zhao Fusan

译文解读

汉语与英语这两大语言在其使用的习惯上各有特点。通过《诸子百家》及其译文可以看出,汉语擅长使用短句,较多使用动词来表达思想;而英语则会较多使用名词、介词、不定式等表达动作含义。因此我们在进行汉译英的过程中,需要改变汉语某些词类的词性,从而让译文更地道。

(1) 汉语中的动词转译为英语中的名词

【例 10.1】 所以这一家的名称不像其他某些学派的名称,是司马谈新起的,而是原来就有"墨者"这个名称。

译文 Thus the title of this school is not an invention of Ssu-ma T'an, as were some of the other schools.

(2) 汉语中的名词转译为英语中的形容词

【例 10.2】 这一家的人,兴趣在于他们所谓的"名、实"之辨。

译文 The followers of this school were interested in the distinction between, and relation of, what they called "names" and "actualities".

(3) 汉语中的名词转译为英语中的动词

【例 10.3】 汉字"法"的意义是法式、法律。

译文 The Chinese word fa means pattern or law.

(4) 汉语中的介词转为英语中的动词

【例 10.4】 ……这就是"德",翻译成英文的 virtue(德),最好解释为内在于任何个体事物之中的 power(力)。

译文 ... which is Te, translated as "virtue" but better rendered as the "power" that inheres in any individual thing.

在对"诸子百家"进行介绍的过程中,因往往会涉及对不同学术派别及其主张的介绍,会使用大量的动词,因此为了让译文通顺、自然、地道,需要打破语言上的限制,进行词类变换。词性转换经常发生在哪些词性之间呢?何种情形下需要进行词性转换呢?本章将一一进行讲解。

二、词类转换

中西方人不同的思维方式、不同的表达习惯、对不同词类的偏爱程度,影响到了我们在对同一内容进行陈述时对词汇或句式的不同选择,如"令人欣慰的是"这一动词短语,在译为英语时需考虑到西方人对词汇或句式的习惯用法,将其译为介词短语"to our delight"。

汉英对词汇的不同偏爱,还具体体现同一词类能够充当的句子成分中。如在汉语中,一个词类能充当的句子成分较多,如动词可以充当主语、谓语、宾语、定语和表语,且无须改变词类;而在英语中,一个词类能充当的句子成分较少,充当不同成分时常常要改变词性。以汉语动词"讨论"为例:

(1) 全国人民代表大会的代表们认真地讨论了这个议题。(做谓语)

The NPC (National People's Congress) delegates discussed this topic seriously.

（动词做谓语）

（2）讨论正式开始了。（做主语）

Discussion officially begins.（动词转译为名词做主语）

（3）开会前，我们必须明确讨论的议题。（做定语）

Before the meeting, we must be clear about the discussion topic.（动词转译为名词做定语）

（4）双方代表们进行了一次热烈的讨论。（做宾语）

The representatives from both sides conduct a heated discussion.（动词转译为名词做宾语）

（5）门徒们是在讨论。（做表语）

The disciples are under discussion.（动词转译为名词做表语）

可见，汉语词类的使用比较灵活，但在将其译为英语时，动词“讨论”却被转译为“名词”充当句子的主语、定语、宾语等。因此，在汉译英过程中，有些句子可以逐词对译(直译)，如(1)；而有时为了使译文符合目标语的表述方式、方法和习惯而对原句中的词类进行转换，如(2)、(3)、(4)、(5)，即词类转译。

所谓词类转译法(Conversion of Parts of Speech)指的是在翻译过程中，根据译文语言的习惯进行词类转换，即把原文中某种词类的词在译文中转换为另一种词类，从而使译文通顺自然。中西方文化的差异、语言的差异(如词类不对等)、语言使用者对不同词性的偏好等需要译者在进行翻译过程中，在了解西方文化的基础上，打破语言上的限制，在恰当的地方转换原文的某些词性。相反，如果译者过分地追求与原作保持一致，而不考虑译语的使用习惯，便会让译文显得貌合神离，翻译腔十足。词性转换几乎可以发生在所有词性间，常进行的词类转换包括：动词的转译、名词的转译、形容词或副词的转译等。

（一）动词的转译

请鉴赏：

秋风清，秋月明，
落叶聚还散，寒鸦栖复惊。
相思相见知何日？此时此夜难为情！
入我相思门，知我相思苦，
长相思兮长相忆，短相思兮无穷极，
早知如此绊人心，何如当初不相识。
——李白《秋风词》

此首诗词尽管篇幅很短，但却使用了 11 处动词或动词短语，如“聚”、“散”、“栖”、“惊”、“相思”、“相见”等，可见汉语较多地使用动词，这也是源于中国人的语言使用习惯。与英语相比，一个汉语句子可以有多个谓语动词，如连动句；而在英语中，一个句子只能有一个谓语动词，这就限制了谓语动词的使用数量。根据这个不同点，我们需要对其进行转译。

1. 动词转译为名词

汉语常从动态(dynamic state)角度反映某些静态(static state)的事实，而在英语中，则常从静态的角度反映某些动态的事实。换言之，汉语多动词，英语多名词。因此，汉译英时，我们可以适当地将汉语中的动词转换为英语的名词。

【例 10.5】 虽然儒家和法家都提倡等级统治和遵循传统，二者的不同点就在于儒家提倡仁治，而法家实行严刑峻法。

解析 “遵循传统”是动宾短语，但因其做“提倡”的宾语，因此可将“遵循传统”译为名词短语“adherence to tradition”；“仁治”的英文表达是“benevolent administration”或者“rule/ administrate benevolently”；与之相对应的“严刑峻法”可译为“harsh laws”或“administrate rigorously”。

译文 Though both Confucianism and Legalism called for government hierarchy and adherence to tradition, the difference between the two schools is that Confucianism advocated administrating benevolently while Legalism administrating rigorously.

【例 10.6】 “四书”诚然曾经是中国人的“圣经”，但是“四书”里没有创世纪，也没有讲天堂、地狱。

解析 汉语原句中的动词短语“没有创世纪”和“没有讲天堂、地狱”是无主句，可通过使用“there be”结构将动词短语译为名词短语“no story of creation”，“no mention of a heaven or hell”。

译文 It is true that the Four Books have been the Bible of the Chinese people, but in the Four Books there is no story of creation, and no mention of a heaven or hell.

【例 10.7】 为学的目的就是我所说的增加正面的知识，为道的目的就是我所说的提高心灵的境界。

解析 汉语原句中的动词短语“增加正面的知识”可将其转译为名词短语“the increase of positive knowledge”，同理“提高心灵的境界”可转译为“the elevation of the mind”，其中“境界”是不具有实质性内涵的范畴词，可减译。

译文 The purpose of working on learning is what I call the increase of positive knowledge, and that of working on Tao is the elevation of the mind.

2. 动词转译为形容词

汉语中一些表示感受、知觉、想法、情感等心理状态的动词，往往可以转换成英语形容词，通常多以“be+形容词+介词短语或从句”的结构表达，如“担心”可以译为“be worried about”或“be concerned about/with”，“明白”可译为“be conscious of”或“be aware of”，“对……有帮助”可译为“be helpful for/to”等。

【例 10.8】 通过研究《论语》，我们可以基本了解前期儒家的思想和观点，这可以帮助我们更好地学习和掌握传统的文化精髓。

解析 汉语中动词短语“基本了解”、“帮助”可译为形容词短语“be basically aware of”和“be helpful for/to”。

译文 By studying *The Analects of Confucius*, we can be basically aware of the pre-Confucian thought and ideas that can be helpful for us to better learn and master the essence of traditional culture.

【例 10.9】 没有人真正确定法律到底是什么，因为只要统治者愿意，他可以随意制定和修改法律。

解析 动词“确定”可转译为形容词“sure”；“随意的”可译为“randomly”、“see fit”或“at will”。

译文 No one was really sure what the law was, since the ruler could make and change the rules as he saw fit.

【例 10.10】 如果没有一个强硬严厉的统治之手，老百姓就会变得懒惰和藐视权威。

解析 动词短语“藐视”可转移为形容词“disrespectful”.

译文 Unless people are ruled by a strong, strict hand, they grow lazy and disrespectful of authority.

【拓展】

【例 10.11】 很多代表不了解这一争端的实质。

解析 “不了解”这一心理状态动词可使用形容词结构“be ignorant of”。

译文 Many representatives are ignorant of the substance of the dispute.

3. *动词转译为介词*

作为意合语言的汉语有着丰富的动词，而作为形合语言的英语，其介词丰富。请先看下面例句：

a. Are you for/against the proposal?

b. It can work instead of steamer.

c. Metals can be welded by means of heat.

从上述句子可以看出，英语介词具备几大特点：① 可以带宾语；② 在一定的上下文中具有动作、行为意义；③ 简洁、灵活。因此，在进行汉译英翻译时，可以将汉语动词译为英语介词。

【例 10.12】 不懂中国诸子百家，尤其是不懂儒家文化，就谈不上懂中国文化。

解析 汉语中对含有否定含义的动词短语“不懂……”可使用介词短语“without the knowledge of ...”。

译文 One can't understand Chinese culture, without the knowledge of the Hundred Schools of Thought, especially Confucian culture.

【例 10.13】 在法家思想之前，法律在很大程度上取决于统治者本人。

解析 “在……之前”可使用形容词短语“previous to”；动词短语“取决”可译为介词短语“at the direction of(奉……之命)”。

译文 Previous to legalism, the law was pretty much at the direction of the ruler.

【例 10.14】 根据法家理论，正确的统治需要的三个因素是：法、势和术。

解析 动词短语“根据”可译为介词短语“according to”、“in accordance with”等；“法”、“势”和“术”可音译后加注。

译文 The three elements of proper government according to Legalist theory were: fa (law), shi (legitimacy) and shu (arts of the ruler).

【拓展】

【例 10.15】 茶能给人增加生活情趣，可是不懂生活艺术的人，就享受不到这种情趣。

解析 “不懂生活艺术的人”可以直译为“(one) can’t understand the art of life”，译文显得比较冗繁，不如直接译为介词短语“without the knowledge of the art of life”。

译文 Tea can add spice to life, which can’t be appreciated without the knowledge of the art of life.

（二）名词转译

在汉语中，名词可以充当多个语法成分，如主语、宾语、宾补、定语等，有时甚至能充当谓语，如“他花前月下着呢”。而在英语中通常由形容词充当定语，动词充当谓语，因此在汉译英过程中，有时需要将名词进行转译。

1. 名词转译为动词

请鉴赏：

天净沙·秋思 马致远 枯藤老树昏鸦， 小桥流水人家， 古道西风瘦马。 夕阳西下，断肠人在天涯。	Tune:Tian Jing Sha By Ma Zhiyuan Withering vines hanging on old branches, Returning crows croaking at dusk, A few houses hidden past a narrow bridge, And below the bridge quiet creek running. Down a worn path, in the west, And the lovesick traveler is still at the end of the world. (—Translated by Ding Zuxin & Burton Rafel)

此散曲使用了多种景物并置，组合成一幅秋郊夕照图。这支小令句法别致，前三句全由名词性词组构成，共列出九种景物，言简而意丰。但其译文使用大量的动词、连词和介词来构成完整的英语语篇。将原小令中的静态动词动态化。以英语诗歌方式，重新勾画出一幅动态图画，各种景物相依相存，情寓景中。

这反映在诸子百家等题材的翻译中，在将一些汉语名词译为英语时，如符合下列条件，可将名词活译为动词：① 一些名词短语，尤其是抽象的名词短语如“印象”、“态度”、“特点”“地位”、“总额/值”等，在汉语中只能用名词表达，然而在英语中用英语名词很难通顺、地道的翻译；② 汉语句中的谓语由名词充当；③ 为了让译文符合英美人的语言习惯，因此常常将汉语的名词转译为英语动词。

【例 10.16】 按照中国哲学的传统，哲学的功用不在于增加正面的知识而在于提高心灵的境界。

解析 汉语原句中“哲学的功用不在于增加正面的知识”可直译为“the function of philosophy is to increase the positive knowledge”，也可将“功用”转译为动词“the philosophy functions not only to increase the positive knowledge”。

译文 According to the tradition of Chinese Philosophy, its functions not only increases the positive knowledge, but the elevation of the mind.

【例 10.17】 宇宙论的产生,是因为宇宙是人生的背景,是人生戏剧演出的舞台。

解析 汉语原句中的名词短语"宇宙论的产生",同样可直译为"the emergence of cosmology",也可将其转译为动词"the cosmology arises"。

译文 The cosmology (theory of the universe) arises because the universe is the background of life—the state on which the drama of life takes place.

【例 10.18】 和道家的自然无为(natural inactivity)、儒家的仁爱(benevolence)为本相比,法家的特点是泾渭分明,绝不姑息。

解析 名词"特点"可使用动词短语"be characterized by"翻译。

译文 In contrast to Taoism's natural inactivity, and Confucianism's benevolence, legalism is characterized by its emphasis on black-and-white distinction and no space for appeasement.

【例 10.19】 纵观中华传统文化,人们就能明白中国美学是怎样赋予树木和山川以生命的。

解析 可将名词"生命"转译为动词"animate"表达"赋予……以生命"的含义。

译文 Looking at a Chinese traditional culture, one can understand how Chinese aesthetics has animated the trees, mountains, and rivers.

【拓展】

【例 10.20】 随着生产的发展,群众生活水平的提高,人民的购买力将逐步增长。

解析 "随着生产的发展,群众生活水平的提高"可译为介词短语也可译为从句。若译为从句,则需将原句中的名词"发展"、"提高"译为动词,充当从句的谓语。

译文 The purchasing power of the whole people will increase step by step as production grows and the living standard of the masses is improved.

2. 名词转译为形容词或副词

汉语中由于名词可以充当句子的定语,因此可将部分名词转译为形容词或副词,如"身体弱——physically weak","思想健康——mentally sound","中国名人——Chinese celebrity"等;还有些表示事物特征的名词,尤其是后边带"……性"、"……度"、"……力"等的名词也可以转译为英语形容词或副词。

【例 10.21】 先秦道家的和谐思想很有影响力,对诸子百家思想的发展起到了一定的促进作用。

解析 汉语原文中"影响力"等名词短语没有对应的英语词汇,因此可将其转移为形容词"influential"。

译文 The harmony thought of the pre-Qin days' Taoism was quite influential, which promoted the evolvement of the Hundred Schools of Thought.

【例 10.22】 无论什么人成为统治者都会拥有权威,并不因为他个人有什么过人之处,而是他的职位带来了权利。

解析 名词短语"权威"可译为形容词"powerful"。

译文 Whoever was ruler was powerful because the position held power, not because the person possessed any special qualities.

【例 10.23】 法家认为，只要惩罚足够严厉，法律同样完备，那么无论权贵还是贫民都无法逃脱国家的控制。

解析 名词“权贵”、“贫民”可用“定冠词＋形容词”表一类人。

译文 Legalists believed that if the punishment were heavy and the law equally applied, neither the powerful nor the weak would be able to escape state control.

【拓展】

【例 10.24】 在美国总统奥巴马承诺出席哥本哈根峰会（Copenhagen Summit）的第二天，中国官方宣布，温家宝总理也将接受邀请，亲自出席峰会。

解析 “中国官方宣布”可直译为“China officials announced”也可通过使用形式主语结构“it was officially announced that”，将名词“官方”译为形容词“officially”。

译文 It was officially announced that Wen Jiabao, the prime minister, would personally take the offer to the Copenhagen Summit, a day after Barack Obama, the American president, pledged to attend.

（三）形容词、副词转译

请鉴赏：

梦与诗 胡适 …… 醉过才知酒浓， 爱过才知情重； 你不能做我的诗， 正如我不能做你的梦。	Dream and Poetry —by Hu Shi …… Once intoxicated, one learns the strength of wine, Once smitten, one learns the power of love: You cannot write my poems Just as I cannot dream your dreams. (—translated by Kai Yu Hsu)

在这首胡适先生的诗作中“醉过才知酒浓，爱过才知情重”，其中的两个表达感情的形容词“浓”和“重”被分别译为名词“strength”和“power”。这便是汉译英的一种翻译技巧：即在汉译英时，为了使英语译文表达得更地道、更有力，也可以把汉语的一些形容词或副词，尤其是感观上的、表心理状态的形容词或副词，转换成英语中的名词，如“凉爽的——coolness”，“舒畅的——comfort”，“傻/笨——idiot”，“必要的——necessity”等；有时也可根据句子表达的需要将形容词、副词转译为动词（如“继续——continue”），或者将形容词转译为副词（如“及时的回复——reply promptly”），或将副词转译为形容词（如“非常成功——a great success”）。

【例 10.25】 许多人习惯地认为中国有三教：儒教、道教、佛教。

解析 汉语原句中副词短语“习惯地”可译为动词短语“be accustomed to”。

译文 People have been accustomed to say that there were three religions in China: Confucianism, Taoism and Buddhism.

【例 10.26】 汉朝的官方哲学是儒家思想，然而一些统治者似乎也不事声张地采用了法家哲学。

解析 副词"似乎"可转译为动词"seem"或"appear"做谓语;副词短语"不事声张地"可译为"quietly",或转译为介词"without publicly espousing it"。

译文 The official philosophy of the Han Empire was Confucianism. However, some administrators appeared to have adopted the philosophy of Legalism without publicly espousing it.

【例 10.27】 道家和儒家思想都视故制为榜样,努力地重现过去。

解析 副词"努力地"可译为动词短语"try to do sth."做谓语。

译文 Daoism and Confucianism look to the past as the ideal and tried to recreate the past.

【例 10.28】 近些年来,人们开始能够用更加理性的眼光看待儒家思想了,有人甚至建议回归到儒家思想中去寻找智慧。

解析 "用更加理性的眼光"可直译为"by using / with a more rational state of mind",也可直接将形容词"理性的"转移为副词"rationally"修饰动词"look at",那么原句中"眼光"之意便会暗含其中。

译文 In recent years, people begin to look at Confucianism rationally, and some even suggest returning to Confucianism for wisdom.

【拓展】

【例 10.29】 在除夕,所有出门的人一定要赶回家来吃年夜饭,屋子里充满了欢乐的气氛。

解析 形容词"欢乐的"可译为名词"happiness",而"气氛"是范畴词,可省略不译。

译文 On New Year's Eve, those living away from home will return for the annual reunion dinner, when happiness pervades the home.

(四)其他词性间的转译

正如前文所说,词性的转换不仅在主要词性间进行,如动词、名词、形容词和副词等,也可以发生在其他词性间,如介词。其主要目的就是使我们的译文更加符合英语的习惯用法,读起来通顺流畅。

【例 10.30】《道德经》的内容晦涩难懂,而且话题由对统治者的政治建议到普通人的生活智慧无所不包。

解析 介词短语"由……到……"可转译为动词短语"range from ... to"。

译文 The passages of *Tao Te Ching* are ambiguous, and topics range from political advice for rulers to practical wisdom for people.

【例 10.31】 和其他寻求统治者智慧和美德的哲学不同,法家思想强调职位的权威性。

解析 介词短语"和……不同"可转译为形容词"different from"。

译文 Different from other philosophies, which sought out the wise and virtuous to rule, legalism puts emphasis on the power of the position.

三、小结

词性的转换源于英汉语言词汇、使用习惯、句法结构、表达方式等的差异,因此词性转换的翻译方法是必要的。在翻译过程中，不要拘泥于原文的词性，大胆地使用词性转换法可以使我们的译文更加接近目的语，显得更加自然、顺畅。

翻译练习

1. 动词转译

(1) 转译为名词

① 中国人发明了火药，却从没有用来制造枪炮侵略别人。

② 由于我们实行了改革开放政策，我国的综合国力有了明显的增强。

③ 上海的发展，从一个侧面反映了中国所发生的巨大变化。

④ 世博会给国际社会留下了追求进步、崇尚创新、开放共荣、倡导和谐的宝贵精神财富。

⑤ 法家思想是门悲观的哲学——由圣贤来治理天下固然美好，可实际情况是世界上没有那么多圣贤。

⑥《韩非子》是一部全面阐述帝王统治之术的著作。

⑦ 维持良好的国家秩序是法家的首要任务。

⑧ 法家的主要著作《韩非子》列出了应当避免的具体事项。

⑨ 中国人重视孝道，是由于在传统上不看重功利。

⑩ 随着国际社会对中国的关注日益提升，越来越多的外国人开始对中国和中国文化感兴趣，学习汉语的人数也与日俱增。

(2) 转译为形容词

① 这种机器人十分精密，甚至能够感觉到周围温度的变化。

② 科学家们深信所有的物质都是不灭的。

③ 现在很多人喜欢中国菜，这种情况算是有点赶时髦吧！

④ 要是我们满足于现有的成就，我们就不能在竞争中求得发展。

⑤ 上海历来盛情招待来自全世界的游客。

(3) 转译为介词

① 屈原怀着悲痛的心情，抱了一块石头，投汨罗江自杀了。

② 这种以德报怨的观念在中国传统文化中有着深厚的土壤。

③ 联合国的大多数成员国都不赞成所谓"人权"的提案。

④《韩非子》包括 55 章，每一章都有自己的主题。

⑤ 法家强调秩序凌驾于其他所有需求之上的必要性。

⑥ 法家思想有三个组成部分：法、势和术。

2. 名词转译

(1) 转译为动词

① 去年中国出口总值为 1 837 亿元。

② 改革开放的重要性，可以从国内的发展变化和国际上的良好反应得到最好的证明。

③ 该产品的主要特点是工艺精湛，经久耐用。

④"仁"经常被翻译为"仁慈"，意思就是正直无私。

⑤ 这个概念在儒家思想的银律中得到了最好的阐释:“己所不欲勿施于人”。

⑥ 为了解决这个问题,自古以来的先贤明君们提出了道德伦理观念。

⑦ 道教对中国其他两大哲学儒家和佛家产生了很深的影响。

(2) 转译为形容词/副词

① 我国高科技发展的实践,再一次证明了这位科学家的论断完全正确。

② 和平的环境是一个国家、一个地区以至全球发展的重要前提。

③ 双方要增强中法关系的战略性、稳定性、可预见性,更好维护共同利益。

④ 在我国经济迅速增长的新形势下,政府采取有力措施控制通货膨胀已经成为迫切的需要。

⑤ 两国经贸领域的互补性很强,使得双方可以彼此分享巨大的市场。

⑥ 在法家思想的论证中,道德和人类本性毫不相关。

⑦ “途径”和“道路”只是“道”的一部分含义,而不可言说性恰好成就了诗意。

⑧ 庄子与老子哲学之间最明显的区别是,庄子详细地说明了人与自然的关系。

(3) 形容词副词转译

① 中国改革开放,最重要的是解放思想,最根本、最具有长远意义的是体制创新。

② 中国将同各国人民一道推动建设持久和平、共同繁荣的和谐世界。

③ 只要一发现有可能反对他的人,他就本能地要用他的魅力和风趣将这人争取过来。

④ 所有这些机制将帮助我们增进相互了解和信任,它们在推进我们在 21 世纪的关系上将是至关重要的。

⑤ 在中国人的生活中,酒和茶是不可缺少的东西。

第十一章

宗教与翻译之否定句的译法

中国是一个多宗教和平并存的国家，以五大宗教[佛教、道教、天主教、基督教(新教)、伊斯兰教]为主体，兼有其他少数宗教和多种民间信仰。在中华民族的历史发展长河中，各宗教文化已成为中国传统思想文化的一部分，习近平主席曾指出，“中华文明绵延数千年，有其独特的价值体系。中华优秀传统文化已经成为中华民族的基因，植根在中国人内心，潜移默化影响着中国人的思想方式和行为方式。”离开了宗教，中华传统文化就不会如此多彩灿烂。2014 年，习主席在联合国教科文组织总部发表的演讲中指出：“佛教产生于古代印度，但传入中国后，经过长期演化，佛教同中国儒家文化和道家文化融合发展，最终形成了具有中国特色的佛教文化，给中国人的宗教信仰、哲学观念、文学艺术、礼仪习俗等留下了深刻影响。”可见，作为中国传统思想文化的一部分，中国宗教对中华民族风范的形成起到了不可磨灭的历史作用。

在对宗教的介绍中，因为涉及对其基本的教义以及章则的介绍，会使用较其他题材内容更多的表达否定含义的句子，因此，我们将通过对中国宗教的介绍以及英文翻译来介绍否定句的翻译方法。

一、导读

中国的宗教现状

中国是个多宗教的国家。中国宗教徒信奉的主要有佛教、道教、伊斯兰教、天主教和基督教，中国公民可以自由地选择、表达自己的信仰和表明宗教身份。据不完全统计，中国现有各种宗教信徒一亿多人，经批准开放的宗教活动场所近 13.9 万处，宗教教职人员 36 万余人，宗教团体 5 500 多个。宗教团体还办有培养宗教教职人员的宗教院校 100 余所。

——佛教在中国已有 2 000 年历史。据统计，中国有佛教寺院 3.3 万余座，出家僧尼约 20 万人，其中藏语系佛教的喇嘛、尼姑约 12 万人，活佛 1 700 余人，寺院 3 000 余座；巴利语系佛教的比丘、长老近万人，寺院 1 600 余座。

——道教发源于中国,已有 1 700 多年历史。中国现有道教宫观 9 000 余座,乾道、坤道 5 万余人。

——伊斯兰教于公元 7 世纪传入中国。伊斯兰教为中国回族、维吾尔族等 10 个少数民族的群众所信仰。这些少数民族总人口约 2 100 多万,现有清真寺 3.5 万余座,伊玛目、阿訇 4.5 万余人。

——天主教自公元 7 世纪起几度传入中国,1840 年鸦片战争后大规模传入。中国现有天主教徒 550 多万人,教职人员 7 000 多人,教堂、会所约 6 000 处。

——基督教(新教)于公元 19 世纪初传入中国,并在鸦片战争后大规模传入。中国现有基督徒约 2 305 万人,教牧传道人员 3.7 万余人,教堂 2.5 万余座,简易活动场所(聚会点)3 万余处。

在中国,全国性的宗教团体有中国佛教协会、中国道教协会、中国伊斯兰教协会、中国天主教爱国会、中国天主教主教团、中国基督教三自爱国运动委员会、中国基督教协会等。各宗教团体按照各自的章程选举、产生领导人和领导机构。

中国各宗教团体自主地办理教务,并根据需要开办宗教院校,印刷发行宗教经典,出版宗教刊物,兴办社会公益服务事业。中国与世界许多国家一样,实行宗教与教育分离的原则,在国民教育中,不对学生进行宗教教育。部分高等院校及研究机构开展宗教学的教学和研究。在各宗教组织开办的宗教院校中,根据各教需要进行宗教专业教育。宗教教职人员履行的正常教务活动,在宗教活动场所以及按宗教习惯在教徒自己家里进行的一切正常的宗教活动,如拜佛、诵经、礼拜、祈祷、讲经、讲道、弥撒、受洗、受戒、封斋、过宗教节日、终傅、追思等,都由宗教组织和教徒自理,受法律保护,任何人不得干涉。

发生于 1966 年至 1976 年的"文化大革命",对包括宗教在内的中国社会各个方面都造成了灾难性破坏。中国各级政府在纠正"文化大革命"错误的过程中,也为恢复、落实宗教信仰自由政策,做出了巨大努力,平反了宗教界人士蒙受的冤假错案,恢复开放了宗教活动场所。20 世纪 80 年代以来,中国基督教每年恢复、新建教堂约 600 所;到 2011 年底,累计印刷发行《圣经》达 5 800 多万册,并受到多种免税优惠;从 1958 年至今,中国天主教已先后自选自圣主教近 200 位。近十余年中国天主教培养、祝圣的年轻神甫有 900 多人。

在漫长的历史发展中,中国各宗教文化已成为中国传统思想文化的一部分。中国的宗教徒有爱国爱教的传统。中国政府支持和鼓励宗教界团结信教群众积极参加国家的建设。各宗教都倡导服务社会,造福人群,如佛教的"庄严国土,利乐有情",天主教、基督教的"作光作盐"、"荣神益人",道教的"慈爱和同,济世度人",伊斯兰教的"两世吉庆"等。

在中国,各种宗教地位平等,和谐共处,未发生过宗教纷争;信教的与不信教的公民之间也彼此尊重,团结和睦。这既是由于源远流长的中国传统思想文化中兼容、宽容等精神的影响,更是因为中华人民共和国成立后,中国政府制定和实施了宗教信仰自由政策,建立起了符合国情的政教关系。

[选自"中华人民共和国中央人民政府"官方网站
http://www.gov.cn/test/2005—06/22/content_8406.htm]

THE PRESENT CONDITIONS OF RELIGION IN CHINA

China is a country with a great diversity of religious beliefs. The main religions are Buddhism, Taoism, Islam, Catholicism and Protestantism. Citizens of China may freely choose and express their religious beliefs, and make clear their religious affiliations. According to incomplete statistics, there are over 100 million followers of various religious faiths, more than 139,000 sites ratified by government for religious activities, some 360,000 clergy and over 5,500 religious organizations throughout China. In addition, there are over 100 religious schools and colleges run by religious organizations for training clerical personnel.

—Buddhism has a history of 2,000 years in China. Currently China has 33,000-some Buddhist temples and about 200,000 Buddhist monks and nuns. Among them are 120,000 lamas and nuns, more than 1700 Living Buddhas, and 3,000-some temples of Tibetan Buddhism and nearly 10,000 Bhiksu and senior monks and more than 1,600 temples of Pali Buddhism.

—Taoism, native to China, has a history of more than 1,700 years. China now has over 9,000 Taoist temples and more than 5,000 Taoist priests and nuns.

—Islam was introduced into China in the seventh century. Nowadays in China there are ten national minorities, including the Hui and Uygur, with a total population of 21,000,000, whose faith is Islam. Their 350,000-odd mosques are served by 45,000 Imams and Akhunds.

—Catholicism was introduced into China intermittently (*adv.* 间歇地) in the seventh century, but it had not spread widely until after the Opium War in 1840. At present, China has roughly 5,500,000 Catholics, 7,000 clergy and more than 6,000 churches and meeting houses.

—Protestantism was first brought to China in the early 19th century and spread widely after the Opium War. There are about 23,050,000 Protestants, more than 37,000 clergy, more than 25,000 churches and 30,000-some meeting places throughout China.

China has the following national religious organizations: Buddhist Association of China, Taoist Association of China, Islamic Association of China, Chinese Patriotic Catholic Association, Chinese Catholic Bishops' College, Three-Self Patriotic Movement Committee of the Protestant Churches of China, and China Christian Council. Religious leaders and leading organs of the various religious bodies are selected and ordained in accordance with their own regulations.

Religious organizations in China run their own affairs independently and set up religious schools, publish religious classics and periodicals, and run social services according to their own needs. As in many other countries, China practices the principle of separating religion from education; religion is not a subject taught in schools of the popular education in China, although some institutions of higher learning and research institutes do teach or conduct research into religion. The various religious schools and institutes set up by the different religious organizations teach religious knowledge in line with their own needs. All normal clerical activities conducted by the clergy and all normal religious activities held either at sites for religious activities or in believers' own homes in accordance with usual religious practices, such as worshipping Buddha, reciting scriptures, going to church, praying, preaching, observing Mass, baptizing, monkhood initiation, fasting, celebrating religious festivals, observing extreme unction, and holding memorial ceremonies, are protected by law as the affairs of religious bodies and believers themselves and may not be interfered with.

The "cultural revolution" (1966 to 1976) had a disastrous effect on all aspects of the society in China, including religion. But in the course of correcting the errors of the "cultural revolution" governments at all levels made great efforts to revive and implement the policy of freedom of religious belief, redressed the unjust, false or wrong cases imposed on religious personages, and reopened sites for religious activities. Since the 1980s, approximately 600 Protestant churches have been reopened or rebuilt each year in China. By the end of 2011, more than 58,000,000 copies of the Bible had been printed, with special tax exemption treatment. From 1958 to 1995, a total of roughly 200 Catholic bishops were selected and ordained by the Chinese Catholic church itself. In the past dozen years more than 900 young Catholic priests have been trained or consecrated by Chinese Catholicism.

In the course of the country's long history, the various religions in China have become part of the traditional Chinese thinking and culture. It is traditional for Chinese religious believers to love their country and religions. The Chinese government supports and encourages the religious circles to unite the religious believers to actively participate in the construction of the country. The various religions all advocate serving the society and promoting people's well-being, such as the Buddhists' "honoring the country and benefiting the people," the Catholics and Protestants' "glorifying God and benefiting the people," the Taoists' "being benevolent, peaceful and harmonious, saving the world and benefiting the people," and the Islam's "praying to Allah to give great reward in this world and hereafter."

In China all religions have equal status and coexist in tranquility. Religious disputes are unknown in China. Religious believers and non-believers respect each other, are united and have a harmonious relationship. This shows, on the one hand, the influence of traditional Chinese compatibility and tolerance, and, on the other, the fact that since the founding of the People's Republic of China in 1949 the Chinese government has formulated and carried out the policy of freedom of religious belief and established a politico-religious relationship that conforms to China's national conditions.

[译文节选自"中华人民共和国驻美利坚合众国大使馆"官方网站，有改动
http://www.china-embassy.org/eng/zt/zjxy/t36492.htm]

译文解读

根据清华大学统计的汉字频度表,“不”、“没”和“非”等是在现代汉语中最常使用的否定词。其中“不”和“没” 均为否定副词,可用于动词及形容词前表示对动作、状态的否定;“非”为判断动词,主要用在主宾语之间表示事物不等于或不属于什么。

上文在对中国宗教现状介绍的过程中,多次使用了“不”、“未”等否定副词,其否定副词往往置于动词之前,但其译文中的否定副词却形式多样。

(1) 否定副词译为“not”

【例 11.1】 中国与世界许多国家一样,实行宗教与教育分离的原则,在国民教育中,不对学生进行宗教教育。

译文 As in many other countries, China practices the principle of separating religion from education; religion is not a subject taught in schools of the popular education in China.

(2) 否定副词译为否定前缀

【例 11.2】 信教的与不信教的公民之间也彼此尊重,团结和睦。

译文 Religious believers and non-believers respect each other, are united and have a harmonious relationship.

【例 11.3】 在中国,各种宗教地位平等,和谐共处,未发生过宗教纷争。

译文 In China all religions have equal status and coexist in tranquility. Religious disputes are unknown in China.

【例 11.4】 据不完全统计,中国现有各种宗教信徒一亿多人,经批准开放的宗教活动场所近 13.9 万处,宗教教职人员 36 万余人,宗教团体 5 500 多个。

译文 According to incomplete statistics, there are over 100 million followers of various religious faiths, more than 139,000 sites ratified by government for religious activities, some 360,000 clergy and over 5,500 religious organizations throughout China.

可见,否定副词在英语否定句中出现的形式较为灵活,主要表现为:否定词可能以词缀形式出现,也可能以名词、代词、动词、形容词、副词、介词、连词等形式出现,否定词的位置也可能出现转移等。

宗教作为一种特殊的意识形态,通过其教义、教规教导人们在日常生活中该做什么,不该做什么。因此在对宗教的介绍过程中会出现许多否定句,如何翻译这些否定句便是本章讲解的主要内容。

二、否定句的翻译

否定句是语法中的一个重要分支,所谓“否定句”就是指对事物做出否定判断的句子。汉英两种语言在书面用语和口语中都会使用大量的否定句,但由于中西方人思维方式迥异,导致语言中所使用的否定形式,如否定词汇的选择、否定句式的选择、否定词位置的选择等都会有很大的差异。汉语的否定往往会借助否定词对谓语进行否定,如“不”、“非”、“否”、“勿”、“毋”、“别”、“无”、“未”、“未尝”、“莫”、“并非”、“不是”、“没有”、

"决不"、"毫无"、"几乎没有"、"几乎不"、"未必"等。相对于汉语而言,英语的否定形式则比较复杂,如可借助否定词汇"not"、"no"等;还可借助词缀"un-"、"dis-"、"im-"、"non-"、"-less"等;借助特殊表达方式"anything but"、"nothing like"、"be far from"等;通过对集合词汇添加否定词进行的部分否定;也有借助句子结构"neither ... nor"、"too ... to"等进行的双重甚至多重否定。因此在汉英翻译的过程中,可适当转换否定方式,使英语译文能够真正地道地表达汉语原文的含义。

(一) 含有单个否定词的否定句

含有单个否定词的否定句指的是句子中只有一个否定词,根据其否定的形式,可以分为显形否定和隐形否定。

1. 显形否定

若英语句子通过使用明显的否定词,如 no、not、none 等进行的否定,其否定含义尤为直观,则称之为显形否定。

【例 11.5】 宗教团体和宗教事务不受外国势力的支配。

解析 汉语原句中的"受……支配",可译为"be subject to",其否定句则可使用一般的否定句式,即在"be"动词后添加"not"。

译文 Religious bodies and religious affairs are not subject to any foreign domination.

【例 11.6】 无论信仰宗教的公民还是不信仰宗教的公民,在法律面前一律平等。

解析 原句中"不信仰宗教的公民"可使用否定形容词"unreligious"译为"unreligious citizens";也可使用后置否定从句翻译"citizens who don't believe in religion"。此处为了突出"信仰宗教"和"不信仰宗教"的区别,推荐使用第二种。

译文 Citizens who believe in religion and those who do not believe in religion are equal before the law.

【例 11.7】 中国司法机关依法惩治犯罪,与宗教信仰无关,中国没有人因为信仰宗教被惩处。

解析 原句中"中国没有人"的翻译涉及对全部否定和部分否定的区分。

英语句中如果含有类似于"both"、"all"、"every-"、"every"、"completely"、"always"、"all the time"等用来表示"全部"或"完全"意义的总括词的句子,其普通否定句式属于部分否定,而非全部否定。如果要对其进行全部否定需要将总括词更换为表示全部否定的否定词,如:all→none, every→no, everybody→no one/ nobody, both→neither, somewhere→nowhere, something→nothing 等。因此"中国没有人"需译为"no one in China"。

译文 The punishment of criminals by China's judicial organs in accordance with the law has nothing to do with religious belief. No one in China is punished because of his or her religious belief.(全部否定)

比较:并非所有矿物都来自矿山。

译文 Not all minerals come from mines.(部分否定)

【拓展】

【例 11.8】 从前没有商场,也没有公共聚会的地方,市镇上只有庙会。

解析 “not”和“no”都可以用来翻译一般否定句，但二者之间有所区别：not 是否定副词，通常放在动词和助动词之后；而 no 是形容词，用来修饰并否定名词，但若名词前有 the、a(n)、any、much、enough 等词修饰，则只能用副词 not 否定。

译文 There used to be no shopping malls//There used not to be shopping malls or any places for public gatherings except temple fairs in the cities and towns.

2. 隐形否定

若英语否定句中没有 not、no 等明显的否定副词，而是① 运用具有暗含否定意义的词汇，如副词、形容词、名词、连词、动词等；② 运用虚拟语气等句型手段；③ 以肯定句的形式出现但蕴含否定的含义。通过这些方式构成的否定句称之为隐形否定句。

(1) 借助词汇表达否定的含义

① 使用具有否定意义的介词表达否定的含义，如 apart from、aside from、other than、the last、least、too ... to ...、above、below、except from、in spite of、in vain、out of (my mind/the question ...)、against、at a loss、in place of 等。

【例 11.9】 中国政府坚决不允许利用宗教狂热(fanaticism)来分裂人民、分裂国家、破坏各民族之间团结的民族分裂主义。

解析 此句翻译时首先需要确定句子主干“中国政府不允许民族分裂主义”，“利用宗教狂热”可处理为句子的方式状语“by use of religious fanaticism”；另外，句中否定词“不允许”，可译为及物动词“oppose”或介词“against”。

译文 The Chinese government is resolutely against any ethnic separatism which attempts to divide the people, split the country or harm the unity among all ethnic groups by use of religious fanaticism.

【例 11.10】 佛教冥想(buddhist meditation)是一种功夫实践，用以摆脱人对爱恋的执著，而非仅是用以获得真理命题的理性质询。

解析 用于表达否定的“而非”可用副词“not”进行否定，或用介词短语“instead of”来表达否定的含义；“摆脱”可译为“get rid of”或“shake off”。

译文 Buddhist meditation is a kind of practice to shake off one's attachment, instead of just intellectual inquiries for getting propositional truth.

【例 11.11】 释迦牟尼佛(Shakyamuni Buddha)在他 29 岁时，不顾父亲的反对，毅然出家当了和尚。

解析 否定词“不顾”后面的成分是名词短语“父亲的反对”，因此可使用介词“despite”翻译。

译文 At the age of 29, Shakyamuni Buddha determinedly became a monk despite the opposition from his father.

【拓展】

【例 11.12】 孔子的许多教育方法在当时都是超前的，比如他提出了“有教无类”和“因材施教”的思想。

解析 “有教无类”的意思是“不管什么样社会地位的人都可以接受教育”，因此“无”可以使用介词“despite”翻译；“因材施教”意思是“针对学习的人的志趣、能力等具体情况进行不同的教育”，因此可意译为“to teach in accordance with the students' characteristics/aptitude”。

译文 Many of Confucius’ approaches to education was avant-garde as he promoted the ideas “to educate all despite their social status” and “to teach in accordance with the students’ aptitude”.

② 使用具有否定意义的副词表达否定的含义，如 never、barely、against、scarcely、little、rarely、merely、hardly、seldom、anything but(绝不，根本不)、much less、let alone、no longer、otherwise 等。

【例 11.13】 与世界其他主要宗教不同的是，佛教是唯一基于全人类所共知的苦难而产生发展起来的。

解析 “与……不同”可直译为形容词词组“different from”或介词“unlike”，也可使用副词“uniquely”意译，做主语的补足语。

译文 Uniquely among the great religions of the world, Buddhism is rooted only in the universal experience of suffering known to all human beings.

【例 11.14】 与之完全不同的是，佛教强调的是将教义融入生活中并沿着它的方向继续生活下去。

解析 否定短语“与之完全不同的是”可译为副词“instead”；“强调”在此句中是名词短语因此可译为“emphasis ”，也可使用词性转换，将其转换为动词“emphasize”。

译文 Instead, the emphasis of Buddhism is on living the doctrine and walking the path.

【拓展】

【例 11.15】 烧菜是一门艺术。把菜烧熟，人人能做到；把菜烧得味道鲜美，就不那么容易了。

解析 此句难点在于“把菜烧熟，人人能做到”和“把菜烧得味道鲜美，就不那么容易了”，此两句在句型和句意上前后形成对比，因此译文也需句型对称；因此“人人能做到”可译为“easy”，而“就不那么容易了”则可用副词“hard”表述。

译文 Cooking can be considered an art, since it is easy to simply cook dishes but hard to make dishes tasty and delicious.

③ 使用具有否定意义的形容词表达否定的含义，如 few、little、ignorant (of)、free from、beyond、devoid of、alien to、independent of、far from、safe from、absent (from/in ...)、different from、less than、short of、reluctant to、blind to、short of、deaf to 等。

【例 11.16】 教育与宗教相分离，公民不分宗教信仰依法享有平等的受教育机会。

解析 此句可译为 and 连接的并列复合句，其中否定短语“不分”可译为形容词短语“regardless of”。

译文 Education is separate from religion, and all citizens, regardless of their religious beliefs, enjoy equal educational opportunities in accordance with the law.

【例 11.17】 佛不满足于所有现有的学说和实践，于是它抛弃了当时所有的宗教传统，隐退到萨提树(Bodhi tree)下进行独居冥想(solitary meditation)。

解析 否定短语“不满足”可译为形容词词组“be unsatisfied with”；“隐退”可译为动词“retreat”。

译文　Buddha was unsatisfied with all the studies and doctrines so that he discarded all religious traditions of his time and retreated into solitary meditation under a Bodhi tree.

【拓展】

【例 11.18】　中国的现代化建设离不开与世界各国的经济合作与贸易往来。

解析　否定短语"离不开"可借助形容词短语"be inseparable from"表达。

译文　China's modernization is inseparable from her economic cooperation and trade ties with other nations.

④ 使用具有否定意义的名词表达否定的含义，如 shortage、loss、refusal、lack (of sth.)、ignorance、failure(to do sth.)、absence (of sth.)、exclusion、Greek to(对……一窍不通)、omission、scarcity 等。

【例 11.19】　宗教始终不能成为中国人意识形态的主流是源于中国儒学传统精神的深远影响。

解析　"宗教始终不能成为中国人意识形态的主流"做句子的主语，因此句中的"不能成为"可译为含有否定含义的名词短语"failure to be"；"源于"可译为"be rooted in"、"be attributed/attributable to"、"derive from"或"stem from"。

译文　The religion's failure to be Chinese dominant ideology is rooted in the profound influence exerted by the traditional spirit of Chinese Confucianism.

【拓展】

【例 11.20】　中国人重视孝道是由于在传统上不看重功利。

解析　此句中的否定短语"不看重功利"可用含有否定意义的名词"neglect"或"ignorance"表达。

译文　Chinese people's emphasis on filial piety is attributable to their traditional neglect of material gain.

【例 11.21】　由于社会稳定，生产发展，医疗条件改善，加上人们对节育(birth control)重要性的认识不足，到 1969 年中国人口快速增加到 8.067 1 亿。

解析　这句话较长，需先确定句子主干——中国人口增加到 8.067 1 亿；"社会稳定，生产发展，医疗条件改善，人们对节育重要性的认识不足"可译为"with＋名词"结构做原因状语，因此否定短语"对节育重要性的认识不足"可以借助表达否定含义的短语"lack of"译出，即"a lack of awareness on the importance of birth control"。

译文　With a stable society, production development, improvement of medical conditions, and a lack of awareness on the importance of birth control, China witnessed a rapid population increase to 806.71 million in 1969.

⑤ 使用具有否定意义的动词表达否定含义，如 retrain、fail、forbid、differ、vary、lack、decline、escape、forget、deny、overlook、exclude、refrain (from)、protect (against)、protest (against)、turn a deaf ear to、turn a blind eye to、keep sth. dark、withhold、prevent 等。

【例 11.22】　邪教组织(pseudo-religions)的为首分子或歪曲宗教教义，制造邪说，或蒙骗群众，不遵守国家法律、法令，煽动推翻政府。

解析 “不遵守”可简单地借助否定副词“not”，译为“not obey”，也可借助否定动词“refuse”，译为“refuse to obey”；“邪教组织”可借助前缀“pseudo-(假、伪)”，译为“pseudo-religions”。

译文 Some of the heads of these pseudo-religions distort religions doctrines, create heresies, deceive the masses, refuse to obey the State's laws and decrees, and incite people to overthrow the government.

【拓展】

【例 11.23】 中国人认为如果能够跳出自我的小圈子，不追求物质的享受，使自己的心灵进入一个高超的境界，那就是高雅的。

解析 句中的宾语从句“如果能够……高雅的”是一个典型的“……是……”的结构，可主表互换，即“高雅就是能够跳出自我的小圈子……高超的境界”；“不追究物质的享受”可以借助具有否定含义的动词“reject”译出，从而与“跳出自我的小圈子”形成并列关系。

译文 Chinese people believe that true elegance is to go beyond one's ego and reject the pursuit of physical pleasure so that one's spirit can enter a supreme realm.

【例 11.24】 传说从前中国人出远门的时候，身边总要带一包故乡的泥土，这样他就不会轻易生病。

解析 汉语句中的“不会轻易生病”容易被误译为“would not get ill easily”；可借助动词短语“protect sb. from sth.”将其含义译出。

译文 It is said that Chinese people of ancient times, when out of town, would take some soil from their hometown to protect them from illness.

⑥ 使用具有否定意义的连词表达否定的含义，如 unless、until、in case、lest、rather than、more ... than、other than 等。

【例 11.25】 也许这种隐含的意思非常古老，它起源于对祖先而不是佛教的崇拜。

解析 汉语原句中的“它”代指“这种隐含的意思”，因此此句可使用长句的译法——非谓语动词翻译。“源于”可译为“stem from/ derive from ...”。表示否定的“而不是”可使用具有否定意义的连词“rather than”或者介词短语“instead of”翻译。

译文 The ideas behind this are probably very old, stemming from ancestor worship rather than Buddhism.

【例 11.26】 佛教是一种行为和感觉的宗教，而不是一种信条。

解析 “而不是”可译为具有否定含义的连词“rather than”。

译文 Buddhism is a religion of practice and experience rather than belief.

【拓展】

【例 11.27】 希望有关方面能够多做有利于维护地区和平稳定的事情，而不是相反。

解析 同上。

译文 We hope that relevant parties could do more to maintain regional peace and stability rather than the opposite.

(2) 借助某些否定前缀表达否定的含义

作为一个特殊的群体，英语否定前缀在英语中发挥着独特的作用，它使语言更加简洁、更加富有变化、更加迷人。英语中有许多表示否定的前缀，如 a-、ab-、dis-、in-、im-、il-、ir-、un- 、mis-、non-、dis-、de-、anti-、counter-等，如一个简单的 un-前缀，就可以和不同词性的单词构成新的单词 undress(使脱衣服)、unknowable(不可知的)、unmoral(与道德无关的)等。因此我们在对英语否定句进行翻译时，否定前缀的使用是一种重要的途径。

【例 11.28】 佛教思想认为痛苦和伤害是不可避免的，痛苦是可以选择的，这一特别的教义启发了我。

解析 “这一特别的教义”与“佛教思想认为痛苦和伤害是不可避免的，痛苦是可以选择的”同指，因此可使用定语从句或同位语；“不可避免的”可使用否定前缀 in-构成的形容词“inevitable”翻译。

译文 One particular teaching that the Buddhist thought that while pain and hurt is inevitable, suffering is by choice, inspired me.

//One particular teaching that inspired me is the Buddhist thought that while pain and hurt is inevitable, suffering is by choice.

【例 11.29】 僧侣们(monk)参加葬礼，因为死亡是扇大门，佛教对于它通往的那个无形世界有太多话可讲。

解析 原文中“它”指代“大门”，因此“死亡是扇大门”可与“佛教对于它通往的那个无形世界有太多话可讲”合译。另外，“无形世界”可通过使用否定前缀构成的否定词“unseen”或“invisible”译出，即“unseen/invisible world”。

译文 Monks do attend funerals, since death is the gateway to an unseen / invisible world about which Buddhism has much to say.

【例 11.30】 在佛教中，诵经(chanting)和其他颂扬佛的美德的歌曲可以吸引人们的注意力，帮助净化了无数信徒的心灵。

解析 “无数”可使用否定后缀“-less”构成的单词“countless”翻译。

译文 In Buddhism, chanting and other songs praising the virtues of the Buddha have attracted and helped purify the hearts of countless disciples.

(3) 否定译为肯定

汉语中一些具有否定含义的句子，由于表达习惯或叙述角度与英语不同，在进行汉译英时，为了照顾英语的表达习惯，同时也可以精确地传达原意，可以以其反义词的形式出现，即将汉语的否定句译为英语的肯定句，如“对不起”译为肯定句“excuse me”或“I'm sorry”，“他是我最不想见的人”译为“He is the last man I want to see”等。

【例 11.31】 虽然普及程度还远不及佛教，甚至也不及出现时间较晚的宗教如基督教，但根据官方公布的数据，道教宫观(Daoist temple)的数量在最近十五年至少增加了两倍。

解析 句子较长，首先确定句子的主干“道教宫观的数量增加了两倍”；“虽然普及程度……如基督教”可译为“although/though”引导的让步状语从句；“远不及”可使用肯定表达“be drafted by”。

译文 Although still dwarfed by Buddhism, as well as newer religions, like

Christianity, the number of Daoist temples has at least tripled over the past fifteen years, according to official figures.

【拓展】

【例 11.32】 然而,令人特别担忧的是,护理仍然被看做是收入最低、最吃力不讨好的行业之一。

解析 汉语中的"最吃力不讨好"在英语中是找不到对应的译文的,因此需将其以肯定的形式出现"most thankless"。

译文 However, it's particularly worrying that nursing is still considered to be one of the most under-paid and thankless jobs.

【例 11.33】 千百年来,不知有多少人誓言彼此要同生死,共患难。

解析 原句中的否定短语"不知有多少人",根据其句意将其译为肯定句"quantities of people"更为恰当。

译文 Over the centuries, quantities of people swear to share weal and woe.

(二) 含有双否定词的否定句

含有双否定词的否定句,是指一个句子里含有两个显性或隐性的否定词或词组,主要包含两种情况:

① 句子中包含两个并列关系的否定词或词组,且仍然是否定的含义。如"与其他宗教不同,佛教不会因为仅仅你信奉佛教教义就给你特殊的照顾"。

② 双重否定句,如"世上没有不透风的墙","没有人不经过努力就能成功"。双重否定指的是一个英语句子同时含有两个显性或隐性的否定词或词组,但需要强调的是这两个否定词(组)是以否定的形式、肯定的内容出现,即这两个否定词之间不是并列的关系,而是相互抵消或相互加强关系。因为双重否定可以表达比肯定句更为强烈的情感,因此在进行汉译英时,双重否定句往往会直译为双重否定句或者肯定句。

1. 含有两个并列关系否定词(组)的译法

此类句子的翻译方法比较灵活,应根据具体情况来处理。

① 英语中有很多表示并列关系的否定词组,可以用来翻译此类句子,如 neither ... nor ..., not ... not ..., too ... to ... 等;

② 如果该句中的两个否定词(组)有形式上的重复,可采用减译法,将其合并为一个否定词(组);

③ 为了更符合英文的表达,可采用适当的单词或者词组,将此类否定句译为肯定句的形式。

【例 11.34】 这种相适应既不是要求公民放弃宗教信仰,也不是改变宗教的基本教义(doctrine)。

解析 汉语句中两处否定"既不是"、"也不是",可用否定结构"not ... not"或"neither ... nor ..."表述,也可将第二处否定使用否定连词"nor"引导倒装结构进行强调。

译文 Such adaptation does not require citizens to give up religious belief, nor does it require any religion to change its basic doctrines.

【例 11.35】 中国政府反对在宗教领域搞对抗,反对利用宗教干涉别国内政。

解析 原文中有两处表达否定含义的词汇“反对”，因其存在形式重复，可省译。

译文 The Chinese government opposes creating confrontations in religion or interfering in the internal affairs of another country under the pretext of religion.

【例 11.36】 民主的障碍与文化或宗教的关系不大，反而与掌权者不惜任何代价维护其地位的欲望关系甚大。

解析 “与……关系不大”可根据英语习惯处理为“have little to do with”；“不惜任何代价”可译为“at any cost”。

译文 The obstacles to democracy have little to do with culture or religion, and much more to do with the desire of those in power to maintain their position at any cost.

【例 11.37】 佛教中“正定”(right concentration)的意思是禅定修正以使心力集中，不动不摇。

解析 “不动不摇”可从肯定角度译为“rightly”。

译文 “Right concentration” in Buddhism is meditating in such a way as to establishing the mind rightly.

2. 双重否定句的译法

双重否定句式的运用源于中西方人思维方式的差异：中国人表达比较干脆，要么肯定，要么完全否定，要么部分否定，而双重否定用得比较少；但双重否定是英语句子中常见的句型，源于英美人的思维方式及其表达习惯，因为绝对的肯定或否定对于他们来说难以接受，有太过于武断、不理性的嫌疑，因而他们习惯采用双重否定的委婉的表达方式。因此汉译英时，双重否定可直译为：(1) 双重否定，常采用的句型结构包括：① 谓语否定＋状语否定；② 主语否定＋状语否定；③ 主语否定＋谓语否定；④ 谓语否定＋宾语否定；⑤ 主语否定＋宾语否定；⑥ 主语否定＋补语否定；⑦ 主句否定＋从句否定；⑧ 否定词(no / not / never / nobody / few / little ...)＋表否定意义的词(如 deny / impossible / uncommon / hardly / barely / fail / disagree / by no means of ...)；(2) 将其译为肯定句；(3) 采用某些特殊结构，如 can't but admit(不得不承认)；cannot (can never)... too much(无论怎样……也不会过分)；without/but for＋名词/动名词＋主句(一般为否定句)等。

【例 11.38】 若没有宗教自由、言论自由、集会自由和法律之前的基本平等，这是不可能的。

解析 原句需调整语序，汉语先原因后结论，而英语倾向于先结论；对双重或多重否定的另外一种译法便是显性否定与介词“without＋doing/n(p)”否定的联合使用。

译文 This will not be possible, without the freedom of religion, expression, assembly, and basic equality before the law.

【例 11.39】 我们无论怎么强调宗教信仰自由的重要性都不为过。

解析 为了突出表达“宗教信仰自由的重要性”，可以使用英语中的双重否定结构“cannot (can never)... too much/can't overemphasize sth.”。

译文 We can't emphasize the importance of the freedom of religious belief too much.

// We can't overemphasize the importance of the freedom of religious belief.

【例 11.40】 如果我们不能始终把维护国家统一、民族团结和社会稳定放在十分重要的位置上，那么一切无从谈起。

解析 可采用双重否定的"主句否定+从句否定"的结构；"把……放在十分重要的位置上"可使用结构"put/place sth. high on the agenda"、"give priority to"或"place sth. into priority"。

译文 If we can't consistently put national reunification, ethnic unity and social stability high on our agenda, we can accomplish nothing.

【例 11.41】 时至今日，先贤们提出的某些宗教、道德和伦理观念不无可取之处。

解析 "不无可取之处"可使用双重否定结构"否定词+否定意义的动词"。

译文 Up today, some of the religious, moral and ethical conceptions put forward by the ancient sage-kings are not unacceptable.

（三）否定转移

在进行汉英翻译的过程中，汉英的否定词否定的句子成分并不总是一致的。如：习语"罗马并非朝夕建成"中，否定副词"并非"否定的是状语"朝夕"；而在其英文"Rome was not built in a day"中，否定副词"not"却被转译至对谓语动词"build"的否定，这便是否定转移。否定转移是指否定的形式与否定的信息焦点不同，如否定形式在谓语动词，而否定的信息焦点却在状语和表语；或否定形式在主句，而否定的信息焦点却在从句等。以否定词否定的句子成分为标准，我们将其总结为三种。

1. 汉语否定主语、状语或表语，英语否定谓语

【例 11.42】 跟其他宗教不同，佛教不会仅仅因为你信奉佛教教义就给予你任何特殊的利益。

解析 否定副词"不会"形式上否定的是状语"仅仅因为你信封佛教教义"，将其转移对谓语或表语的否定，译文会更自然通畅。

译文 Unlike in many other religions, Buddhism will not give you any particular benefit just because of your belief.

【拓展】

【例 11.43】 如果不是他的弟子不辞劳苦记下他的谈话和言论，今天孔子将是无名之辈。

解析 否定词"不是"形式上否定的是从句主语"他的弟子"，为了译文的通顺、地道，可将其转换为对从句谓语的否定。

译文 If his disciples hadn't taken the trouble to record his conversations and discourses, // But for his disciples who took the trouble to record his conversations and discourses, Confucius would be a nobody today.

【例 11.44】 住在这种房子里的人，会觉得自己不是关在笼子里，而是生活在宁静的大自然里面。

解析 句子"会觉得自己不是关在笼子里"是否定转移的典型译文。在英语简单句中，如果否定句的谓语动词是 think, believe, suppose, expect, guess, fancy, feel, imagine 等表示"观点、信念、推测"等心理活动的动词时，not 通常放在谓语动词前，但

否定的信息焦点却是该动词后面的宾语，因此可将否定词“不是”放置“觉得”前。

译文 Those living in such houses wouldn't feel confined in cages, but as if they were living in serene nature.

2. 汉语否定谓语，英语否定主语、状语、表语或宾语

【例 11.45】 任何国家机关、社会团体和个人不得强制公民信仰宗教或者不信仰宗教，不得歧视信仰宗教的公民和不信仰宗教的公民。

解析 否定词“不”形式上否定的是句子的谓语“强制”，为了对信息焦点内容“任何国家机关、社会团体和个人”进行强调，可将否定词转移至对主语的否定，即“No State organ, public organization or individual may compel”。

译文 No State organ, public organization or individual may compel citizens to believe in, or not to believe in, any religion; nor may they discriminate against citizens who believe in, or do not believe in, any religion.

【例 11.46】 中国在任何时候任何情况下都不会改变宗教信仰自由这一制度。

解析 否定词“不会”否定的是谓语动词“改变”，可将其转为对状语“任何时候任何时间”的否定，译文会更地道。

译文 At no time and under no circumstances will China change the policy-freedom of religious belief.

【例 11.47】 我们有一千个理由振奋起来，加强合作、加快发展，而没有任何一个理由可以心存疑虑、踌躇不前。

解析 否定副词“没”否定的是谓语动词“有”，汉译英时，可将其转移至对宾语的否定。

译文 We have 1,000 reasons to strengthen cooperation and speed up development with renewed vigor and vitality, but have no reason whatsoever to dither or hesitate. (whatsoever 用于名词词组之后，加强否定句的语气，其作用相当于 at all)

3. 汉语否定从句，英语否定主句

英语中此类否定转移的特点是“形式上否定的是主句，而实际上否定的是从句”，此类否定结构的构成需具备三个条件：① 谓语必须是 think, believe, suppose, imagine, expect, feel, anticipate, fancy, consider, find (感到), guess, be supposed to, calculate, figure, reckon 等表示“看法”的动词；② 谓语动词没有任何副词修饰且必须为一般现在时；③ 主语是第一人称。

【例 11.48】 我认为，佛教的传统美德不应该随着时间的改变而改变。

解析 此句具备否定转移的三个条件：主语是第一人称“我”；谓语是一般现在时且没有任何副词修饰；谓语是表示“看法”的动词。因此可将否定词转译至对主句谓语动词“认为”的否定。

译文 I don't believe that the traditional virtues of Buddhism should be changed over time.

【例 11.49】 我觉得在中国超过一半的人没有宗教信仰。

解析 同上。

译文 I don't think more than half people in China have religious belief.

（四）使用虚拟语气等句型手段表达否定的含义

借助常用的虚拟语气（如 if 引导的虚拟语气，should/could/might have done，wish 引导的虚拟语气等）或者一些常用句式[如 too ... to，know better than to（还没愚蠢到……，最好不……，明白事理而不去做某事），the last＋名词＋to do 不定式（最不……），much less，nothing like（跟……一点也不像），let alone（更别提，用于否定句后），would rather ... than ...（宁愿……也不愿……），no more ... than ...（同……一样不），would ... rather than ...（与其……不如……）等]也可以达到否定的效果。此类否定句可以使语气更加委婉含蓄。

【例 11.50】 作为成功的资本家们，汉族人，回族人，还有外国的穆斯林（Muslim）都知道最好抛弃信仰的偏见。

解析　此句的难点是翻译隐含否定句“最好抛弃偏见”，翻译此句可借助句式“know better than to do sth.”。

译文　As successful capitalists, Han, Hui and foreign Muslim alike know better than to let creed prejudice interfere.

【例 11.51】 正念（mindfulness）是佛教、道教和许多美洲原住民的教义的根本，更别说瑜伽了。

解析　隐含否定“更别说”可使用“let alone/not to mention”等句式翻译。

译文　Mindfulness is at the root of Buddhism, Taoism and many Native-American traditions, not to mention yoga.

【拓展】

【例 11.52】 当然，没有人民支持，这些工作是难以做好的，我要为我们伟大的人民点赞。

解析　汉语原句难点有两处：一是此句较长，可采用分译法（在主语变换出分译）；二是“这些工作是难以做好的”语气肯定中透漏着含蓄，因此采用虚拟语气翻译更合适。

译文　Of course, those achievements would not have been possible without the support of the people. I would like to salute our great people.

翻译练习

1. 单一否定

(1) 虽然中国没有国教，然而儒教和道教这两种相互冲突的哲学体系却构成了现代中国思想的基础，而且是教育体系中的必修课。

(2) 不是每个人都能成为伟大的艺术家，只有那些既有天赋又肯下功夫的人才能创造出触动人类心灵最柔软地方的美轮美奂的作品。

(3) 全世界有文字记载的最古老文明有四个，其中唯独中国文明在历史上从未中断过。

(4) 中国各地的酿酒原料不尽相同：北方用高粱，南方用稻米。

(5) 历史将证明，实现中国梦给世界带来的是机遇不是威胁，是和平不是动荡，是进步不是倒退。

(6) 现在，由于塑料的广泛应用，许多传统的材料已不为人们所用了。

(7) 孔子说:“学而不思则罔;思而不学则殆。”

(8) 汉语在几个世纪中经历了很多的变化,而没有标点符号的古代经典使我们对儒家思想更加难以解读。

(9) 与使用刀叉以及手抓的方式不同,成双结对的筷子含有“和为贵”的意蕴。

(10) 在唐朝,黄色成为了代表帝王的颜色,仅有为数不多的皇室成员可以穿它,并且也将黄色用于建筑。

(11) 杭州的美丽非语言所能描绘。

(12) 从“一国两制”构想的提出,到这一构想在香港成功地付诸实践,经历了一个不平凡的过程。

(13) 仁慈之心对于治理国家毫无用处,因为如果没有一个强硬严厉的统治之手,老百姓就会变得懒惰和藐视权威。

(14) 在法家思想的论证中,道德和人类本性毫不相关。

(15) “道”没有名字,无法辨识,并且超越语言。

2. 双否定词

(1) 禅(Zen)既不荒谬也不理性,因为荒谬和理性都只与头脑有关,而禅是超越头脑的(transcendental)。

(2) 各国的历史、文化和国情不同,这决定了各国保护宗教信仰自由的实践会有不同的特点。

(3) 儒学复兴既不是政治层面的,也不是意识形态层面的,而只能是学术文化层面的。

(4) 中国发展核武器不是要威胁其他国家的安全,而是为了国防安全。

(5) 没有农业,人们就不能生存,社会生产就不能继续下去。

(6) 不看秦始皇兵马俑,不算真正到过中国。

(7) 蜿蜒前行的丝绸之路告诉我们,无论是地理上的距离,还是文化上的差异都没能阻挡中外人民友好交流的愿望。

(8) 和平犹如空气和阳光,受益而不觉,失之则难存。没有和平,发展就无从谈起。

(9) 如果中国人说自己才疏学浅,这是因为他觉得自己所知有限,同时也是怕自己的知识不能让你感到满足。

(10) 人民军队离不开人民,就像鱼儿离不开水一样。

(11) 法家则看轻过去——过去的情况与现在不同,所以过去有效的方法在当下未必有用。

(12) 和其他寻求统治智慧和美德的哲学不同,法家(legalism)思想强调职位的权威性,而不管是何人在位。

(13) 欧盟委员会的一项既不支持也不反对这一重组的评论,使这个国家的担忧得以缓解。

(14) 世人对《道德经》(Tao Te Ching)的解读有无数个版本,不仅各人的不同,而且同一个人在人生的不同阶段也会有不同的理解。

(15) 尽管每个人对于人性的论断彼此不相调和,他们仍能在儒家传统中以不同的培养方式发生作用。

(16) 我们永远不会忘记,在阿拉伯世界和非洲,埃及是第一个同新中国建交的国家,也是第一个同中国建立战略合作关系的国家。

(17) 大多数的英国人都有着良好的宗教品味,譬如喝茶,他们不喜欢茶温过低或过高。

(18) 儒家思想对中国历史、社会结构和国人都产生了无法忽视的影响。

3. 否定转移

(1) 印章不只在日常工作中用,还用于书画题识,逐渐成为中国特有的艺术形式之一。

(2) 在某些非民主国家中,市场经济一片繁荣景象,但国家政体似乎并没有向民主迈进。

(3) 二十多年前,我第一次访问中国大陆,那时我想象不到有朝一日美中关系会变得如此重要。

(4) 人们都说"桂林山水甲天下",到桂林一看,果然名不虚传。

(5) 假如你认为自己现在所做的不是艺术品,那么,想想创作过程中最让你感到精神振奋的时刻,想想脑海中涌现出的词语。

(6) 具有虔诚宗教信仰的英国人数量虽然微乎其微,但大多数的英国人都有着良好的宗教品味。

(7) 今天的素质教育从孔子的角度看已经不算什么创新了。

(8) 当今世界,任何法治国家都不会容忍这类打着宗教旗号进行违法犯罪的活动。

4. 使用虚拟语气等句型手段表达否定的含义

(1) 我们不创造机会让孩子去学习中国传统经典,中华民族的伟大复兴便无从谈起。

(2) 中国部分地区水污染程度之重,甚至达到接触都不安全的程度,更不用说用于灌溉或者饮用。

(3) 农业是国民经济命脉这一点再怎么强调也不为过。

(4) 他们不得不承认在某些科学技术方面,我们远远领先于他们。

第十二章

中国武术与翻译之长句的译法——非谓语动词

中国武术，止戈为武。它发于防身，立于健身，习于日常，是维护和平的技术。中国武术，由先秦时期老子所创，中国独有，是“国学”之精髓，中华民族传统文化之瑰宝。中国武术的习武者刻苦锻炼以追求接近自然的完美，拥有强大的力量却从不炫耀自己，只因中国武术植根于博大精深的中国文化土壤，始终坚守着仁、义、礼、智、信、勇的目标。许久以来，作为优秀历史传统文化的中国武术，早已成为中华人民的优秀文化遗产，是世界人民了解中国的一个很重要的窗口。自党的十八大以来，习近平总书记在其系列重要讲话中大力倡导中华优秀传统文化的传播和复兴，作为中华文化瑰宝的中国武术自然也越来越受到中国人民的喜爱，受到世界众多国家和地区人民的重视和青睐。中国武术将继续以其独特的方式诠释中国文化，传承中国文化的历史血脉和记忆，承载中国人自强不息的精神。

在对中国武术的介绍中，尤其在对历史背景、派别、意义的介绍时，会使用许多复句，因此，本章将带大家在领略中国武术魅力的同时，学习对其进行英译时采用的翻译方法。

一、导读

中国武术

简介

中国武术即中国功夫，源远流长，蕴含着先哲们对生命和宇宙的参悟，承载着丰富的中国民族传统文化。花样繁多的中国功夫绝对是中国最为亮眼的民族名片之一，是中国文化遗产的一种珍贵的元素，中国功夫也赢得了很好的声誉并且被世界各国的人喜爱。中国武术被视为中国的“国粹”，其中包含极其丰富的中国古代思想。其核心思想是儒家的“中和养气”之说，同时兼容了道家、佛家的思想。武术的蓬勃发展，得益于其项目本身的吸引力。

正如少林寺僧人所指出的那样，功夫的内涵远多过武打，武术实际上有关提升你的才能和智慧。“功夫”的本意是：由下苦功而练就的好本领。其本质是用以培养一个人和他的生命行为的各不相同的艺术和教导。

中国武术已经得到国际奥委会的承认，并于2008年成为奥运会的表演项目。被列入奥运会官方比赛项目的亚洲武术包括1964年入选的日本柔道和2000年入选的韩国跆拳道。

流派

中华武术五大流派分别为：少林、武当、峨眉、昆仑、崆峒。比较著名的拳法有太极拳、少林拳、咏春拳、八卦掌、罗汉拳等。下面我们将介绍影响最广的、最为著名的少林功夫和太极拳。

少林功夫是中国最有影响的一个武术流派，是在嵩山少林寺特定的佛教文化环境中形成的，是中国传统佛教文化最为通俗、传播最广的表现形式之一。据史料记载，少林寺习武始于南北朝而盛于隋唐，后又汇集各家之长而逐渐形成中国最大的武术流派。少林武术在国内外均享有盛名。它以强身健体、防身抗暴、杀敌制胜为目的，以朴实无华、套路繁多、内外武功著称。

太极拳，经常被人们称做中国瑜伽，是中华武术领域中一枝绚烂的奇葩，是中华民族宝贵的文化遗产，是东方文化的重要组成部分。作为中国古老的武术之一，它源于道教，其主要功能是用于锻炼身体和武术攻防。经过不断发展，太极拳更具备了修身养性的特殊功能。太极拳产生并植根于中国传统文化，集传统哲学中的太极阴阳学说、儒道思想、传统医学的经络学说(meridian theory)、《孙子兵法》、传统美学的思想精华于一身，彰显着中国传统文化的博大精深，成为学术研究取之不尽用之不竭的源泉。

影响

中国武术一直秉持“止戈为武”的宗旨，修复自己内在的怯懦和外在的暴力。在中国近代，中国武术走出国门，并在西方产生了“中国功夫热”，是基于《龙争虎斗》、《醉拳》、《卧虎藏龙》等武术动作电影的影响。在电影王国里，技艺高超的武打明星，如李小龙、陈龙和李连杰即被视做“功夫大师”。

蕴含中国古代哲学的中国武术早已成为世界了解中国文化的一个窗口，是促进东西方文化交流沟通的桥梁和纽带。通过体验中国武术的魅力，提高全人类的生活质量，构建和谐世界。

CHINESE MARTIAL ARTS

Brief Introduction

Chinese martial arts or Chinese Kungfu, with a long history, contains the ancient great thinkers' pondering of life and the universe, and carries traditional Chinese culture in abundance. Chinese Kungfu with a wide variety is one of the dazzling national identities. As a precious element of China's cultural heritage, Chinese Kungfu has gained a good credit and favored by people all over the world. Regarded/

Titled as our national quintessence, Chinese Kungfu contains abundant ancient Chinese thoughts. The core idea of Chinese Kungfu is derived from the Confucian theory of both "the mean and harmony" and "cultivating qi" (otherwise known as nourishing one's spirit). Its booming development is attributed to its attractiveness.

Just as one of the Shaolin monk pointed out, Chinese Kungfu embodies much more than fighting, but the promotion of your wisdom and intelligence. Its original and genuine meaning is attainment through effort. The essence of Kungfu is various arts and instructions about how to cultivate the person and conduct one's life.

Having acknowledged by the International Olympic Committee (IOC), Chinese Kungfu became a demonstration sport at the Games in 2008. The Asian martial arts that have already become official Olympic sports include Japanese judo in 1964 and Korean taekwondo in 2000.

The Schools

There are five schools of Chinese Kungfu, namely Shaolin School, Emei School, Kunlun School, and Kongtong School. The renowned boxings comprise Tai Chi, Shaolin boxing, Yongchun boxing, Bagua boxing, etc.. We are going to introduce two of the most influential and renowned martial arts, Shaolin boxing and Tai Chi.

As one of the most influential Schools of martial arts, Shaolin Kungfu was formed in the unique Buddhism culture environment of Songshan Shaolin Temple, which is one of the most popular and wide-spreading form of Chinese traditional Buddhism culture. According to the historical records, the monks in the Shaolin Temple began to study martial art during the Southern and Northern Dynasties and this tradition prevailed during the Sui and the Tang dynasties (581—907). Afterwards, they drew the strengths of the other Schools, and eventually became the biggest martial arts school. Shaolin Kungfu is renowned both at home and abroad as a highly effective method of health-building, self-defense and wining. It is well-known for its plain techniques, numerous varieties of routines, and external and internal cultivation of martial arts.

Tai Chi, often called Chinese yoga, is a splendid wonder in the field of Chinese martial arts, the valuable cultural heritage of the China, and important part of oriental culture. As an ancient Chinese martial art, it was originated from the Taoism, with its major function body-building、self-defense and attack. Through constant evolvement, Tai Chi has become a self-cultivating sport. Originated and deeply rooted in traditional Chinese culture, it is a combination of the essence of Tai Chi Yin and Yang Theory, Confucianism and Taoism, meridian theory of TCM (traditional Chinese medicine), the Military Tactics of Sunzi, and traditional aesthetics. It demonstrates the extensive and profound traditional Chinese culture, and has become the inexhaustible source of academic study.

The Influence

Upholding the norm that military forces are to be used only for the maintenance of peace and order, Chinese martial arts means to get rid of the internal cowardice and amend the external violence. In Chinese modern times, Chinese martial arts go abroad and turned up a craze for Chinese Kungfu based on the influence of martial arts movies, such as Enter the Dragon, Drunken Master, Crouching Tiger, Hidden Dragon. In the movie kingdom, the skilled martial artists, such as Bruce Lee, Lung Chan and Jet Li, are considered as martial masters.

Containing the ancient Chinese philosophy, Chinese martial arts has become an access for the world to get acquainted with Chinese culture. And it also serves as a bridge or link to promote the cultural communication between eastern and western culture. Through experiencing the charm of Chinese martial arts, we can improve the living quality of human beings, and build a harmonious world.

译文解读

在对中国武术的介绍中,多处使用了复句,为了使译文在内容与形式上更加接近于原文,往往使用长句的翻译方法。长句的翻译方法主要包含着非谓语动词法、从句法以及短语法。本章将着重介绍非谓语动词法。

(1) 使用过去分词(本文共有 4 处使用过去分词),如:

【例 12.1】 中国武术被视为中国的“国粹”,其中包含极其丰富的中国古代思想。

译文 Regarded/Titled as our national quintessence, Chinese Kungfu contains abundant ancient Chinese thoughts.

(2) 使用现在分词(本文共有 2 处使用现在分词),如:

【例 12.2】 蕴含中国古代哲学的中国武术早已成为世界了解中国文化的一个窗口。

译文 Containing the ancient Chinese philosophy, Chinese martial arts has become an access for the world to get acquainted with Chinese culture.

本章在对中国武术翻译的过程中,共使用了过去分词和现在分词两种非谓语动词的译法。何种长句适用非谓语动词的译法?非谓语动词共包含几种?下面我们将进行仔细的讲解。

二、长句的译法——非谓语动词

汉语属于意合语言,波浪结构,分句之间往往不使用关联词,且结构较为松散,主要通过分句之间的顺序来体现其分句之间的逻辑关系,如诗歌《面朝大海,春暖花开》中“从明天起,做一个幸福的人,喂马,劈柴,周游世界”句中,缺省了“主语”,各个分句间也缺省了连词。而英语是形合语言,结构严谨,主干与从属成分间通过使用关系代词、分词、特殊结构或者使用介词等体现它们之间的逻辑关系。因此将上句译为英语时,应补足其缺省成分,并将其分句通过恰当的结构(采用非谓语动词)译出,以此表明其在句中的关系(主句的从属成分做句子的状语)“From tomorrow on, I will be a happy person, grooming, chopping, and traveling all over the world."

汉译英时,翻译汉语长句应遵循英语的结构特点,将汉语省略隐含的成分补充完整后,采用恰当的翻译方法译出。本章将重点讲解非谓语动词法。

所谓非谓语动词指的是在句子中不充当谓语的动词。非谓语动词形式主要包含三种类型,即不定式、动名词和分词(现在分词和过去分词)。从其名称便可得知,非谓语动词也是动词的一种,因此它们都具有动词的基本特征,即它们都能带自己的状语或宾语(但它们没有人称和数的变化)。动名词(如 seeing is believing)较为常见且较简单,此处将不做赘述。

(一) 分词结构

分词分为现在分词和过去分词,分词在句中可以做定语、表语、补语、状语等句子成分。当汉语短句间的逻辑关系存在主从关系,且其某一部分表示伴随、条件、原因、时间、让步、方式等逻辑关系时,可以将其译为分词结构。

1. 现在分词结构

现在分词构成及使用条件

时　态	构　成	现在分词做状语的条件
一般式	doing	非谓语动词与主句的主语构成主谓关系,且与谓语所表示的动作之后或同时进行
完成式	having done	非谓语动词与主句的主语构成主谓关系,且先于谓语所表示的动作
否定式:not +现在分词		

【例 12.3】 蕴含中国古代哲学的中国武术早已成为世界了解中国文化的一个窗口,是促进东西方文化交流沟通的桥梁和纽带。

解析 句中主语"中国武术"的修饰成分"蕴含中国古代哲学的"较长,不适合直接译为"中国武术"的定语;另因动词"蕴含"与主语"中国武术"为主谓关系,故可译为现在分词结构"containing the ancient Chinese philosophy"。

译文 Containing the ancient Chinese philosophy, Chinese martial arts has become an access for the world to get acquainted with Chinese culture.

【例 12.4】 "武"字原来是由"止"和"戈"两个字合成的,意思是阻止战争,不要让战争发生。

解析 主语"武"是两个分句共同的主语,因此,为了句子结构层次清晰可将第二分句译为非谓语动词结构;因主语"武"和谓语动词"意思是"是主谓关系,因此可处理为现在分词结构。

译文 The Chinese character "wu" (martial arts) consists of two components: "zhi" (stop) and "ge" (arms), symbolizing the intention to stop violence before it happens.

【例 12.5】 中国功夫是中国传统文化很重要一环,是几千年来中国人民用以锻炼身体和自卫的一种方法。

解析 同上。

译文 Being an important component of Chinese culture, Chinese Kungfu is a way for Chinese people to build their bodies and defend themselves over the past thousands of years.

【拓展】

【例 12.6】 中国人民在近代饱受战争和被侵略的痛苦,更深感自由与和平的珍贵。

解析 "中国人民"做两个分句的主语,适合译为分词结构。"饱受战争和被侵略的痛苦"是原因,可译为分词结构做原因状语。

因原文中非谓语动词"饱受"先于谓语动词"深感",因此要将"饱受(suffer)"译为分词的完成时态"having suffered"。

译文 Having suffered from wars and foreign aggression in modern times, Chinese people treasure freedom and peace all the more.

2. 过去分词结构

过去分词构成及使用条件

时　态	构　成	过去分词做状语的条件
一般式	done	非谓语动词与主句的主语构成动宾关系,不强调非谓语动词与谓语的先后关系,仅强调被动关系时
进行式	being done	非谓语动词与主句的主语构成动宾关系,且与谓语所表示的动作同时进行
完成式	having been done	非谓语动词与主句的主语构成动宾关系,且先于谓语所表示的动作
否定式:not+过去分词		

【例 12.7】 中国武术已经得到国际奥委会的承认,并于 2008 年成为奥运会的表演项目。

解析 "中国武术"是其后两个分句的主语,适合译为分词结构,因此可将"得到国际奥委会的承认"译为句子的状语;"国际奥委会"的英文表达是"International Olympic Committee (IOC)";"表演项目"可译为"demonstration sport"。

译文 Having acknowledged by the International Olympic Committee (IOC), Chinese Kungfu became a demonstration sport at the Games in 2008.

【例 12.8】 太极拳基于以柔克刚(the soft overcoming the hard)的原理,发端于中国古代,最开始是一种武术和自卫方式。

解析 主句由三个分句构成且有共同的主语"太极拳",适合译为分词结构;两个分句中可将描述部分"基于以柔克刚的原理"译为分词结构,"最开始是一种武术和自卫方式"可译为介词短语"as+n."。

译文 Based on the principle of the soft overcoming the hard, Taijiquan was originated in ancient China as a martial art and a means of self-defense.

【例 12.9】 以前只能在书中或者表演中感受到中国武术的影响力，现在已经体现在一些中外影视作品中。

解析 句中主语“中国武术的影响力”的定语“只能在书中或者表演中感受到”较长，可处理为分词结构，主语与动词“感受”是动宾关系，因此可译为过去分词结构。

译文 Felt only in books or performances in the past, the influence of Chinese Kungfu now has found expressions in Chinese and foreign movies and television programs.

【拓展】

【例 12.10】 中国与亚洲各国山水相连，共同铸就了灿烂的亚洲文明。

解析 “中国与亚洲各国”做两个分句共同的主语，适合译为分词结构。“山水相连”是状态的描述，因此可译为分词做伴随状语；“山水相连”的英文表达是“be linked and intertwined([ɪntəˈtwaɪn]交织、缠绕)by mountains and rivers”。

译文 Linked and intertwined by mountains and rivers, China and other Asian countries have helped to build a splendid Asian civilization.

【例 12.11】 中国坚持走和平发展道路，奉行防御性国防政策。

解析 “中国”是两个分句的主语，适合译为分词结构。“坚持走……”可译为词组“be committed to”；“防御性国防政策”译为“a national defense policy which is defensive in nature”。

译文 Committed to the path of peaceful development, China pursues a national defense policy which is defensive in nature

（二）不定式结构

动词不定式具有名词、形容词或副词的句法功能，在句中可以充当主语、宾语、表语、定语和状语等。当不定式结构用做状语时，通常情况下可以用来表示目的、结果、原因等逻辑关系。因此，当汉语短语间的逻辑关系存在主从关系，且其某一部分表示的逻辑关系为目的、结果、原因、程度等，可将其译为不定式结构。

不定式的构成及使用条件

语态 时态	主　动	被　动	不定式做状语的使用条件
一般式	to do	to be done	当状语成分所表述的逻辑关系为目的、结果或原因时，且非谓语动词所表示的动作发生在谓语动词的动作之后或与谓语动词所表示的动作同时进行
进行式	to be doing	—	当状语成分所表述的逻辑关系为目的、结果或原因时，非谓语动词所表示的动作正在发生
完成式	to have done	to have been done	当状语成分所表述的逻辑关系为目的、结果或原因时，且非谓语动词所表示的动作先于谓语动词的动作
否定式：not＋不定式			

【例 12.12】 为了更好地传承这一古老的技艺，全国各地开设有很多的武术俱乐部和协会。

解析 分句“为了更好地传承这一古老的技艺”表目的，可译为不定式结构做目的状语，其位置可放在句首，也可放在句尾。

译文 In order to inherit the ancient art many martial art clubs and associations have been established across China.

【例 12.13】 现在很多专家通过将搏斗技巧和健康结合到一起，试着将武术变为一项科学的运动。

解析 同上。

译文 To turn martial arts into a scientific sport, many specialists today combine fighting skills with health.

【例 12.14】 现在很多人习武是为了健康、娱乐和竞技。

解析 同上。

译文 Today, a large number of people practice martial arts to pursue health, entertainment and competition.

【拓展】

【例 12.15】 1000 年前，唐朝开辟通向西域的丝绸之路，是为了把丝绸、茶叶、瓷器等销往世界。

解析 同上。

译文 The Tang Empire opened up the Silk Road 1000 years ago to sell silk, tea and porcelain to other parts of the world.

【例 12.16】 双方应该在国际舞台上加强协作，并同其他发展中国家一道，共同维护发展中国家整体利益。

解析 同上。

译文 The two sides should enhance coordination on the international stage and work with other developing countries to jointly uphold the overall interests of developing countries.

【拓展】 主从句的区分

汉语复句里不同分句间的动词，在形式上是平等的，没有主从之分，但在大部分情形下在逻辑上却有主从之分。一般说来，凡是为主的分句即正句，通常翻译为主句；从属的分句即偏句，用从句、非谓语动词或者独立结构等方法处理为从句、状语等从属成分。其规则是：

(1) 表示原因或条件的部分，一般应从属于表示结果的部分

【例 12.17】 今天，武术的军事功能减弱，继而被组织和系统化为中国正规表演艺术中的一种。

解析 第一分句是原因，可译为从属成分，第二分句是结果，可译为主句。

译文 Today, with its military function having faded, Wushu then has been organized and systematized into a formal branch of Chinese formal performance arts.

【例 12.18】 武术既可以治病也可以用来防身，在中国非常受欢迎。

解析 第一分句"既可以治病也可以用来防身"表原因，适合做从属成分；第二分句是结果，适合做主句。

译文 Used to cure illness as well as for self-defense, Wushu enjoys a great popularity in China.

(2) 表示方式或状态的部分,一般应从属于表示行为或动作的部分

【例 12.19】 中国是东方武术的主要发源地,有着世界上独一无二的"武文化"。

解析 第一分句"是东方武术的重要发源地"表状态,可译为从属成分。

译文 Being one of the main birth places of Oriental martial arts, China has the unique "martial culture" in the world.

【例 12.20】 中国武术源远流长,蕴含着先哲们对生命和宇宙的参悟,承载着丰富的中华民族传统文化。

解析 第一分句"源远流长"表状态,译为从属成分。

译文 Chinese Wushu, with a long history, contains the ancient great thinkers' pondering of life and the universe, and carries traditional Chinese culture in abundance.

(3) 表示方法和手段的部分,应从属于表示目的或结果的部分

【例 12.21】 借助于自身的独特性和传统东方文化中散发出来的魅力,武术正吸引着越来越多外国人的目光。

解析 第一分句是方法或手段,可译为从属;第二分句是目的或结果,可译为主句。

译文 Thanks to its uniqueness and charisma originating from traditional oriental culture, Wushu is captivating the increasing attention of people in other nations.

(4) 背景情况描述部分,一般应从属于结论部分

【例 12.22】 武术与几个世纪的文化历史相连,是一项重要的独特的中华文化遗产。

解析 第一分句描述了武术的发展背景,可译为从属部分;第二分句是结论,可译为主句。

译文 Wushu is an important and unique component of Chinese cultural heritage with centuries of cultural history attached.

【例 12.23】 中国武术蕴含着丰富的中国古代思想,被视为中国的"国粹"。

解析 第一分句是对武术的背景描写,可译为从属成分;第二分句是结论,可译为主句;"国粹"的英文表达是"national quintessence"。

译文 Chinese Kungfu, containing abundant ancient Chinese thoughts, is regarded / titled as our national quintessence.

(5) 否定或反说部分,一般应从属于肯定或正说部分

【例 12.24】 少林拳,作为少林功夫遗产的一部分,主要是服务于宗教和文化目的,不应当把它和佛教思想分割开来。

解析 分句"不应当把它和佛教思想分割开来"是否定或反说部分,可译为从属成分。

译文 Shaolin boxing, as part of the Shaolin Kungfu heritage, basically serves religious and cultural purposes, instead of being separated from the Buddhist spirit.

【例 12.25】 武术虽然没能申请成为 2008 年奥运会参赛项目,但是它仍然以特殊节目的形式出现在了北京奥林匹克运动馆中心。

解析 同上，“没能申请成为2008年奥运会参赛项目”译为从属成分。

译文 Failed in its bid to be included as a 2008 Olympic event, Wushu still appeared at the Beijing Olympic stadium as a special event.

翻译练习

(1) 受中国古典美学所提倡的刚柔并济的影响，中国武术形成了自己的审美标准。

(2) 包括攻击和防守，武术在道德培养、健康改善和艺术影响方面都有重要的作用。

(3) 少林拳，是由护卫少林寺的武僧们在长期的练武过程中慢慢积累发展出来的，是中国拳术的一个最有影响的流派。

(4) 随着时间的推移，人们开始通过练太极拳来改善健康状况，增加福祉(well-being)。

(5) 中国功夫不仅是一种体育锻炼，也是一种艺术形式，它可以用来治疗疾病，也可以用来自卫。

(6) 基于中国古典哲学的中国功夫，是中华民族极其珍贵的文化遗产。

(7) 中国要赶上发达国家，还需要几代人、十几代人的艰辛努力。

(8) 中国作家莫言，发表了多部小说，获2012年诺贝尔文学奖。

(9) 我国新建立了21个国家级自然保护区，将保护区总面积增加到了国土面积的近10%。

(10) 这次新增的国家级自然保护区面积超过6 200平方公里，分布在15个省份和自治区，包括辽宁、福建、河南、内蒙古等。

(11) 要了解中国的两种社会制度，我们就得详细了解它的过去。

(12) 老子教导人们要谦和，一个人要想长久生存，要想避免危险，柔弱和谦和是最重要的条件。

(13) 坚持走和平发展道路，是中国实现国家富强、人民幸福的必由之路。

(14) 长城东西南北交错，绵延起伏于我们伟大祖国辽阔的土地上。

(15) 端午节是在农历的五月初五，传说是为了纪念楚国政治家兼诗人屈原。

(16) 没有农业，人类便不能生存，社会生产也就不能继续下去。

(17) 国际争端在此基础上予以解决，而不诉诸武力威胁。

(18) 我们用自己动手的方法，达到了丰衣足食、自力更生的目的。

(19) 鼓浪屿是位于厦门西南隅的一个小岛，素以“海上花园”的美称享誉中外。

(20) 1999年，国际武术联合会(International Martial Arts League)受国际奥委会的邀请，成为国际单项体育联合会(International Individual Events Federation)的成员。

第十三章

齐鲁文化与翻译之长句的译法
——短语与独立主格

齐鲁文化是齐文化和鲁文化的统称。两种文化在发展中逐渐有机地融合在一起，形成了具有丰富历史内涵的齐鲁文化。齐鲁文化绵延7000多年，对中华文化的形成与发展产生过重要影响。这里诞生了无数光耀华夏千秋的优秀儿女，墨子、曾子、孙子、扁鹊、鲁班、诸葛亮、王羲之、李清照、辛弃疾、蒲松龄……；这里更是至圣孔子和亚圣孟子的故乡；也正是这里，孕育了儒学、阴阳五行学说、神仙方士之学、黄老之学、纵横之术、谶纬之学、早期道教等知识体系、学术流派。因此，齐鲁大地一直被冠以“文化圣地”之称号。

在对齐鲁文化进行介绍时，尤其在对其地理位置、文化、景观、历史地位等进行介绍时，往往需要运用诸多长句，因此在对其进行英译时，需采取长句的译法之策略。本章重点介绍长句的译法——使用短语与独立主格结构。

一、导读

齐鲁文化

山东省简称鲁，省会是济南，位于黄河下游，黄海、渤海之滨，分别与河北、河南、安徽、江苏接壤，紧邻日本与韩国，与朝鲜半岛隔海相望。面积15.6万平方千米，总人口超过9 580万。沿海有岛屿290多个。以矿产和海洋资源占优势。煤、石油、黄金等储量较大，石油以胜利油田为重要产地。海盐资源和沿海湖区鸟类资源极为丰富。工业较发达，以能源、机械电子、化工、纺织、食品等为主。它也是我国农业发达省份，主要农作物小麦、玉米、花生产量均居全国首位，薯类、棉花等居全国前列。温带水果和浅海滩养殖的对虾、贝类、海带均闻名于世。因此，山东被誉为“全国最大的菜篮子”。

山东是中华文明的发祥地之一，历史悠久，是我国古代儒家创始人孔子、孟子的故乡，又有山、泉、湖、海等众多旅游资源；曲阜、聊城、临淄等6个城市为国家历史文化名城，泰山、崂山、胶东半岛海滨等3处为国家重点风景名胜区。国家重点文物保护单位有 36 处，并辟有黄河口、崂山等 22 个国家森林公园和长岛等 3 个国家级自然保护区。沂蒙山区有解放时期孟良崮战役遗址，枣庄市有台儿庄抗日战争纪念馆。特产海鲜和温带果品，德州扒鸡、青岛啤酒、即墨老酒、潍坊风筝、淄博陶瓷等享誉全国，鲁菜为中国八大菜系之一。

山东自然风光秀丽，文物古迹众多，旅游资源非常丰富。“一山一水一圣人”便是出自岳镇南之口。

“一山”指的是泰山。泰山，位于泰安市，被称为“东岳”，是世界文化遗产和世界自然遗产之一，是世界著名的地质公园，也是我国 5A 级旅游景区。泰山是“五岳”之首，同时也享有“中华国山”、“天下第一山”之美誉。

“一水”指的是黄河。黄河是中国第二长河，世界第五大长河。全长约 5 464 公里，流域面积约 752 443 平方公里。黄河发源于青海省青藏高原，流经山东省，最终注入渤海。黄河及其沿河流域给人类文明带来很大的影响，是中华民族最主要的发祥地之一，被称为“母亲河”。

“一圣人”指的是孔子。孔子是中国古代著名的思想家、教育家、政治家，也是儒家学派的创始人。他不仅对中国文化发展产生了深远影响，也对世界文明的发展作出了卓越贡献。被推崇为“圣人”，受到后人景仰。联合国教科文组织把他列为世界十大历史名人之一。

QILU CULTURE

With its capital city Jinan, Shandong province (also called Lu for short) is located in the lower reaches of the Yellow River, and borders on the Bohai and Yellow Seas, and borders Hebei, Henan, Anhui and Jiangsu provinces. It is close to Japan and Korea, and overlooks the Korean peninsula across a vast stretch of sea. With a total population of 95,800,000, and a total land area of 156 000 square kilometers, it has altogether more than 290 coastal islands. Shandong province enjoys the mineral and marine resources advantage. With huge reserves of coal, oil and gold etc., the main place of oil production is Shengli Oil Field. The resources of sea salt and birds along the coastal lakes are extremely abundant. With energy, mechano-electronic, chemical, textile and food as its dominant industry, the industry of Shangdong Province is rather advanced. with its main crops—wheat, corn and peanut, whose production ranks first in the country, and the production of tuber crops and cotton ranking among the top in China, Shandong Province is also a developed agricultural province. It is also renowned for its temperate fruits and shrimp, shellfish and kelp raised in the shallow beach all across the whole world. Thus, Shandong enjoys the fame of the country's largest vegetable basket.

With a long history, Shandong province, one of the sources of Chinese civilization, is the birthplace of Confucius and Mencius, the founder of Confucianism, and is abundant in tourism resources of mountain, spring, lake and sea, etc.. There are 6 national famous historical and cultural cities, such as Qufu, Liaocheng, LinZi, etc, and 3 national key scenic sites, such as Mount Tai, Laoshan Mountain and Seaside of Jiaodong Peninsular. With 36 national emphasis cultural relic units, there are 22 national forest parks, such as Yellow River Estuary and Laoshan Mountain, and 3 national nature Reserves, such as Shandong Long Island. There are Meng Lianggu campaign site in the liberation-war period in Yimeng mountain area, and Villa Anti-Japanese War memorial in Zaozhuang city. The specials in Shandong province, such as the seafood, temperature fruit, Dezhou braised chicken, Qingdao beer, Jimo rice wine, Weifang Kite, and Zibo ceramics, enjoy a renowned fame across China. In addition, Shandong cuisine is one of the eight great Chinese cuisines.

With beautiful natural scenery and numerous cultural relics, Shandong Province is abundant with tourism resources. Yue Zhennan, a famous scholar in Qing Dynasty, commented it as "one mountain, one river and one saint".

One mountain refers to Mount Tai. Located in the city of Taian and also well-known as Dongyue, Mount Tai is one of the world cultural heritages and the world natural heritages. It is also the world famous geological park and China's National 5A Tourist Attraction. Mount Tai is the first of the "Five Sacred Mountains" in China, and also enjoys the reputation of "the mountain of China" and "the most spectacular mountain in the world".

One river refers to our "Mother River"—Yellow River. It is the second-longest river in China and the fifth-longest in the world. The Yellow River's estimated length is 5, 464 kilometers, and its basin area is about 752, 443 square kilometers. Originating in Qinghai-Tibet plateau in Qinghai Province, Yellow River flows through. Shandong province and enters the Bohai Sea finally. Yellow River and coastal watersheds exert a huge impact on the human civilization, and one of most vital birthplace of Chinese civilization, hence the name "Mother River of China".

One saint refers to Confucius. He was a famous thinker, educator, politician and the founder of Confucianism. He exerts a profound influence on the development of Chinese culture, as well as makes outstanding contributions to the development of world civilizations. He was regarded as a saint, and admired by the later generations. He was voted by the UNESCO (United Nations Educational Scientific and Cultural Organization) as the head of world's top ten cultural celebrities.

译文解读

在对齐鲁文化的介绍过程中，多处使用长句，为了使译文内容更接近于原文，本文共有 7 处使用短语(5 处介词短语、2 处名词短语)和 3 处使用独立主格结构。

(1) 短语法

① 使用介词短语

【例 13.1】 山东省简称鲁，省会是济南，位于黄河下游，黄海、渤海之滨，分别与河北、河南、安徽、江苏接壤，紧邻日本与韩国，与朝鲜半岛隔海相望。

译文 With its capital city Jinan, Shandong province (also called Lu for short) is located in the lower reaches of the Yellow River, and borders on the Bohai and Yellow

Seas, and borders Hebei, Henan, Anhui and Jiangsu provinces.

② 使用名词短语

【例 13.2】 “一山一水一圣人”便是出自岳镇南之口。

译文 Yue Zhennan, a famous scholar in Qing Dynasty, commented it as “one mountain, one river and one saint”.

(2) 使用独立主格

【例 13.3】 工业较发达,以能源、机械电子、化工、纺织、食品等为主。

译文 With energy, mechano-electronic, chemical, textile and food as its dominant industry, the industry of Shangdong Province is rather advanced.

本章将通过对齐鲁文化的介绍,来进一步阐释对汉语长句英译之重要方法——使用短语与独立主格结构。

二、短语

为了达到英语的多样性和简洁性的特点,我们在进行汉译英的过程中,除了可以使用从句充当定语或状语外,还有一种更能体现英语水平的翻译方法,即使用短语。那么何为短语呢?短语是指在语法上能够搭配协调的大于词而又小于句子的语言单位。它包括名词性短语、介词短语、动词短语、不定式短语、分词短语等。从其句法功能以及使用的频率出发,本小节主要介绍名词性短语和介词短语两种。

(一) 名词性短语

所谓名词性短语指的是以名词为中心词的词组和短语,名词性短语是英语句中不可或缺的元素。它在句中可以充当句子的主语、宾语、表语、同位语等成分。汉语和英语的一大区别就在于英语提倡简洁,因此汉译英时,可以尝试将一些短句译为名词性短语,从而达到简洁、结构紧凑的效果。

【例 13.4】 儒学,这个道德和宗教哲学的大系统建立在孔圣人(Master Kung)的教学上。

解析 “这个道德和宗教哲学的大系统”是对主语“儒学”的补充说明,因此可译为名词性短语“the great system of moral and religious philosophy”,做主语“儒学(Confucianism)”的同位语。

译文 Confucianism, the great system of moral and religious philosophy, was built upon the teachings of Master Kung.

【例 13.5】 冯友兰,中国思想史上 20 世纪伟大的权威之一,把孔子在中国历史上的影响比做西方的苏格拉底(Socrates)。

解析 “中国思想史上 20 世纪伟大的权威之一”是对主语“冯友兰”的进一步解释说明,因此可译为名词性短语做“冯友兰”的同位语。

译文 Fung You-lan, one of the great authorities on the history of Chinese thought in the 20th century, compares Confucius' influence in Chinese history with that of Socrates in the West.

【例 13.6】《论语》(The Analects)是中国古代文化的经典著作,对后来历代的思想家、文学家、政治家产生了很大影响。

解析 句中主语"《论语》"是两个分句的主语，因此，可将表状态的"中国古代文化的经典著作"译为名词性短语"an enduring classic of ancient Chinese culture"做主语的同位语；"后来历代"可直译为"the following generations"，也可根据本句句意具体所指"孔子以后的"译为"sb. came after Confucius"。

译文 The Analects, an enduring classic of ancient Chinese culture, has had a great influence on the thinkers, writers, and statesmen that came after Confucius.

【例 13.7】 孔子的很多思想，尤其是其教育思想，对中国社会产生了深远的影响。

解析 可将"尤其是其教育思想"译为名词性短语"especially/particularly his thought on education"做句子主语"孔子的很多思想"的补足语。

译文 Much of Confucius' thought, especially his thought on education, has had a profound influence on Chinese society.

请注意 especially his thought on education

是否对副词"especially"修饰名词"his thought on education" 存有疑问呢？英语中有部分副词可以用来修饰名词，如表位置、方向的副词(在翻译之语序的调整有详细的讲解)，强调副词(intensifiers)(如 only, merely, also, especially, particularly 等，此类副词的使用非常灵活，可修饰名词、动词、形容词以及副词。E. g.: Only the accident of birth decides whether a given individual has a chance of becoming a gentleman or will necessarily become a villain. 唯有出生的偶然性决定一个特定的个体是否可能成为绅士或者必将成为村夫)。

【拓展】

【例 13.8】 中国历史上的许多辉煌成就令许多西方人心驰神往：其内容博大精深，其文化多姿多彩，其历史悠长久远，她于数千年前在制作众多精美物品中所使用的精湛技艺至今还令专家们惊叹不已。

解析 原句中的名词性短语"内容博大精深，文化多姿多彩，历史悠长久远，制作众多精美物品中所使用的精湛技艺"是对"中国历史上的许多辉煌成就"的补充说明，因此可将此部分译为名词性短语的并列部分，让其充当同位语；"令……心驰神往"可译为"strain/grab the imagination of sb."或者"fascinate sb."。

译文 Much of the historical splendor of China strains the imagination of Western people: its expanse, its cultural diversity, the length of its history, the beautiful objects produced thousands of years ago with a technology that still makes the experts gasp.

(二) 介词短语

介词短语多含有动词的语义特征，因此可将汉语长句中表示伴随、方式、原因、条件等语义的短句译为介词短语。常见的介词短语有：with、without 引导的介词短语表示"有"、"没有"；behind、against 引导的介词短语表示"支持"、"反对"；for、because of 引导的介词短语表示"原因"等。

【例 13.9】 如果不是他的弟子不辞劳苦记下他的谈话和言论，今天孔子将是无名之辈。

解析 分句"如果不是他的弟子不辞劳苦记下他的谈话和言论"，可将其处理为"but for"加名词这一介词结构，做句子的状语。同时，这也是一个混合虚拟语气。

译文 But for his disciples who took the trouble to record his conversations and discourses, Confucius would be a nobody today.

【例 13.10】 儒家学派(Confucianism)认为,对于家庭,婚姻能将不同姓氏的家庭聚在一起,延续相关家族的家庭生活。

解析 “儒家学派认为”这一动宾结构,可译为“to”加上名词短语“to the Confucian”这一介词结构,做句子的状语;同时“对于家庭”这一介词结构,可译为介词短语“as for family”。

译文 To the Confucian, as for family, marriage can bring families of different surnames together, and continue the family life of the concerned clans.

【例 13.11】 不研究《论语》,就不能真正把握中国几千年的传统文化。

解析 汉语原句是一个祈使句,因此可采用添加主语(如:one, we, people 等)的翻译方法。句中“不研究《论语》”可译为介词短语“without studying The Analects”。

译文 Without studying The Analects, one could hardly truly understand the thousands-of-years' traditional Chinese culture.

【拓展】

【例 13.12】 文明因交流而多彩,文明因互鉴而丰富。

解析 原句属于典型的形式重复,可减译。句中“交流”和“互鉴”表原因,可将其用 with 引导的介词短语译出,充当句子的状语。

译文 Civilizations have become richer and more colorful with exchanges and mutual learning.

三、独立主格结构

当一个汉语分句需要翻译为英语的状语从句时,如果状语部分的逻辑主语与主句的主语不一致,为了保证译文句式的多样性,可酌情使用独立主格结构。独立主格结构由两部分构成,前一部分是名词或代词,充当逻辑主语;后一部分是名词、分词、不定式或形容词等,充当逻辑谓语。独立主格结构通常在句中做状语,属于正式文体,因此多用于书面语。独立主格结构本身不是句子,只充当状语的成分,可以表示时间、原因、条件、伴随、目的等。

(一) 独立主格

独立主格结构构成及句法功能

构成		句法功能或特点
逻辑主语	逻辑谓语	
名词/代词	现在分词	① 在句中做主语或状语
	过去分词	② 做状语时,可以表示伴随、方式、原因、结果、转折等各种复杂的情况
	不定式	③ 独立主格结构的逻辑主语独立存在,与句子的主语不同
	介词短语	④ 名词或代词与后面的分词、形容词、副词、不定式、介词等是主谓、主表关系或动宾关系
	名词(短语)	
	形容词(短语)	⑤ 独立主格结构一般由逗号与主句分开
	副词(短语)	⑥ 独立主格结构没有所有格形式

【例 13.13】 潍坊被称做“世界风筝之都”，该地的风筝历史悠久。

解析 此句由两个较为独立的分句构成，即“潍坊被称做‘世界风筝之都’”和“该地的风筝历史悠久”；这两个分句都有自己独立的逻辑主语，因此可将表状态的第二个分句译为独立主格，做句子的状语。

译文 Kites here with a long history, Weifang is called the “Home of Kites”.

【例 13.14】 孔子学院主要是向社会人士提供专门技能的汉语培训以及中文教师的教学能力培训，属于非学历教育(non-degree education)。

解析 此句难点在于找出“属于非学历教育”的逻辑主语是“培训”而非主句主语“孔子学院”，因此“属于非学历教育”有自己独立的逻辑主语，可译为独立主格“all these trainings belonging to / falling into the category of non-degree education”。

译文 Confucius Institute mainly offers special-skill training of Chinese for general students and teaching-ability training for teachers of Chinese, all these trainings falling into the category of non-degree education.

【拓展】

【例 13.15】 春联通常是成对张贴，因为双数在中国文化中是好运和吉祥的象征。

解析 两个分句各有自己不同的主谓成分，分别是“春联”和“贴”；“双数”和“是”，且前后构成因果关系，可将原因部分译为独立主格。

译文 Even numbers connected with good luck and auspiciousness in Chinese culture, the spring couplets are usually posted in pairs.

【例 13.16】 虽然许多国家都在春天庆祝植树节，但根据天气和合适植树的时间不同，植树节的具体日期也有不同。

解析 两个分句各有独立的逻辑主谓成分，分别是“许多国家”和“庆祝”；“具体日期”和“有不同”。可将表条件的部分“许多国家都在春天庆祝植树节”译为独立主格。“庆祝”可译为“celebrate”或“observe”；“植树节”可译为“Tree-planting Day”或“Arbor Day”。

译文 Many countries usually observing Arbor Day in the spring, the date varies depending on climate and suitable planting season.

(二) with /without 引导的独立主格

with/without 引导的独立主格

<table>
<tr><th colspan="3">with/without 引导的独立主格构成</th><th rowspan="2">with/without 引导的独立主格的特点</th></tr>
<tr><th>with</th><th>宾语</th><th>补足语</th></tr>
<tr><td rowspan="8">with</td><td rowspan="8">名词/代词</td><td>补足语</td><td rowspan="8">① 在句中做状语或后置定语
② 宾语与补足语(形容词、副词、介词短语)之间是主表关系；与补足语(名词、现在分词)之间是主谓关系；与补足语(过去分词、动词不定式)构成动宾关系
③ 在 with (without) 的复合结构中，多数情况下 with 能省略，但 without 不能省略
④ 在句子中做状语时，可以表示伴随、方式、原因、结果等关系</td></tr>
<tr><td>现在分词</td></tr>
<tr><td>过去分词</td></tr>
<tr><td>不定式</td></tr>
<tr><td>介词短语</td></tr>
<tr><td>名词(短语)</td></tr>
<tr><td>形容词(短语)</td></tr>
<tr><td>副词(短语)</td></tr>
</table>

【例 13.17】 雄峙于山东省中部，主峰海拔 1 545 米的泰山自古以来就受到中国人的景仰。

解析 主语“泰山”的修饰成分由两部分构成“雄峙于山东省中部”和“主峰海拔 1 545 米”。第一部分“雄峙于山东省中部”译为地点状语“in central Shandong Province”，而“主峰海拔 1 545 米”因具备逻辑主谓关系，可译为独立主格“with its main peak rising 1,545 meters above sea level”。

译文 Mount Tai, with its main peak rising 1,545 meters above sea level, in central Shandong Province, has, since ancient times, been a mountain held in high esteem by the Chinese.

【例 13.18】 孔子是儒家学派(Confucianism)的创始人，被尊称为古代的“圣人”，他的言论和生平活动记录在《论语》(The Analects)一书中。

解析 此句由两套主干构成，一是“孔子是创始人，被尊称为‘圣人’”和“他的言论和生平活动记录在《论语》一书中”，可将表从属部分译为独立主格。

译文 With his words and life story recorded in The Analects, Confucius was the founder of Confucianism and was respectfully referred to as an ancient “sage”.

【例 13.19】 孔子学院是以传播中国语言文化、支持当地中文教学为基本任务的非盈利性社会公益机构。

解析 汉语原句主干“孔子学院是非盈利性社会公益机构”，其表语修饰成分“以传播中国语言文化、支持当地中文教学为基本任务”拥有其独立的逻辑主语和谓语，因此可译为独立主格“with a mission to propagate the Chinese language and culture in the world and to support the local Chinese teaching”。

译文 Confucius Institute is a non-profit public institute with a mission to propagate the Chinese language and culture in the world and to support the local Chinese teaching.

【拓展】

【例 13.20】 黄河发源于青海省，流经中国青海、四川、甘肃、山东等 9 个省区，最后流入渤海。

解析 “发源于青海省”可译为独立主格，将动词“发源”译为名词性短语做逻辑主语，而“青海省”做逻辑谓语，即“with its origin in Qinghai Province”。

译文 With its origin in Qinghai Province, the Yellow River flows through nine provinces of China such as Qinghai, Sichuan, Gansu, Shandong, and finally pours itself into the Bohai Sea.

(三) 独立主格结构与 with 引导的独立主格结构的区别

独立主格结构与 with 引导的独立主格结构的区别

句法功能	独立主格结构	with 引导的独立主格结
主语	√	×
定语	×	√
状语	√	√

(1) 独立主格与 with 引导的独立主格做状语时，在很多情形下是可以互相转换的，如：

【例 13.21】 考虑到持续不散的烟雾，北京市政府不久将出台单双号限行规定。

译文① Lingering smog taken into consideration, the Beijing Municipal Government will soon issue an odd-even car ban.

译文② With lingering smog taken into consideration, the Beijing Municipal Government will soon issue an odd-even car ban.

译文③ Taking the lingering smog into consideration, the Beijing Municipal Government will soon issue an odd-even car ban.

解析 同一个句子可以有多种翻译，本例中，如果将“考虑到持续不散的烟雾”的宾语提前，此分句便有自己独立的逻辑主语和谓语，则可将其译为独立主格，如译文①和②(当独立主格在句中做状语时，带 with 和不带 with 的用法并无区别)；如果将其译为动宾短语，则需使用非谓语动词，即译文③。

(2) 独立主格和 with 引导的独立主格不能互换的情形：当其做主语时只能译为独立主格，当其做后置定语时只能译为 with 引导的独立主格。如：

【例 13.22】 平时沉着冷静、行为有修养的乘客们会为了抢座而与人言语相交、甚至大打出手。

译文 Commuters usually calm and well-behaved will argue or even physically fight each other in order to grab a seat.

【例 13.23】 在高高的基地上，中间是正房，两边是厢房。

译文 The principal room in the courtyard is located in the middle, on a high foundation with wing-rooms on both sides.(做后置定语)

解析 例 13.22 中，“平时沉着冷静、行为有修养的乘客们”做句子的主语，因此将其译为独立主格时，必须使用不带 with 的独立主格；而在例 13.23 中，因“两边是厢房”是对“高高的基地”的补充说明，做后置定语，因此如将其译为独立主格，则必须使用 with 引导的独立主格。

翻译练习

1. 短语

(1) 中国古代的读书人要想替国家做事，必须先把家庭治理好。

(2) 旧历新年快来了。这是一年中的第一件大事。除了那些负债过多的人以外，大家都热烈地欢迎这个佳节的到来。

(3) 腊八粥里放满了坚果和干果，代表好运、长寿和丰收之意。

(4) 随着时代的进步，中国人的娱乐方式也改变了。

(5) 清明节是“春天”的节日，也是全家人出去踏青、扫墓的日子。

(6) 千百年来，泰山以其壮丽的景色，吸引了海内外无数游客。

(7) 中国政府正打算通过增强职业教育，培养大量技术工人大军，进而推进经济和就业。

(8) 中药大部分来源于天然的植物，其次是动物、矿物等。

(9) 中国是一个拥有丰富的自然资源和众多人口的大国，这是众所周知的。

(10) 中国东部的山东省曲阜市内，人们在孔庙前举行庆祝仪式。

(11) 毋庸置疑，随着当今国际交流的发展，版权问题(copyright problem)已逐渐成为了全球化的问题。

(12) 双方同意继续坚持在六方会谈框架内通过对话协商和平解决有关问题。

2. 独立主格

(1) 潍坊的风筝做工精巧，造型优美，易于起飞，放飞平稳。

(2) 古人放风筝是将情意寄托于风筝之上，传送给逝者。

(3) 孔子是中国历史上著名的思想家、教育家、哲学家，其学说在世界上具有十分重要的影响。

(4) 由于青团里面加入了青草汁，所以看上去色泽碧绿，并且带有清香的味道。

(5) 经济高速发展，社会秩序稳定，人民安居乐业，上海呈现出一片繁华景象。

(6) 尽管人类肤色不同、语言不同、种族不同，但我们共同分享奥林匹克的魅力和欢乐，共同追求着人类和平的理想。

(7) 房屋的分配按辈分的大小来决定，长辈住正房，晚辈住厢房。

(8) “上海工博会”是产、学、研相结合，加快实施科技成果产业化的重要场所。

(9) 端午节可以追溯至2 000多年以前，民间流传着许多解释它来历的故事。

(10) 随着电影《功夫熊猫》在全球上映，武术也日渐成为流行运动。

3. 段落翻译

金 水 桥

桥上一边有13尊石狮，另一边有14尊石狮，谐音一生一世。和心爱的人携手共步此桥，心中的爱情就会一生一世直到永远。

第十四章

中华民族服饰与翻译之长句的译法——分译法

中国服饰文化不仅仅是中国人民所特有的劳动成果，更是中华民族的民族象征，是中国文化体系的一种重要艺术形式。我国服饰文化的历史可科学地追溯至原始社会旧石器时代晚期的山顶洞人时代。而就在服饰起源的那时起，人们就将其生活习俗、审美情趣、色彩爱好以及种种文化心态、宗教观念，都沉淀于服饰之中，构筑成了中华服饰文化精神文明内涵。同时，在中国对外开放的过程中，中华的服饰文化也在与西方文化碰撞的过程中，在一个新的层面展现出新的表现形式，如中国男性参加正式宴会的典型服饰，是具有鲜明的革命和爱国理念的中山装。

源于汉语意合语言的特征，同时也由于中华服装的特点，如款式多样、风格独特、色泽鲜明和工艺精湛，在对中华民族的服装进行介绍时，往往使用长句，因此在本章中，我们将通过对其的介绍，讲解长句的译法——分译法。

一、导读

中国服装的变迁

中国传统衣着的一大显著特点就在于它不仅表现出外在的典雅，而且还具有内在的象征意义。每一件传统服装都传递出其自身所具有的内在活力感。

传统服装有两种基本形制，即上衣下裳制和衣裳连属制。中国的传统服装对暗色调的偏好程度要大于亮色调，因此礼服的主色调往往采用暗色调。

自从1911年辛亥革命以来，外套便产生了巨大的变化。1912年，当时政府规定了男子和女子的正式着装制度。男子可以穿着礼服和常服。礼服又包括午服和晚礼服，两者均包括黑色衣服、裤子以及领结。常服则包括西式和中式两种（即长袍和马褂）。妇女所穿着的正式服装则带领子而且长至膝盖，并在前侧下方缀有纽扣。裙子上配有装饰镜板（cartouche），同时两侧均缝有褶皱（pleat），两端则采用打结式样。

随着西方商品进入中国，西方的生活方式开始渗透社会。欧洲和日本近代的流行服装在短裙、内衣以及颜色等方面对中国妇女产生了影响，越来越多的妇女开始对此进行模仿，有些妇女甚至模仿美国简约的着装风格。喜爱运动的妇女经常穿着红色褶皱裙并用文胸(brassiere)来取代之前所使用的肚兜。此外，女式单件服装也更加流行。在20世纪20年代至40年代，毛皮大衣在富裕家庭中依然十分盛行。

在近现代，中国的时装设计师运用了各种传统和现代理念来创造出新的时装。这些新式时装还加入了古老的图案(motif)，例如守护神(guardian deity)、狮子以及中国京剧人物所使用的脸谱。服装上还印上、织上或缝上中国青铜器的图案，某些独特的设计图案包括龙、凤、云以及闪电，传统中国画中的图案也被编织或印在时装设计中。

为了装饰衣服的肩部、胸衣、口袋、缝合线、开口以及腰带、头饰、项链，采用了诸如流苏(macrame)等许多装饰品(accessory)。有许多例子成功地将现代和传统的时装要素融合在一起，其中有现代化的新娘冠饰，它采用了宋朝的设计和湖南风格的刺绣饰带(embroider sash)，并且色调使用了传统的大红色、蓝色以及绿色。从这些例子可以看出传统的中国服饰乃是现代时装的基础，但是中国人也采用了许多西式的服装，例如商务套装和牛仔。

CHANGES OF CHINA'S COSTUME

An outstanding characteristic of traditional Chinese clothing is not only an external expression of elegance, but also an internal symbolism. Each and every piece of traditional clothing communicates a sense of vitality of its own intrinsically.

There are two basic types of traditional Chinese clothing, i. e. the coat and dress. Darker colors were favored over lighter ones in traditional Chinese clothing. Thus the main color of ceremonial clothing tended to be dark.

After the 1911 Revolution, the garments changed greatly. The government specified the system of formal dresses of men and women in 1912. Men had dress suits and routine suits. Dress suits included day suit and evening suit, which were all made of black cloth, trousers and cravats. Routine suits included Western style and Chinese style (i. e. long gown and mandarin jacket). The formal dress of women had collars and was long to the knees with buttons down the front. Skirts were decorated with cartouches in the front and back, both sides were sewn with pleats, and both ends had patterns of knots.

With the inflow of foreign goods into China, western life styles penetrated into the society. The modern fashionable dress of Europe and Japan affected Chinese women in terms of short skirts, underwear and colors, etc. More and more women began to imitate them, and some even imitated the simple dressing style of America. Ladies who liked sports always wore red pleated skirts and used brassiere to replace the old-time bellyband. In addition, women's one-piece dress was more popular. During the 1920s to 1940s, fur coats were still popular in rich families.

In Modern times, China's fashion designers use a mixture of traditional and modern ideas to create new fashions. These new fashions also incorporate age-old motifs such as guardian deities, lions, and masks of Chinese opera characters. Chinese bronze is another source of printed, woven, and embroidered design for clothes. Some of the distinctive designs include dragons, phoenixes, clouds, and lightning. Motifs from traditional Chinese painting also end up in woven or printed fashion designs.

Many accessories such as macrame are used to decorate shoulders, bodices, pockets, seams, and openings of clothing, as well as belts, hair ornaments, and necklaces. Some examples successfully combine the modern and traditional fashion elements. Among them is the modern bridal tiara, which is based on a Song Dynasty design and the Hunan Province style of embroidered sash made in the traditional colors of pure red, blue, and green. From these examples, it can be seen that the traditional Chinese dress is the foundation of modern fashion. However, the Chinese have also adopted many Western styles of clothing such as business suits and jeans.

[选自小 e 英语网站 http://www.en8848.com.cn,有改动]

译文解析

在对中国服装变迁描述的过程中,采用了大量的长句,如果将其采用非谓语动词、短语或者从句进行翻译,译句会非常冗繁拖沓,因此可采用长句的另一重要方法——分译法。本文共有 6 处采用分译法,如

1. 从主语变换处分译

【例 14.1】 欧洲和日本近代的流行服装在短裙、内衣以及颜色等方面对中国妇女产生了影响,越来越多的妇女开始对此进行模仿,有些妇女甚至模仿美国简约的着装风格。

译文

① The modern fashionable dress of Europe and Japan affected Chinese women in terms of short skirts, underwear and colors, etc.

② More and more women began to imitate them, and some even imitated the simple dressing style of America.

2. 按内容层次分译

【例 14.2】 服装上还印上、织上或缝上中国青铜器的图案,某些独特的设计图案包括龙、凤、云以及闪电,传统中国画中的图案也被编织或印在时装设计中。

译文

① Chinese bronze is another source of printed, woven, and embroidered design for clothes.

② Some of the distinctive designs include dragons, phoenixes, clouds, and lightning.

③ Motifs from traditional Chinese painting also end up in woven or printed fashion designs.

3. 从关联词(如转折)处分译

【例 14.3】 从这些例子可以看出传统的中国服饰乃是现代时装的基础,但是中国人也采用了许多西式的服装,例如商务套装和牛仔。

译文

① From these examples, it can be seen that the traditional Chinese dress is the foundation of modern fashion.

② However, the Chinese have also adopted many Western styles of clothing such as business suits and jeans.

4. 原文出现总说或分述时要分译

【例 14.4】 有许多例子成功地将现代和传统的时装要素融合在一起,其中有现代化的新娘冠饰,它采用了宋朝的设计和湖南风格的刺绣饰带(embroider sash),并且色调使用了传统的大红色、蓝色以及绿色。

译文

① Some examples successfully combine the modern and traditional fashion elements.

② Among them is the modern bridal tiara, which is based on a Song Dynasty design and the Hunan Province style of embroidered sash made in the traditional colors of pure red, blue and green.

在上述摘录的四个句子中,每个句子的分译都是根据不同的原则。本章中,我们将通过具体的实例阐释汉语长句的翻译方法——分译法。

二、分译法

作为古老的语言,在对中国传统服饰进行描述和翻译时,汉英两种语言表现风格迥异。从结构上分析,汉语属于线性结构,更具有一定的自由性,两个或多个短句只要在意义上关联,便不需要关联词,也不需要某个单句做另外一个单句的任何成分,便可组合起来表达一个完整的思想。而英语属于树形结构,每个短句之间要么独立成句,要么需要用关联词或关系代词进行连接。因此如果把汉语长句直译为英语长句,则译文极有可能层次不清、内容不明,也可能不符合英文的行文习惯。因此,语言结构上的差异致使我们在翻译过程中需按照原文表达的内容的相对独立性,将其拆译成若干个较短、较简单的句子,并加上必要的连词或补译出隐含的内容,从而使译文条理清晰,更简洁。

为了达到这一目的,我们可采用分译法。所谓分译法是指把原文的一个复句分译成两个或两个以上的句子。处理分译的标准是:按内容层次分译;从主语变换处分译;从关联词(如转折)处分译;原文出现总说或分述时要分译以及带有反问句、感叹句可分译。

(一) 按内容层次分译

汉语句子较长,如果内容复杂且包含几个层次时,即汉语长句中,有一部分说明一方面的情况,而另一部分说明另一方面的情况,可根据其内容层次采用分译法。

【例 14.5】 旗袍衣领高,领部闭合,胸部宽松,腰部合身,右侧系扣,根据季节和品味不同,有短袖、中袖和长袖可供选择。

解析　这句话有两层意思：前五个小句分别介绍了旗袍特点和可供选择的式样，因此可将其分译，使其单独成句。

译文

① With collar high and closed, its chest loose and waist fitting, the cheongsam is buttoned on the right side.

② Depending on the various season and tastes, short, medium and full length sleeves are available.

【拓展】

【例 14.6】　中日两国是一衣带水的邻邦，两国关系已经有一千多年历史。

解析　这句话有两层意思：一是中日两国一衣带水的近邻关系，二是两国悠久的历史。两大分句语义内容相对独立且完整，可单独成句，因此可分译。

译文

① China and Japan are close neighbors separated by just a narrow strip of water.

② The relations between our two countries have a history of more than 1,000 years.

【例 14.7】　院内有亭台阁楼，有池塘假山，景点超过 40 个，每天至少有一万人在院内浏览。

解析　前三个分句介绍院内景点，最后一句介绍游客，两者在语义内容上彼此独立，可单独成句，可分译。

译文

① With pavilions, ponds and rockeries, the garden has more than 40 scenic spots.

② At least 10,000 people visit it (the garden) every day.

【例 14.8】中国发展正常和正当的国防能力是为了维护国家主权、领土完整，维护地区和世界的和平与稳定，不对任何国家构成威胁。

解析　这句话表达了两层内容：一是中国发展正常和正当的国防能力的目的，二是这一能力的发展不对其他国家构成威胁。可分译。

译文

① China's normal and legitimate development of national defense capabilities is to safeguard its national sovereignty and territorial integrity as well as to uphold peace and stability in the region and beyond.

② It poses no threat to any country.

（二）从主语变换处分译

作为延伸性语言的汉语，一个汉语句子可以有多个不同的主语，也可以是无主句。而与此不同的是一个英语句子只能有一套主谓结构，因此在汉译英时，首先找出其主语或隐含的主语，而后在汉语主语转换处分译，从而更加符合英语的表达习惯。

【例 14.9】　随着西方商品进入中国，西方的生活方式开始渗透社会，居住在大城市中的妇女经常穿着西式的衣服和裙子，戴着眼镜和手表参加社交活动。

解析　原文有两处主语“西方的生活方式”和“居住在大城市中的妇女”，句意相对独立，可根据主语变换分译。

译文

① With the inflow of foreign goods into China, western life styles penetrated into the society.

② Wearing the western-style clothing and skirt together with glass and watch, women living in Chinese big cities often attended social activities.

【拓展】

【例 14.10】 在中国最具有代表性的酒莫过于白酒了，从某种角度上来说，中国的酒文化就是白酒文化。

解析 原文有两处主语"最具有代表性的酒"和"中国的酒文化"，因此，可根据主语的变换分译。

译文

① In China, no alcohol is more representative than Chinese liquor.

② And at some point, Chinese alcohol culture is Chinese liquor culture.

【例 14.11】 春节是中国的农历新年，除了常见的海鲜、家禽和肉类之外，人们还要按各自的地方习俗烹制传统菜肴，如饺子和年糕。

解析 原文共有两处主语：一是"春节"，二是在描述烹制菜肴时所使用的主语"人们"。因此可根据主语的变换分译。

译文

① The Spring Festival is the Chinese lunar New Year's holiday.

② In addition to the popular seafood, poultry and meat, people will prepare traditional food, for example, Jiaozi, and Niangao (or New Year cake) according to their regional custom.

【例 14.12】 泼水节是少数民族傣族的节日，已有上千年历史，节日每年一次，节庆期间，人们互相泼水，互祝吉祥、幸福、健康。

解析 原文共有两处主语：一是描述泼水节的历史所使用的主语"泼水节"；而后边分句描述的是庆祝泼水节的方式及表达祝愿，其主语为"人们"。为了使译文更加符合英语表达习惯，可根据主语的变化分译。

译文

① The annual Water Splashing Festival, with a history of over one thousand years, is the festival of the Dai minority nationality.

② During the festival, people splash water on each other to pray for good luck, happiness and health.

(三) 从关联词(如转折)处分译

汉语长句在行文的过程中，如果语意发生了变化(如转折等)，即前面一部分说明一方面的情况，而关联词(常为表转折的关联词，如"但是"、"然而"、"可是"等和表因果的关联词"因此"、"所以"等)后面说明的是另一方面的情况，且分句间语意相对独立完整。此时，为了使译文层次分明、语义清晰，可在关联词处分译。

【例 14.13】 唐装吸取了满族服饰的款式和面料，同时采用了西方服装的立体式剪裁（three-dimensional cutting），所以唐装的取名颇有国际化的味道。

解析　原句较长，关联词“所以”前后为因果关系，且可独立成句，因此可在关联词“所以”处分译；“满族服饰”可译为“Manchu clothes”。

译文

① Tang suits use patterns and materials of Manchu clothes and adopt the three-dimensional cutting method of Western clothes.

② Thus, the name Tang suits possesses much international flavor.

【例 14.14】 习近平主席参加宴会所穿的服饰不是标准的中山装（通常有四个口袋），相反，那是一套改良版的中式立领服装。

解析　原句较长，关联词“相反”前后为转折关系，且前后两个分句语意相对独立，因此可分译；“中山装”的英文表达是“Zhongshan suit”。

译文

① President Xi's outfit at the banquet is not strictly a Zhongshan suit (which normally has four pockets).

② Instead, it is a type of modified Chinese standing-collar outfit.

【例 14.15】 西式服装通常都由两层布料做成，而中山装只用一块布料制成，代表中国的团结与和平。

解析　同上，在转折连词“而”处分译。

译文

① Western-style suits are usually composed of two layers of cloth.

② But, the Zhongshan suit is made in a single piece, which symbolizes China's unity and peace.

【拓展】

【例 14.16】 中国是个农业大国，百分之八十的人口从事农业，但耕地只占土地面积的十分之一，其余为山脉、森林、城镇和其他用地。

解析　汉语原文比较长，如果将其译为汉英结构对应的英语长句 China is a large agricultural country with four-fifths of the population engaged in agriculture, but only one tenth of the land is farmland, the rest being mountains, forests and places for urban and other uses. 难度比较大，且句子冗长，难以理解。因此可在关联词“但”处分译（“但”之前描述的是中国是农业大国和从事农业的人口，而之后描述的是土地面积的构成，且分句间语义相对独立）。

译文

① China is a large agricultural country and four-fifths of the population are engaged in agriculture.

② Only one tenth of the land is farmland while the rest are mountains, forests and places for urban and other uses.

【例 14.17】 中国人会在每年农历的十二月初八（即昨天）庆祝腊八节，而与腊八节相关的最重要的一个传统就是要喝腊八粥。

解析　同上，在转折连词“而”处分译（“而”描述的是中国人庆祝腊八节，其后描述的是腊八节的习俗语意，且各自语意相对独立）；“腊八节”可直译为“the Laba Festival”，因此“腊八粥”可译为“Laba congee”（congee是“大米粥、小米粥、稀饭”的意思，而porridge是“粥、糊”的意思，如燕麦粥——oatmeal porridge）。

译文

① Chinese people honor the Laba Festival on the 8th day of the 12th month on the lunar calendar(which falls on yesterday).

② The most important tradition associated with the festival is eating Laba congee.

（四）原文出现总说或分述时要分译

总分复句或分总复句在汉语中比较普遍。这种类型的复句往往句子较长，如果将其翻译为结构对应的英语长句，难度较大、容易出错，且容易造成结构臃肿。此时，可以在分述与总述两个梯级之间进行分译。

【例 14.18】 在中国近现代，中国男子在社交场合穿着两种礼服，一种是威严、精巧的传统中国长袍，另一种则是中山装，它创造性地将东西方的时装要素糅合在一起并成为中国服装设计史上的里程碑——被称为“国服”。

解析 原句属于总分复句，且句子较长，适合分译。可在总分阶梯间，即“两种礼服”处分译；“中国长袍”的英文表达是“Chinese long gown(robes)”

译文

① In recent Chinese history, Chinese men are seen at social occasions wearing ceremonial clothes in two varieties on formal occasions.

② They are the dignified and refined traditional Chinese long gown and the Zhongshan Suit, which is a creative blending of fashion elements from East and West, and a milestone in the history of Chinese garment design—was hailed as the “State Suit”.

【拓展】

【例 14.19】 我们的政策是实行“一个国家，两种制度”，具体说，就是在中华人民共和国内，十亿人口的大陆实行社会主义制度，香港、台湾实行资本主义制度。

解析 同上，可在总分阶梯间，即“具体说”前分译。

① We are pursuing a policy of “one country, two systems”.

② More specifically, this means that within the People's Republic of China, the mainland with its one billion people, will maintain the socialist system, while Hong Kong and Taiwan continue under the capitalist system.

【例 14.20】 灾难深重的中华民族，一百年来，其优秀人物奋斗牺牲，前仆后继，摸索救国救民的真理，是可歌可泣的。

解析 原句属于分总复句。“灾难深重的……救国救民的真理”是分述部分，而其后的“是可歌可泣的”属于评判部分。因此可在分总处分译，但需要把其评判部分的隐含的主语添加完整。

① For a hundred years, the standout people of the disaster-ridden Chinese nation fought and sacrificed their lives, one stepping into the breach as another fell, in quest of the truth that would save the country and the people.

② This moved us to song and tears.

（五）反问句、感叹句分译

作为流线型语言的汉语，其流水句特征极为明显，这主要体现在说话者的随意性，想到哪说到哪，即使在进行反问或感叹时也是如此，一气呵成。而作为树形结构的英语，极为强调其结构的严谨性和衔接性，当说话者需要进行反问或感叹时往往会选用其固定的特殊句式表达其话语内容，因此会单独成句。在进行汉译英时，若句末有疑问句或感叹句，则可把其分译成独立的句子。

【例 14.21】 在荷兰王室举行的国宴上，习近平主席身着一套正式的传统中国服饰——一套蓝黑色、样式更加简洁的中山装，这一举动不正是展示了国家领导人的国家自豪感和对中国文化的自信力嘛！

解析 句后的感叹句"这一举动不正是展示了国家领导人的国家自豪感和对中国文化的自信力嘛！"句意相对独立，可译为强调句的反问句式增强效果。

译文

① At a state banquet hosted by the Dutch royal family, President Xi Jinping was present in a formal traditional Chinese suit—a dark blue and simplified Zhongshan Suit.

② Isn't it the national pride and confidence in Chinese culture that our president displayed?

【拓展】

【例 14.22】 既异想天开，又实事求是，这是科学工作者应有的风格，让我们在无穷的宇宙长河中去探索无穷的真理吧！

解析 此句句后作者发出的感叹"让我们在无穷的宇宙长河中去探索无穷的真理吧！"可使用祈使句进行分译。前半部分"既异想天开，又实事求是，这是科学工作者应有的风格"可采用从句法，也可以进一步分译；"既异想天开，又实事求是"需采用意译法，可译为"to have fancy ideas and practical attitudes"，也可意译为"Lend wings to the imaginations while doing things in a down-to-earth manner"。

译文

① Lend wings to the imaginations while doing things in a down-to-earth manner, which is the style typical of scientific workers.（从句法）// Lend wings to the imaginations while doing things in a down-to-earth manner. That is the style typical of scientific workers.（分译法）

② So let us explore the boundless universe in quest of never-ending truth. // So let us probe the infinite universe.

【例 14.23】 该承认，每个民族都有它的长处，不然它为什么存在？

解析 原句前半部分是对事实的陈述，后边是对事实进行的反问，可分译。原句虽不长，但分译后，会让译文显得简洁、明快。

译文

① It must be admitted that every nation has its strong points.

② If not, how can it survive?

【例 14.24】 艾奇逊(Acheson)们……不和中国的人民民主专政的当局好好地打交道,却要干这些混账工作,而且公开地发表出来,丢脸! 丢脸!(《毛泽东选集》第四卷)

解析 为了表达原句的强调语气,汉译英时可采用断句法,将“丢脸! 丢脸!”单独译出;“中国人民民主专政的当局”的英文表达是“the authorities of the Chinese people's democratic dictatorship”。

译文

① Instead of dealing with the authorities of the Chinese people's democratic dictatorship in the proper way, Acheson and his like are doing filthy work, and what is more, they have openly published it.

② What a loss of face! What a loss of face!

温馨提示:对汉语句子的翻译,方法不是唯一的,答案也不是唯一的。同一个汉语长句可使用从句法、非谓语动词法、独立主格法、短语法、分译法等。在具体的翻译实践中,究竟采取何种翻译方法,取决于长句中各分句之间的关系,也取决于各分句的结构特点,同时也需要照顾到文章结构的多样性。

翻译练习

(1) 当前世界经济复苏缓慢,欧洲克服自身困难仍面临挑战,中国也处于经济结构调整过程中。

(2) 中国江河众多,流域达一千多平方公里的江河有一千五百多条。

(3) 我们正在从事的事业是伟大的,坚忍不拔才能胜利,半途而废必将一事无成!

(4) 我们要保持中国经济持续健康发展,始终在合理的区间运行,这样也给市场以明确、长期的预期。

(5) 逐渐地,在除夕夜守岁的习惯形成了,因此在中国,庆祝春节也被叫做“过年”。

(6) 中国的传统节庆膳食除了在数量和质量上与平时有所不同之外,一些历史悠久、具有象征意义的食物也是节日必不可缺的伴侣。

(7) 低俗不是通俗,欲望不代表希望,单纯感官娱乐不等于精神快乐。

(8) 秋天,无论在什么地方的秋天,总是好的;可是啊,北国的秋,却特别地来得清,来得静,来得悲凉。(郁达夫《故都的秋》)

(9) 我们的人民政府是真正代表人民利益的政府,是为人民服务的政府,但是它同人民群众之间也有一定的矛盾。

(10) 卫生组织曾建议说做家务能让人身手敏捷,可是,这一论点与新研究成果相悖——研究表明,家务做得越多的人,也就越容易超重。

(11) 我们恢复和采取这些贸易方式的原因很简单:我们出口商品就是为了满足国外客户消费方面的需要。

(12) 这一点现在就必须向党内讲明白,务必使同志们继续地保持谦虚、谨慎、不骄不躁的作风,务必使同志们继续地保持艰苦奋斗的作风。

(13) 声明宣称,国际经济秩序必须改变,否则发达国家与发展中国家之间的差距将继续加大。

(14) 中国政府高度重视可持续发展和矿产资源的合理利用,把可持续发展确定为国家战略,把保护资源作为可持续发展战略的重要内容。

(15) 青岛水族馆于 1932 年建成,城堡建筑,展出活水族 100 余种,动植物 2 000 余种,标本 20 000 余种,是中国唯一的专业博物馆。

(16) 旧金山不仅拥有绚丽多彩的过去,也正在创造辉煌灿烂的今天,其游客人数的不断增加就是对此最好的证明。

第十五章

中国经济与翻译之特殊句式——把、让字句的翻译

新中国成立以来，中国经济继续保持持续快速发展。现已建立社会主义市场经济体制，基本形成了以公有制经济为主体、个体和私营等非公有制经济共同发展的格局，因此这也形成了一些特殊的经济词汇和表达句式，其中"是"字句、"把"字句、"让"字句以及连动句使用的频率较高。根据国家语言文字工作委员会发布的《中国语言生活状况报告》，"把"字句在所有特殊句型里出现的频率最高。而源于其句式的特殊性，翻译具有较大难度的也当属"把"字句，其次便是"让"字句。而这两种特殊句式广泛存在于经济领域中，因此本章节我们将通过对中国社会经济这一领域来讲解"把"字句和"让"字句的翻译方法。

一、导读

政府工作报告(节选)

2014年3月5日在第十二届全国人民代表大会第二次会议上

国务院总理 李克强

关于经济增长。我国仍是一个发展中国家，还处于社会主义初级阶段，发展是解决我国所有问题的关键，必须牢牢扭住经济建设这个中心，保持合理的经济增长速度。经过认真比较、反复权衡，把增长预期目标定在7.5%左右，兼顾了需要和可能。这与全面建成小康社会的目标相衔接，有利于增强市场信心，有利于调整优化经济结构。稳增长更是为了保就业，既要满足城镇新增就业的需要，又要为农村转移劳动力进城务工留出空间，根本上是为了增加城乡居民收入、改善人民生活。实现今年经济增长目标有不少积极因素，但必须付出艰辛努力。

关于价格水平。把居民消费价格涨幅控制在3.5%左右，考虑了去年涨价翘尾影

响和今年新涨价因素，也表明我们抑制通胀、保障民生的决心和信心。我国农业连年增产，工业品总体上供大于求，粮食等物资储备充裕，进出口调节能力较强，保持物价总水平基本稳定具备许多有利条件。但今年推动价格上涨的因素不少，不能掉以轻心，必须做好物价调控，切实防止对群众生活造成大的影响。

实现今年经济社会发展的目标任务，要把握好以下原则和政策取向。

第一，向深化改革要动力。改革是最大的红利。当前改革已进入攻坚期和深水区，必须紧紧依靠人民群众，以壮士断腕的决心、背水一战的气概，冲破思想观念的束缚，突破利益固化的藩篱，以经济体制改革为牵引，全面深化各领域改革。

要从群众最期盼的领域改起，从制约经济社会发展最突出的问题改起，从社会各界能够达成共识的环节改起，使市场在资源配置中起决定性作用和更好发挥政府作用，积极推进有利于结构调整的改革，破除制约市场主体活力和要素优化配置的障碍，让全社会创造潜力充分释放，让公平正义得以彰显，让全体人民共享改革发展成果。

……

REPORT ON THE WORK OF THE GOVERNMENT(Excerpts)

——Delivered at the Second Session of the Twelfth National People's Congress On March 5, 2014

Li Keqiang

Premier of the State Council

On the target for economic growth: China is still a developing country in the primary stage of socialism, and development remains the key to solving all our country's problems. We must keep economic development as the central task and maintain a proper economic growth rate. On the basis of careful comparison and repeatedly weighing various factors as well as considering what is needed and what is possible, we set a growth rate target of around 7.5%. This target is in keeping with our goal of finishing building a moderately prosperous society in all respects, and it will boost market confidence and promote economic structural adjustment. More importantly, stable growth ensures employment. We need both to meet the need to create new urban jobs and provide opportunities for rural migrant workers who come to cities for work. Ultimately, stable growth will ensure that urban and rural incomes increase and people's lives improve. There are many positive factors for fulfilling this year's target for economic growth, but to reach it, we must make arduous efforts.

On the target for controlling price increases: We hope to keep the rise in the CPI at around 3.5%. This is based on consideration of both the carry-over effect of last year's price rises and inflationary factors this year. It also demonstrates our resolve and confidence to keep inflation under control and ensure people's wellbeing. China's agricultural output has gone up for several years in a row; supply of manufactured goods on the whole exceeds demand; and we have substantial reserves of grain and other goods and materials. We are fully capable of adjusting supply and demand through import and export, and all these factors will help maintain basic stability in general prices. However, there are many factors driving up prices this year, so we must not lower our guard. We must keep prices under control to ensure that price increases do not exert a major negative impact on people's lives.

To fulfill this year's goals for economic and social development, we should adhere to the following principles and policies:

First, we should create impetus by deepening reform. Reform has brought us the greatest benefits. China's reform has entered a critical stage and a deep water zone. We must rely fully on the people, break mental shackles and vested interests with great determination, and pursue economic structural reform as the key step to deepen comprehensive reform in all areas.

In carrying out reform, we need to focus on areas where the public call for reform is strongest, the most pressing problems hindering economic and social development, and links on which there is extensive public consensus. We need to ensure that the market plays the decisive role in allocating resources and make the government better play its role, vigorously advance reforms conducive to economic structural adjustment, remove constraints on market actors and efficiently allocating factors of production, fully tap the creative potential in society, promote fairness and justice, and enable everyone to share the fruits of reform and development.

译文解读

在2014年李克强总理的政府工作报告中,共有2处使用把字句,3处使用让字句。下面将比较一下在李总理政府工作报告中这两大特殊句式的译法。

1. "把"字句

【例15.1】 经过认真比较、反复权衡,把增长预期目标定在7.5%左右,兼顾了需要和可能。

译文 On the basis of careful comparison and repeatedly weighing various factors as well as considering what is needed and what is possible, we set a growth rate target of around 7.5%.

【例15.2】 把居民消费价格涨幅控制在3.5%左右,考虑了去年涨价翘尾影响和今年新涨价因素,也表明我们抑制通胀、保障民生的决心和信心。

译文 We hope to keep the rise in the CPI at around 3.5%. This is based on consideration of both the carry-over effect of last year's price rises and inflationary factors this year.

2. "让"字句

【例15.3】 让全社会创造潜力充分释放,让公平正义得以彰显,让全体人民共享改革发展成果。

译文 We need to ... fully tap the creative potential in society, promote fairness and justice, and enable everyone to share the fruits of reform and development.

可见,例 15.1、例 15.2“把”字句的翻译采用了“动词+宾语+补语/介词短语”的翻译方法;而例 15.3“让”字句的翻译采用了译为“及物动词”的方法(第 1、2 处)和译为“使动动词”的翻译方法(第 3 处)。对于这两种句式的翻译除了上述翻译方法之外,还有其他的译法吗?何时采用何种译法?我们将在本章详细讲解。

二、特殊句式的译法

形式多变的“把”字句和“让”字句在中国学生的笔下常常被译为“make”或“let”等“使”动动词,而这往往使得译文非常不地道。那么,对于这两种特殊句式该如何翻译?有何技巧可循?

(一)“把”字句的英译

用来强调行为结果或行为方式的“把”字句是汉语中的一种主动式动词谓语句。其特殊之处在于用介词“把”引出宾语并且将其置于谓语动词前,如“把爱带回家”、“把他视为知己”、“把票丢了”等。这种句式用法比较多,常用以表达“处置”、“致使”等含义。

下面我们将根据“把”字句的具体用法探讨“把”字句的翻译技巧。

1. 表示“处置”的“把”字句

表示“处置”的“把”字句,用于表达对人或物施加影响,使它产生某种结果,发生某种变化,或处于某种状态。翻译此类“把”字句可采用“动词+宾语+补语/介词短语”句型。

【例 15.4】 我们还要积极探讨把中欧合作和丝绸之路经济带建设结合起来,以构建亚欧大市场。

解析 “把……结合起来”可使用“动词+宾语+补语/介词短语”结构,即可译为“combine+宾语+with”;“丝绸之路经济带”的英文表达是“Silk Road economic belt”。

译文 We should also study to combine China-EU cooperation with the construction of developing the Silk Road economic belt, so as to integrate the market of Asia and Europe.

【例 15.5】 我们应该推动完善全球经济治理,把增加发展中国家代表性和发言权的有关共识和决定落到实处。

解析 同上,“把……落到实处”可译为“truly implement/execute sth.”;“增加发展中国家代表性和发言权的有关共识和决定”需先翻译中心词“有关共识和决定”,即“relevant consensus and decisions (on)”。

译文 We also need to work for improving global economic governance, truly implement relevant consensus and decisions on increasing the representation and voice of developing countries.

【拓展】

【例 15.6】 中国古人不断告诉读书人,要想替国家做事,必须先把家庭治理好。

解析 同上,“把……治理好”可译为“run/manage ... well”。

译文 Chinese ancients kept warning scholars that they should run their families well before they could work for the country.

2. 带双宾语的"把"字句

汉语中有许多动词都可以引导双宾语，构成"动词＋间接宾语＋直接宾语"的格式，如"告诉她一个好消息"，其中动词短语"告诉"，间接宾语"她"，直接宾语"一个好消息"。但若将其改为"把"字句，则需将直接宾语移至动词前，间接宾语仍然跟在动词后，即"把＋直接宾语＋动词＋间接宾语"，因此，上述短语可改为"把一个好消息告诉她"。因此，当我们翻译此类带双语的"把"字句时，可将其还原，采用"动词＋间接宾语＋直接宾语"或者是"动词＋直接宾语＋to＋间接宾语"的结构，此类动词如 give、offer、return、promise、grant、deny、reserve、spare、paint 等。

【例 15.7】 解决老龄人口养老金的一个方法就是提高退休年龄。但是，这样做可能会给人一个印象，好像政府想要把自己支付养老金的负担转移到人民身上。

解析 原句中"把"带有双宾语"支付养老金的负担"和"人民"，因此在翻译的时候我们可以采取"动词(shift)＋直接宾语(the state pension burden)＋to ＋间接宾语(people)"的翻译方法。

译文 A way to solve the pension for old-age population is to enhance the retirement age. But, this will possibly leave an impression that the government want to shift his own payment pension burden to people.

【例 15.8】 因此，我们要趁 2008 年这一增长浪潮，继续执行好的政策、体系，提升我们的科研能力，把更新、更具竞争力的产品投向新兴市场。

解析 "趁 2008 年这一增长浪潮"可译为"ride the growing tide in 2008"；原文中"把"字句带双宾语，"更新、更具竞争力的产品"和"新兴市场"，因此可译为"动词(launch)＋直接宾语(newer and more competitive products)＋to＋间接宾语(emerging markets)"。

译文 We therefore need to ride this growing tide in 2008, by continuing to implement good policies, systems as well as strengthening our research capability to launch newer and more competitive products to the emerging markets.

【例 15.9】 1000 年前，唐朝开辟通向西域的丝绸之路，是为了把丝绸、茶叶、瓷器等销往世界。

解析 "把丝绸、茶叶、瓷器等销往世界"可使用及物动词"sell ＋直接宾语＋to＋间接宾语"的结构。

译文 The Tang Empire opened up the Silk Road 1,000 years ago to sell silk, tea and porcelain to other parts of the world.

【拓展】

【例 15.10】 中国人常把剪纸、中国结、泥塑等馈赠外国友人。

解析 "把……馈赠……"可使用及物动词"give sb. sth."或"give sth. to sb."。

译文 Chinese people often give paper-cutting, Chinese knot, clay sculpture, etc. to foreign friends.

【例 15.11】 机械臂在美国航天局(NASA)的火星登陆计划中是一个至关重要的部分，它将挖开火星表面冰冷的土壤并把采样带回航天器进行分析。

解析 此句较长，可采用长句的译法——分译法、短语法或从句法。"把采样带回航天器”可译为“bring back ＋直接宾语（samples）＋to＋间接宾语（spacecraft）”。

译文 The robotic arm, a vital instrument on NASA's Mars program, will dig into the icy soil and bring samples back to the science deck of the spacecraft for analysis.

3. 表“致使”的“把”字句

某些“把”字句中的“把”含有“导致”、“致使”的含义，如“把他气走了”，因此被称之为表“致使”的“把”字句。其常用的结构为“把＋宾语＋动补结构”，其中“动补结构”中的动词常为表示心理活动（如：急、气、吓、感动等）或身体状态的动词（如：累、热、笑、忙等）。在进行英译时，常被译为“致使”意义的动词，如 worry、annoy、scare、move、strain 等。

【例 15.12】 所有中国人要团结在一起，一起下定决心并努力工作，会把我们的经济恢复起来并走上持续增长之路。

解析 “把我们的经济恢复起来”中“把”表致使，因此可译为“致使”动词“restore”。

译文 All Chinese are in this together. And together, with determination and hard work, we will restore our economy to the path of sustained growth.

【例 15.13】 市场不会将资源集中于几个主导性的公司，它们一倒闭会把整个市场都拖垮了；相反的，有很多公司相互竞争却分散了风险。

解析 “市场不会将资源集中于几个主导性的公司”可使用直译法，也可将句子的宾语译为主语。“它们”代指“几个主导性公司”，因此可将“它们一倒闭会把整个市场都拖垮了”译为“几个主导性公司”的后置定语。“把整个市场都拖垮了”中的“把”表致使含义，因此可使用“致使”动词“threaten”。

译文 The resources are not highly concentrated into a small number of dominant players whose failure would threaten the entire economy; rather, lots of companies compete and spread the risk.

【拓展】

【例 15.14】 愚公坚韧不拔的精神把玉帝感动了，便派大力神把两座大山背走了。

解析 “把……感动了”可使用及物动词“move”的被动形式“sb. be moved/touched by”；“大力神”属于中国特定的文化词，因此可音译，而后进行解释说明。

译文 The Heaven God was greatly moved by Yu Gong's perseverance, so he ordered Dali Shen, a Chinese god, to take the two high mountains away.

4. 表“把 A 当（做）B”的“把”字句

“把 A 当（做）B”属于“把”字句中比较重要的一类句式。其中“当（做）”可以表示“当做”、“作为”、“看做”、“变为”等概念，可翻译为“动词＋宾语＋as（for）”短语的句型。

【例 15.15】 我们深处着力，把改革开放作为发展的根本之策。

解析 “深处着力”可意译为“努力解决深层次的问题和困难”，即“resolve deep-seated problems and difficulties”；“把……作为……”可译为“take/regard ... as ...”。

译文 We endeavored to resolve deep-seated problems and difficulties, and took reform and opening-up as the fundamental way to advance development.

【例 15.16】 中国现在是世界上最大的互联网使用国——这也是我们今天很高兴

能把互联网作为此次活动一部分的原因。

解析 “把……作为此次活动一部分”可使用动词“include sth. as a part of this event”。

译文 China is now the world's largest Internet user—which is why we were so pleased to include the Internet as a part of today's event.

【例 15.17】 尽管全球政治大腕都在承诺说要把绿色能源作为经济复苏的重点，但是对于可再生能源来说，今年实在不是个好年头。

解析 “把绿色能源作为经济复苏的重点”可译为“regard/take the renewable energy as the highlight/focus of economic recovery ”。(此句式可转换为 make N1 N2)

译文 This year has not been a good one for renewable energy, despite promises by politicians all around the globe to take it as the highlight of economic recovery (= make it the highlight of economic recovery).

【拓展】

【例 15.18】 中国人民把维护民族团结作为自己的职责，把维护国家主权和领土完整作为自己至高无上的使命。

解析 “把……作为……”可使用“regard sth. as(for)...”结构。

译文 Chinese people regard ethnical unity as their responsibility and national sovereignty and territorial integrity as their supreme mission.

5. 含祈使意味的“把”字句

当“把”字句中的“把”位于句首时，有些含有祈使句的意味，英译时，通常将此类“把”字句转化为英语的祈使句，采用添加主语、there be 结构、祈使句、倒装句式等翻译方法。

【例 15.19】 把消费作为扩大内需的主要着力点。

解析 此句可采用添加主语的翻译方法，即添加主语“we”；同时，可在整体上采用意译的翻译方法“要想扩大内需，我们必须集中精力增加消费”。

译文 To increase domestic demand, we will focus on boosting consumption.

【例 15.20】 把创新摆在国家发展全局的核心位置。

解析 此句可采用祈使句译法，也可采用添加主语的译法。

译文 (We need to) Make innovation the core of China's development endeavors.

【例 15.21】 把解决好“三农”问题放在全部工作的重中之重。

解析 同样，此句可采用祈使句译法，也可采用添加主语的译法；中国特色的经济术语“三农问题”可先翻译后解释，即“three Rural Issues—agriculture, rural areas and farmers”。

译文 Solving the three Rural Issues—agriculture, rural areas and farmers is the top priority/concerns in all our endeavors.

此外，汉语中也有一些“把”字句可后接场所或范围，如“把屋里都找遍了”，此类“把”字句式在英译时可以通过添加介词词组翻译；还有一些“把”字句可以根据英语的表达习惯译为英语的被动句，如“把他打晕了”可译为“he was beaten unconsciously”。但这些用法不是很常见，因此，此处不做赘述。

（二）“让”字句的英译

无论在日常的写作还是在诗歌、歌词等文艺作品中，“让”字句出现的频率比较高。对于此句型，很多初涉翻译的人往往会跟英文中的“let”等同。事实上，“让”字句的翻译方法有很多，常用的有四种，即省略法、译为及物动词法、译为使动动词法和译为被动法。下面将详细地介绍这四种常用的翻译方法。

1. 省略“让”

“让”字句中，前后句的关系往往联系紧密，有时可以通过省略“让”，而使用增添介词、关系代词等方法体现“让”前后的逻辑关系。

【例 15.22】 我们推进经济改革的根本目的，是要让国家变得更加富强、让社会变得更加公平正义、让人民生活得更加美好。

解析 “国家变得更加富强、社会变得更加公平正义、人民生活得更加美好”是对“根本目的”的补充说明。因此可通过增添介词“of”表明与其关系。

译文 We have advanced economic reforms with the fundamental purpose of making our nation stronger and more prosperous, achieving a higher degree of impartiality and justice in society and enabling our people to live a better life.

【例 15.23】 但是随着失业者找到工作，失业率就会下降，疲软的劳动力市场得以恢复生机，从而让经济回到“正常”的就业水准。

解析 “随着失业者找到工作”表原因，可译为 as 引导的原因状语从句（as the jobless find work）或 with 引导的独立主格（with the jobless finding work）表原因；“失业率就会……恢复生机”是主干；“从而让经济回到‘正常’的就业水准”表结果，可译为 to do 不定式，即 to return the economy to “normal” employment levels。

译文 But as the jobless find work, the unemployment rate falls and the slack in the labor market tightens/revitalizes to return the economy to “normal” employment levels.

【拓展】

【例 15.24】 虽然领受了大自然的恩惠，他们还要努力奋斗，才能让自己享受美好的生活。

解析 “让自己享受美好的生活”是“努力奋斗”的目的，因此可直接省略“让”，使用“to do 不定式”将其译为目的状语。

译文 Though blessed by nature, they had to work hard to enjoy a good life.

2. 译为及物动词（词组）

英语中许多词汇或词组本身就具有汉语中“让……＋动词/形容词/副词等”的含义，如 amaze 的含义为“让……惊奇”，simplify 指“让/使……简化”，astonish 指“让……吃惊”，beautify 指“让……美丽”，dignify 指“让……尊严/高贵/美化”，put sb. in shame 指“让……羞耻”，be a humiliation for 指“让……出丑/丢脸”，keep away from 指“让……远离/不靠近”，put sth. back in balance 指“让……恢复平衡”等。因此，使用及物动词或词组翻译某些“让”字句也是一种重要的翻译方法。

【例 15.25】 只有通过简政放权，才能让生产力发展起来、群众得到好处。

解析 此无主句可采用宾语提前做主语,也可添加主语;“让……发展起来”可使用及物动词“boost”;“让……得到好处”可使用及物动词“benefit”或词组“bring benefits to”。

译文

① Throughout the administrative simplification, the productivity will be further boosted, and more benefits will be brought to people.

② Throughout the administrative simplification, we will further boost this productivity, and bring more benefits to the people.

【例 15.26】 希望通过“一带一路”建设,实现陆上和海上(maritime)经济要素的自由流动,促进内陆和海洋文化的交融,让沿海和内陆的人民实现共同富裕。

解析 “一带一路”译为“One Belt and One Road(简称 OBAOR),或 One Belt One Road(简称 OBOR),或 Belt and Road(简称 BAR)”;“让……实现共同富裕”是“实现陆上和海上……内陆和海洋文化的交融”的目的,因此可译为 to do 结构——“to realize / bring forth common prosperity”,也可使用非谓语动词“realizing / bringing forth common prosperity”。

译文 We hope that the Belt and Road initiative will help realize the free flow of land and maritime economic factors, promote cultural exchange and mix between coastal and inland regions, realizing / bringing forth common prosperity for both the coastal and inland population.

温馨提示:“让”字句的英译过程中,省略“让”和使用及物动词(词组)在许多情形下,如表目的可互换,可译为省略“让”的不定式结构,也可译为使用及物动词(非谓语动词结构)。如例 15.23,可译为“But as the jobless find work, the unemployment rate falls and the slack in the labor market tightens, returning the economy to ‘normal’ employment levels”;例 15.26 可译为“We hope that the Belt and Road initiative will help realize the free flow of land and maritime economic factors, promote cultural exchange and mix between coastal and inland regions, to realize/bring forth common prosperity for both the coastal and inland population”。

【例 15.27】 双方应该一道努力,尽早把蓝图变为现实,让未来 10 年的中欧经济关系更加美好。

解析 “一道努力”可译为“work together”或者“work in unison”;“把……变为现实”中的“把”表处置含义,因此可使用句型“动词+宾语+补语/介词短语”,即“turn/make sth. into reality”;而“让未来 10 年的中欧经济关系更加美好”可使用动词词组“strive for ”翻译。

译文 The two sides should work in unison to turn the blueprint into reality at an early date, and strive for greater progress in China-EU economic relations in the coming decade.

【拓展】

【例 15.28】 中国人独特而悠久的精神世界,让中国人具有很强的民族自信心,也培育了以爱国主义为核心的民族精神。

解析 “让……具有……”可译为及物动词“instill sth. in/into sb.”;“民族自信心”译为“a sense of national confidence”。

译文 The unique and time-honored intellectual legacy, has instilled a strong sense of national confidence in the Chinese people, and nurtured a national spirit with patriotism at a very core.

3. 译为使动动词

“让我们荡起双桨”、“让世界充满爱”等“让”字句中的“让”是较为常用的使动用法,因此当把含有使动意义的“让”翻译为英文时,可使用 make、have、let、allow 等使动意义的动词,常用的句式:动词+宾语+补语。因此,上述两句可译为“Let us row the oars”以及“Let the world be full of love”。

【例 15.29】 让我们共同努力,使丝路精神历久弥新,使友好交流的步伐永不停息。

解析 本句中的“让”可译为使动动词“let”。

译文 Let us work in unison to revive the spirit of the Silk Road and advance our never-ending pace of friendly exchanges.

【例 15.30】 互联网经济和分享经济,让中国人生活更便捷,也激发了消费需求。

解析 同上。

译文 Internet economy and sharing economy have made Chinese people's living more convenient while boosting consumption.

【例 15.31】 在中澳两国人民实现各自梦想的道路上,让我们手拉手、肩并肩,共同开创中澳全面战略伙伴关系更加美好的未来,共同谱写亚太地区和平、稳定、繁荣的新篇章!

解析 “让我们手拉手、肩并肩”可使用使动动词形象地译为“let us join hands and work shoulder to shoulder”或者“let's hand in hand, side by side”;“中澳全面战略伙伴关系”译为“China-Australia comprehensive strategic partnership”。

译文 As Chinese and Australian people strive to fulfill our respective dreams, let us join hands and work shoulder to shoulder to create a brighter future for China-Australia comprehensive strategic partnership and enhance peace, stability and prosperity in the Asia-Pacific.

4. 译为被动句

“钱包让人拿走了”、“鱼让小猫偷吃了”等“让”字句中,“钱包”和“鱼”与“让”后面的动词“拿”和“偷吃”是动宾的关系,因此此处的“让”实际上表达了被动的含义。在此种语义下,应将“让”字句译为被动句。

【例 15.32】 在世界难民日之际,让我们重申国际社会必须团结一致、分担负担。难民的家园已让战火剥夺,绝不能让他们的未来也被剥夺。

解析 原文共使用三处“让”字句:第一处“让”字句可译为使动动词“let”;第二处“让”表被动(主语“家园”与动词“剥夺”构成动宾关系),可译为被动;第三处“让”字句中,可将宾语(他们的未来)提前或宾语的定语(他们)提前,译为被动句。

译文 On World Refugee Day, let us reaffirm the importance of unity /solidarity (*n.* 团结) and burden-sharing by the international community. The homes of refugees have been deprived of by the wars, but they must not be deprived of their futures / their future shouldn't be deprived of.

【拓展】

【例 15.33】 "水立方"的匠心独具、巧妙构思依然让大家赞叹不已。

解析 "'水立方'的匠心独具、巧妙构思" 与动词"赞叹"属于动宾关系,因此此处的"让"表达被动关系,可译为被动。

译文 The Water Cubes' ingenious and creative architecture was praised highly by the crowd (or: received high praise from the crowd).

//They were all impressed by the Water Cubes' ingenious and creative architecture.

【例 15.34】 你必须要有积极的特质,因为消极、畏缩、总是赔不是及徘徊不前的人是让人瞧不起的。

解析 "让人瞧不起"表被动,可译为"be despised"。

译文 You must have positive qualities, for a negative, shrinking, apologizing and roundabout man is always despised.

【例 15.35】 艺术家和科学家让人尊敬的地方就是他一直在探索新东西,无论成败。

解析 "让人尊敬"表被动,意思是"被人尊敬",因此可译为被动"be respected/ admired"。

译文 Artists and scientists are admired because they are always exploring new things regardless of success.

翻译练习

1. "把"字句

(1) 纵观人类历史,把人们隔离开来的往往不是千山万水,不是大海深壑,而是人们相互认知上的隔膜。

(2) 我们形象地把这个目标概括为实现中华民族伟大复兴的中国梦。

(3) 诞生 159 年来,世博会把不同国度、不同民族、不同文化背景的人们汇聚在一起,沟通心灵,增进友谊,加强合作,共谋发展。

(4) 中国一向把核安全工作放在和平利用核能事业的首要位置。

(5) 为了把中欧关系推向前进,中欧双方需要加深对彼此的了解。

(6) 中国人不仅把婚姻看成一男一女的结合,还把它当做社会的基础。

(7) 我们要建设文明共荣之桥,把中欧两大文明连接起来。

(8) 写字不仅是把字写漂亮,同时也是为了陶冶情操。

(9) 饺子有馅,便于人们把各种吉祥的东西包到馅里,以寄托人们对新的一年的祈望。

(10) 在新媒体时代,学校应该与时俱进,通过微博和微信等有效的方式,把禁烟教育落到实处。

(11) 我们要继续努力，把人民的期待变成我们的行动，把人民的希望变成生活的现实。

(12) 随着中国的房地产紧缩措施束缚了中国个体投资者的商机，他们开始把眼光投向海外房地产市场。

(13) 金融危机和经济危机的加深使得一些分析家认为把目光投向更多其他新兴市场群体将更有用。

(14) 但是尽管财富提供了物质上的利益，我相信一个人应该放弃追求唯物主义，而应该把注意力集中到追求幸福上去。

(15) 据说，如果谁能在五月五这天的正午把一枚生鸡蛋立起来，谁就能在这一年剩下的时间里走运。

(16) 让我们携起手来把中国同阿拉伯各国的友好合作推向新阶段！

2. "让"字句

(1) 中、小学教育的目的不只是让学生掌握必要的知识，更应该提高学生的整体素质。

(2) 让中国更好利用世界的机遇，又让世界更好分享中国的机遇，促进中国和世界各国良性互动、互利共赢。

(3) 中国愿意同欧盟一道，让和平的阳光驱走战争的阴霾，让繁荣的篝火温暖世界经济的春寒。

(4) 一个人不管做什么事，都不要让自己的父母感到羞耻，这才是真正的孝顺。

(5) 按照中国人的想法，任何建筑物都不应该破坏大自然的和谐，而且要让建筑物和大自然融为一体。

(6) 我们所做的一切都是要让人民生活得更加幸福、更有尊严，让社会更加公正、更加和谐。

(7) 现代意义上的"白领阶层"是让人羡慕的对象，而"蓝领阶层"即使工资较高，仍有被人看不起的压力。

(8) 中国文化的包容性让全世界为之惊叹。

(9) 灾难让世界认识到中国公民社会的力量，也让世界看到了中国的未来。

(10) 中国是"世界工厂"，印度被称为"世界办公室"，两国应加速发展战略对接，携手让中国凤凰和印度孔雀飞得更高。

(11) 消费者期望商家不仅仅能够在网上销售产品，而且能够让支付过程变得简单、安全。

(12) 这一体育盛会不仅为来自世界各地的运动员展示风采创造了良好的条件，而且让世界更多地了解中国，让中国更多地了解世界。

(13) 让我们抓住机遇、携手前行，同世界各国一道推动建设持久和平、共同繁荣的和谐世界。

(14) 如果学校可以让青少年远离吸烟，告诉他们吸烟的危害，那么就能更有力地预防吸烟。

(15) 让我们共同为建设一个持久和平、共同繁荣的和谐世界而努力！

附录一

精选段落20篇

(1) 清明节

每年的4月4日或5日是清明节。清明是我国的二十四节气之一。由于二十四节气比较客观地反映了一年四季气温、降雨、物候(phenology[fɪˈnɒlədʒɪ]*n.* 生物气候学,物候学)等方面的变化,所以古代劳动人民用它安排农事活动。但是作为节日,清明与纯粹的节气又有所不同。按照习俗,在这一天汉族和一些少数民族都会携带祭品前去扫墓祭拜先人。清明节在中国大陆地区是法定节假日(a statutory public holiday)。在这一天,全家人都会一起外出去荡秋千、踢蹴鞠、踏青、植树或放风筝。因此,这个节日中既有祭祀扫墓的忧伤之情,又有踏青游玩的欢笑声,是一个富有特色的节日。(225字)

注释

(1)"二十四节气"可译为"the 24 seasonal divisional points"或"the 24 solar terms"。

(2)"古代劳动人民用它安排农事活动"可使用增译法,译为"the ancient laboring people used it as a reference (增译) to arrange farming activities"。

(3)"扫墓"译为"sweep the tombs of one's deceased ancestors"。

(4)"祭拜"译为"pay / show one's respect to one's deceased ancestors"。

Qingming Festival

Qingming Festival (Tomb-sweeping Day), one of the 24 seasonal division points in China, falls on the 4th or 5th of April. The 24 solar terms objectively reflecting the changes in the year-round temperature, the rainfall, phenology, etc., the ancient laboring people used it as a reference to arrange farming activities. But as a festival, Qingming Festival differs from the pure solar terms. According to its custom, the Han People and some of the minority nationalities would bring the sacrifices to sweep the tombs of their deceased ancestors and pay their respect to them. The Qingming Festival is a statutory public holiday in mainland China. On the day, the whole family members would go out together for swinging, playing Cuju, spring outing, planting or kite-flying. Therefore, as a distinctive festival, this festival is full of grave feelings for the sweeping tombs and the laughter of spring-outing.

(2) 核安全

核安全是全球性课题。20 世纪,原子的发现和核能的开发利用给人类发展带来了新的动力,极大增强了我们认识世界和改造世界的能力。核能发展也伴生着核安全风险和挑战。人类要更好地利用核能、实现更大地发展,就必须应对好各种核安全挑战,维护好核材料和核设施安全。在核安全领域多做一份努力,恐怖主义就少一次可乘之机。实现普遍核安全,需要各国携手努力。要吸引更多国家加入国际核安全进程,使各国既从中受益,也为之做出贡献,争取实现核安全进程全球化。(215 字)

注释

(1)"在核安全领域多做一份努力,恐怖主义就少一次可乘之机",可译为"the more ... the more ..."结构,同时也需使用增译法,即"The more we do to enhance nuclear security, the less chance we will leave to terrorists"。

(2)"实现普遍核安全,需要各国携手努力",可使用增译法,添加主语"we",译为"To achieve universal nuclear security, we require a concerted, global effort";也可使用宾语译做主语的被动句的译法,译为"A concerted, global effort is therefore required to achieve universal nuclear security"。

Nuclear Security

Nuclear security is also a global endeavor. During the 20th century, the discovery of the atom and the subsequent (['sʌbsɪkw(ə)nt]*adj.* 后来的,随后的) development and utilization of nuclear energy gave new impetus (['ɪmpɪtəs]*n.* 动力;促进) to the progress of humanity and greatly enhanced our ability to understand and shape the world. Yet the development of nuclear energy has its associated risks and challenges. To make better use of nuclear energy and achieve greater progress, mankind must be able to respond to various nuclear security challenges and ensure the safety of nuclear materials and facilities. The more we do to enhance nuclear security, the less chance we will leave to terrorists. A concerted ([kən'sɜːtɪd]*adj.* 协调的;协定的), global effort is therefore required to achieve universal nuclear security. We must bring more countries into the international nuclear security process and try to turn it into a global undertaking, so that all will contribute to and benefit from it.

(3) 西安

西安古称长安,是十二朝古都,见证了历史的荣辱兴衰。西安是黄河流域古文明的发祥地之一,也是举世闻名的世界四大文明古都之一。西安曾经是中国政治、经济文化中心和最早对外开放的城市，著名的丝绸之路以西安为起点。“世界八大奇迹”之一的秦始皇陵兵马俑则展示了这座城市厚重的历史文化底蕴。悠久的历史文化积淀使西安享有“天然历史博物馆”之誉。文物古迹种类之多，数量之大，价值之高，在全国首屈一指，许多是国内仅有、世界罕见的稀世珍宝。(207 字)

注释

(1)“荣辱兴衰”可译为“rise and fall”。

(2)“世界八大奇迹”可译为“the eight miracles of the world”。

(3)“秦始皇陵兵马俑”可译为“Terracotta Warriors and Horses of Qin Shihuang Mausoleum”。

(4)“享有……之誉”可译为“enjoy a fame of”。

(5)“文物古迹种类之多，数量之大，价值之高，在全国首屈一指，许多是国内仅有、世界罕见的稀世珍宝”这句话较长，可根据内容层次在“价值之高”后分译。

Xi'an

Called Chang'an in ancient times, Xi'an, once the capital of twelve dynasties, witnessed the rise and fall of history. Being one of the birthplaces of the ancient civilization in the Yellow River Basin area, Xi'an is one of the world-famous four major ancient civilization capitals. Xi'an, once the Chinese political, economic and cultural center and one of the earliest cities opening to the outside world, was the starting-point of the well-known Silk Road. Terracotta Warriors and Horses of Qin Shihuang Mausoleum, praised as one of the "the eight miracles of the world", reveals the rich historic and cultural heritage of this city, which helps Xi'an enjoy the fame of "Natural History Museum". The cultural relics and sites are second to none in our country, for its abundant variety, large number and high value. And a number of them are valuable treasures which are domestically stored only and rarely seen in the world.

(4) 唐装

2001 年 APEC 会议各国元首穿着“唐装”集体亮相，掀起了一股以穿“唐装”为时尚的风潮。唐装原意指唐代的汉服，一种传统的襦裙装，这种风格一般流行在初唐时期，基本上是沿袭了自东汉以来华夏妇女传统的上衣下裳制。唐装是中国传统文化之一，每年海外华侨过春节时，很多外国人穿唐装。与现代的唐装概念明显不同，现代意义上的唐装泛指具有中国风格的服饰。(163 字)

注释 “唐装是中国传统文化之一，每年海外华侨过春节时，很多外国人穿唐装。”可根据主语不同分译。

The Tang Suit

In 2001, the presidents of all states struck a pose on the stage in Tang Suit (one Chinese-style costumes) at the APEC Forum, and thus a trend of wearing Tang Suit costumes came into being. Originally referred to the Chinese clothing in Tang Dynasty, Tang Suit, a traditional short jacket and skirt, gained its popularity in the early Tang Dynasty, and basically followed the Chinese women's coat dress style from the Eastern Han Dynasty. The Tang Suit is one of the traditional Chinese cultures. When the Chinese overseas celebrate the Spring Festival every year, many foreigners wear the Tang Suits. The modern concept of the Tang suit is significantly different from the modern one, which refers to a Chinese-style costume in general.

(5) 中医

中医是中国辉煌的传统文化之一,是古代医药科学的最高表现。各大文明古国几乎都有自己的民族医药体系,其中以中国的中医药体系最为完备,成就最大。它是一门涉及人体生理(physiology)、病理(pathology)、诊断、治疗和疾病预防的科学。中医有着几千年的历史,它的起源可追溯到远古时代。《神农本草》(Shen Nong's Herbal)等著作对中国乃至全世界医药学(pharmacology)的发展做出了巨大的贡献。中医的疗效在当今世界上越来越被重视,像中国针灸(acupuncture)这样传统的疗法也都传播到世界各地。(207 字)

注释

(1)"中医是中国辉煌的传统文化之一,是古代医药科学的最高表现。"可采用非谓语动词或名词短语法翻译。"中医是古代医药科学的最高表现"作为句子的主干,而"是中国辉煌的传统文化之一"处理为非谓语动词结构"being one of China's splendid cultural heritages"或名词短语"one of China's splendid cultural heritages"。

(2)"文明古国"可译为"ancient civilized countries"或"ancient civilizations"。

(3)"其中以中国的中医药体系最为完备,成就最大"可根据句意处理为从句,译为"among which ..."。

Traditional Chinese Medicine

Traditional Chinese Medicine, one of China's splendid cultural heritages, is the supreme representation of the ancient medical science. Ancient civilized countries all had their own national drug system, among which the Chinese system was the most comprehensive and achieved the greatest results/ made the greatest achievement. It is the science dealing with human physiology, pathology, diagnosis, treatment and prevention of diseases. With a history of several thousand years, the origin of traditional Chinese medicine can be traced back to ancient times. The medical classics, like *Shen Nong's Herbal*, are great contributions to the development of pharmacology both in China and all over the world. Traditional Chinese Medicine is receiving increasing attention across the world for its effectiveness, and traditional remedies such as Chinese acupuncture have also spread across the world.

(6) 中国书法

汉字从图画和符号演变而来，中国书法艺术自然而然衍生于这一特殊的书写体系，因此中国书法也被称做线条艺术。尽管中国书法以汉字为表达工具，但要欣赏中国书法之美，不一定非要懂得汉语。书法的目的在于保持自然之美，突显人类精神之美。像"字如其人"这样的中国古语与书法是直接相关的，书写的文字能够彰显书法家对生活和艺术的理解。和中国画一样，书法是中国古老的艺术形式，更是中国几千年文明的瑰宝。中国书法很早便为邻国所青睐，对外国游客特别是西方人来说具有非常大的魅力。(225 字)

注释

(1) "中国书法"译为"Chinese calligraphy ([kəˈlɪgrəfɪ])"。

(2) "字如其人"可意译为"one's handwriting is like/ reveals his personality"。

(3) "几千年文明的瑰宝"译为"the treasure / gem of Chinese civilization of thousands of years"。

Chinese Calligraphy

Chinese characters evolved from pictures and signs, and the Chinese art of calligraphy developed naturally from this special writing system, hence Chinese calligraphy is also called the art of lines. Although Chinese calligraphy uses Chinese words as its tools of expression, one does not have to know the language to appreciate its beauty. Calligraphy's purpose is to retain the beauty of nature and illuminate man's spiritual beauty. The Chinese saying like "the handwriting is like the personality" is directly related to calligraphy. The written characters reveal the calligrapher's understanding of life and arts. Just like the traditional Chinese painting, Chinese calligraphy is an ancient Chinese art, and all the more so the treasure of Chinese civilization of thousands of years. Long favored by our neighboring countries, Chinese calligraphy has been a fascination for foreign tourists especially westerners.

(7) 汉字

汉字是世界上最古老的文字之一，也是使用者最多的文字。汉字是中华民族几千年文化中最为光辉灿烂的瑰宝，对中华文明的发展有着不可磨灭的功勋。据权威专家估计，汉字有 5 000 多年的历史，最初源于记录事情的图片。从古至今，从甲骨文(Jiaguwen) 到我们今天书写用的楷体(Kaiti)，汉字的形式和结构发生了很大改变。历史上，汉字被朝鲜、日本、越南等国借鉴，因此也促进了国际交流。练汉字书法被公认为是一种能够促进思维和集中注意力的好方法。事实证明，汉字充满了生机与活力。(212 字)

注释

(1) "对……有不可磨灭的功勋"可译为"make indelible ([ɪnˈdelɪb(ə)l]难忘的，擦

不掉的)contributions to”。

(2)“从甲骨文到我们今天书写用的楷体,汉字的形式和结构发生了很大改变。”因“从甲骨文到我们今天书写用的楷体”是为了举例说明“汉字的形式和结构发生了很大改变”因此是从属成分。在进行翻译时,可将不言而喻的成分“进化”翻译出来,因此最终的译文是“the forms and structures of Chinese characters have changed much, evolving from Jiaguwen to Kaiti we use now.”

Chinese Characters

The Chinese characters, one of the oldest characters in the world, are used by the largest number of users. Chinese characters are the most gorgeous treasure of Chinese culture of thousands of years. It makes indelible contributions to the advancement of Chinese culture. As authorities estimate, Chinese characters have a history of over 5,000 years, and they originate from pictures for keeping records. From ancient to modern times, the forms and structures of Chinese characters have changed much, evolving from Jiaguwen (oracle bone script) to Kaiti (regular script) we use now. In history, Chinese characters were borrowed by Korea, Japan, and Vietnam, thereby improving international communication. The act of writing out Chinese characters is believed to sharpen the mind and improve concentration. It has been borne out that Chinese characters are full of vigor and vitality.

(8) 一带一路

当今世界正发生复杂深刻的变化,国际金融危机深层次影响继续显现,世界经济缓慢复苏、发展分化,国际投资贸易格局和多边投资贸易规则酝酿深刻调整,各国面临的发展问题依然严峻。2013 年 9 月和 10 月,中国国家主席习近平在出访中亚和东南亚国家期间,先后提出共建“丝绸之路经济带”和“21 世纪海上丝绸之路”的重大倡议,得到国际社会高度关注。加快“一带一路”建设,有利于促进沿线各国经济繁荣与区域经济合作,加强不同文明交流互鉴,促进世界和平发展,是一项造福世界各国人民的伟大事业。(227 字)

注释

(1)“当今世界……发展问题依然严峻。”这句话非常长,共有 5 个分句构成。如果将其译为非谓语动词等结构,则句子会显得不够简洁,且容易产生误解,因此可采用分译法,根据内容层次将其译为 5 个短句。

(2)“一带一路”指的是“丝绸之路经济带”和“21 世纪海上丝绸之路”。其简译和全译都应该知晓。简称译文“the Belt and Road”;全称译文“the Silk Road Economic Belt and the 21st-Century Maritime Silk Road”。

(3)“加快‘一带一路’建设……”此句主语为动词短语“加快‘一带一路’建设”,因此可使用词性转译法,将其转译为名词结构(the acceleration of the building of the Belt and Road)或动名词短语(accelerating the building of the Belt and Road)做句子的主语。

(4)“交流互鉴”译为“exchanges and mutual learning”。

The Belt and Road

Complex and profound changes are taking place in the world. The underlying impact of the international financial crisis keeps emerging; the world economy is recovering slowly, and global development is uneven; the international trade and investment landscape and rules for multilateral trade and investment are undergoing major adjustments; and countries still face big challenges to their development. When Chinese President Xi Jinping visited Central Asia and Southeast Asia in September and October of 2013, he raised the initiative of jointly building the Silk Road Economic Belt and the 21st-Century Maritime Silk Road (hereinafter referred to as the Belt and Road), which have attracted close attention from all over the world. Accelerating the building of the Belt and Road can help promote the economic prosperity of the countries along the Belt and Road and regional economic cooperation, strengthen exchanges and mutual learning between different civilizations, and promote world peace and development. It is a great undertaking that will benefit people around the world.

(9) 中国结

因其外观对称精致,代表中华民族悠久的历史,符合中国传统装饰的习俗和审美观念,故命名为中国结,全称为“中国传统装饰结”。它是中国特有的民间艺术,是渗透中华民族特有文化底蕴的一种手工编织工艺品。琳琅满目、形态各异、美丽飘逸的中国结不仅造型优美、色彩多样,同时作品的命名,如“双寿”、“双喜”、“凤麟呈祥”等,都具有中华民族特有的吉祥美满之象征,将这些具有特殊意义的结饰送给亲友,不但喜气洋溢,也是一种千情万意的祝福。今天,中国结已成为了具有东方神韵的中国符号。(229字)

注释

(1)“因其外观对称精致,代表中华民族悠久的历史,符合中国传统装饰的习俗和审美观念”,这句话中“因其外观对称精致”和“代表……习俗和审美观念”其逻辑主语不同,因此不能简单地进行谓语的并列,可将“因其外观对称精致”的语序变为“因其对称精致的外观”,并将其译为介词短语;“代表……习俗和审美观念”可补充其逻辑主语“中国结”。

(2)“双寿”、“双喜”、“凤麟呈祥”可从语义的角度诠释。“凤”和“麟”是中国神话中的动物,不完全等同于西方的“phoenix”和“dragon”,因此,其译文前最好加上“Chinese”。

Chinese Knot

With its symmetric ([sɪˈmetrɪk] *adj.* 对称的) delicate appearance, Chinese knot represents the Chinese nation's long history, and accords with the custom of Chinese traditional decoration and aesthetic ([ɛs'θɛtɪk] *adj.* 审美的)ideas, hence the name, or the full name "Traditional Chinese decorative knot". As a manual weaving handicraft, it is one of Chinese unique folk arts and penetrates the cultural heritage unique to Chinese nation. With numerous varieties and shapes, the beautiful and elegant Chinese knots possess the graceful shape and diverse colors. Furthermore, they are named as "double longevity", "double happiness" or "Chinese Dragon and Phoenix bring prosperity" etc., which symbolize the auspiciousness and happiness of Chinese nation. These handicraft knots possessing a special significance, can be given as a gift to the relatives and friends, fully filled with festivity and sincere blessing. Today, the Chinese knot has become a Chinese symbol with a flavor of oriental culture.

(10) 中欧经济贸易

当今世界正处于后经济危机时代,中欧在自由贸易和投资方面有很多共同利益。中欧经济贸易合作取得了可喜的成果。欧盟已经成为中国的重要经贸伙伴,是中国最大的技术供应方、第三大贸易伙伴和第五大实际投资方。中欧技术贸易对我国的经济发展起到了巨大的促进作用。2001 年,中欧贸易达到 766 亿美元,比上一年增长 11%,尤其是中国从欧盟的进口增长了 15.8%。中欧经济贸易合作具有广阔的前景。中欧经济具有很强的互补性,在贸易、投资、科技等领域具有很大的合作潜力。

注释

(1)"取得了可喜的成果"可译为:"make encouraging/ gratifying/ heartening/ delectable achievements"。

(2) 第三句话"欧盟已经成为……第五大实际投资方"较长,鉴于其前后主语一致,因此可采用长句译法中的非谓语动词法。将"是中国最大的技术供应方……"译为非谓语动词。

(3)"对……起到了巨大的促进作用"可译为"have an enormous significance on promoting",或者"be a huge boost for ..."。

(4)"中欧贸易达到 766 亿美元……增长了 15.8%",句子较长,可根据其内容层次分译,在"尤其是中国……"前断句。

China-EU economic and trade cooperation

With the world now in the post-crisis era, Europe and China have plenty of common interest in free trade and investment. China-EU economic and trade cooperation has yielded heartening fruits. The EU has now become an important economic and trade partner of China, working as the largest technology supplier, the third largest trading partner and the fifth largest actual investor in China. China-EU technological trade is a huge boost for their economic development. Bilateral trade reached 76.6 billion dollars in 2001, achieving an 11% increase compared to the previous year. In particular, China's imports from the EU grew by 15.8%. China-

EU trade and economic cooperation is endowed with a promising future. The two economies are strongly complimentary to each other and hence enjoy huge potential for cooperation in trade, investment, science and technology areas.

(11) 中华文明

中华文明是在中国大地上产生的文明,也是同其他文明不断交流互鉴而形成的文明。2 000 多年来,佛教、伊斯兰教、基督教等先后传入中国,中国音乐、绘画、文学等也不断吸纳外来文明的长处。中国传统画法同西方油画融合创新,形成了独具魅力的中国写意油画,徐悲鸿等大师的作品受到广泛赞赏。中国的造纸术、火药、印刷术、指南针四大发明带动了世界变革,推动了欧洲文艺复兴(European Renaissance)。中国哲学、文学、医药、丝绸、瓷器、茶叶等传入西方,渗入西方民众日常生活之中。(209 字)

注释

(1) 第一句话较长,因其前后两个分句的主语一致,可采用非谓语动词结构翻译。其次,本句中多次出现"文明"属于形式重复,英文中为了避免重复可采用减译法,或省译或用其他的词指代。

(2) "先后传入中国"可转换为"相继传入中国",因此可译为"be introduced to China successively"。

(3) "中国传统画法同西方油画融合创新,形成了独具魅力的中国写意油画",可直译也可意译,但意译更佳。若意译,可将其句式转换为"独具魅力的中国写意油画是中国传统画法和西方油画的融合创新"。"中国写意油画"可译为"China's freehand oil painting"。

Chinese Civilization

Though born in the soil of China, Chinese Civilization has come to its present form through constant exchanges and mutual learning with other civilizations. In the course of some two thousand years and more, Buddhism, Islam and Christianity have been introduced into China successively, which allowed the country's music, painting and literature to benefit from the advantages of other civilizations. The unique and charming China's freehand oil painting is an innovative combination of China's traditional painting and the Western oil painting, and the works of Xu Beihong and other masters have been widely acclaimed. China's Four Great Inventions, namely, papermaking, gunpowder, movable-type printing and compass, led to changes in the world, including the push of European Renaissance. China's philosophy, literature, medicine, silk, porcelain and tea reached the West and became part of people's daily life.

(12) 儒家思想

儒家思想是中国传统文化的基石,是世界文化遗产的重要组成部分。它出现在大约 2 500 年前的春秋时期,是建立在夏、商、周朝的传统文化之上,并由孔子创立的完整观念体系。儒家思想博大精深，涵盖了人性、政治、法律、教育、哲学、道德各个领域。其代表作是四书五经。儒家文化以人本哲学为依托，这表现在它对人类个体的尊敬、关注和热爱。总而言之，儒家文化是中国古代的主流意识，是东方文化的代表。儒家学派对中国、东亚乃至全世界都产生过深远的影响。(208 字)

注释

(1) 第二句话比较长，需找出主干并将其从属成分按照其表达的意义和作用选择恰当的翻译方法。这句话的主干是“它是完整观念体系”，其中“观念体系”的直接修饰成分是“由孔子创立的”，可采用非谓语动词或从句译出；“出现在大约 2500 年前的春秋时期，建立在夏、商、周朝的传统文化之上”充当句子的状语成分，可使用非谓语动词译出。

(2) “四书五经”译为“Four Books and Five Classics”。

(3) “主流意识”译为“the dominant ideology / consciousness”。

Confucianism

Confucianism is the cornerstone of traditional Chinese culture and a vital component of world cultural heritage. Founded about 2,500 years ago in the Spring and Autumn Period, Confucianism is a complete ideological system created by Confucius, based on the traditional culture of the Xia, Shang and Zhou Dynasties. It is extensive and profound, covering areas of humanistic philosophy, politics, law, education, philosophy and ethics. Its representative works are Four Books and Five Classics. Confucian culture rests on humanistic philosophy, which is reflected in its respect, concern and love for human individuals. In brief, Confucian culture, the dominant ideology in ancient China, is a representative of oriental culture. The Confucian school has exerted profound influence on China, East Asia and even the world.

(13) 中国发展蓝图

中国共产党在第十八次全国代表大会上明确了中国今后一个时期的发展蓝图。我们的奋斗目标是，到 2020 年国内生产总值和城乡居民人均收入在 2010 年的基础上翻一番，全面建成小康社会；到本世纪中叶建成富强民主文明和谐的社会主义现代化国家，实现中华民族伟大复兴的中国梦。展望未来，我们充满信心。然而，中国依然是世界上最大的发展中国家，中国发展仍面临着不少困难和挑战，要使全体中国人民都过上美好生活，还需要付出长期不懈的努力。(200 字)

注释

(1) “第十八次全国代表大会”译为“the 18th National Congress”。

(2) “小康社会”译为“a moderately prosperous society”。

(3) “中华民族伟大复兴的中国梦”译为“the Chinese dream, namely, the great rejuvenation ([rɪˌdʒʊvəˈneiʃən] *n.* 恢复活力) of the Chinese nation”。

The Blueprint for China's Development

On the 18th National Congress, the Communist Party of China drew the blueprint for China's development in the years to come. The main goals we set for China are as follows: By 2020, China's GDP and per capita incomes for urban and rural residents will double the 2010 figures, and the building of a moderately prosperous society in all respects will be completed. By the mid-21st century, China will be turned into a modern socialist country that is prosperous, strong, democratic, culturally advanced and harmonious; and the Chinese dream, namely, the great rejuvenation of the Chinese nation, will be realized. Looking ahead, we are full of confidence in China's future. But then, we are aware that China remains the world's largest developing country, and it faces many difficulties and challenges on its road to progress. We need to make relentless ([rɪ'lentlɪs]*adj.* 不间断的) efforts in the years ahead to deliver a better life to all our people.

(14) 乒乓球

乒乓球,是一种世界流行的球类体育项目,是中华人民共和国国球。乒乓球起源于英国,它的英语官方名称是"table tennis"。1971 年,乒乓球曾经作为中美关系友好使者,为两国关系的发展做出了突出的贡献。乒乓球是一项强调耐力和反应能力(reflexes)的运动。由于是室内运动,所以可以常年举行比赛或进行练习。自从乒乓球运动诞生以来,它已经经历了巨大的演变。比赛规则经过多次的修改,并且随着技术的进步和打球方式的改变,运动器材也发生了变化。(197 字)

注释

(1)"由于是室内运动,所以可以常年举行比赛或进行练习"是无主句,因此可采用添加主语或词性转换法等进行翻译。因此,此句可变为"由于(乒乓球)是室内运动,所以常年举行比赛或进行练习是可以的"。

(2)最后两句可合译。"比赛规则经过多次的修改"可进行词性转换,修改为"多次修改比赛规则";同样,"运动器材也发生了变化"可处理为"经历了/见证了运动器材的变化"。

Ping-pang

Ping-Pong, Chinese national ball game, is a prevailing ball sports among the world. It originated from the United Kingdom in the last century, with its official name "table tennis". In 1971, as a friendly messenger of the China-US relations, ping-pong made an outstanding achievement to promote the development of bilateral relations. Ping-pong is a sport that emphasizes endurance and reflexes. The sport is played indoors, so the year-round competition and practice are possible. Ping-pong has undergone enormous evolution since it came into being, which has experienced many revisions of rules and seen an improvement of equipment as technology and playing styles changed.

(15) 中国建筑

在漫长的发展过程中，中国建筑逐渐形成了以木结构(timberwork)结合石雕、夯土结构(rammed earth construction)以及其他技巧为特色的风格，通常给人留下气度不凡的印象。传统的中国建筑与环境和哲学密切相关。一般来讲，中国的传统建筑风格可分为几个类别：皇家宫殿、宅居厅室、寺庙佛塔(pagodas)、墓园陵寝及园林建筑。然而，中国不同地区和不同民族的建筑风格可能在特色和功能上有所不同。从中国北方到南方，从黄河到长江，一路上你会被中国建筑师们的杰作所感动。勤劳的中国劳动人民创造了很多建筑奇迹，如：长城、故宫。(226 字)

注释 第一句中的“形成了以木结构(timberwork)结合石雕、夯土结构以及其他技巧为特色的风格”，宾语比较长，应先找好中心词“形成……风格”其定语可采用后置定语译出。

Chinese Architecture

During its long evolution process, Chinese architecture gradually developed a distinctive style which featured timberwork combining stone carving, rammed earth construction and many other techniques, usually leaving people a distinguished impression. The traditional Chinese architecture is closely related to the environment and philosophy. Generally speaking, traditional Chinese architectural style can be classified into several categories: royal palaces, residential houses, religious temples and pagodas, tombs and garden architecture. However, the architectural styles of different regions and nationalities in China may vary in characteristics and functions. Traveling all the way from the Northern China to the South, from the Yellow River down to the Yangtze River, you will be moved by the works of Chinese architects. Industrious Chinese laboring people created many architectural miracles such as the Great Wall, the Forbidden City (the Palace Museum).

(16) 中国烹饪

中国烹饪文化是中国文化中有关烹饪和休闲的重要组成部分。中国悠久的历史、广袤的疆土、好客的习俗孕育了这一独特艺术。以味为核心，以养为目的是中国烹饪的显著特征。精心准备的中餐既可口又好看，以其“色、香、味、形”俱全而著称。它讲究原料的选配、食物的质地、佐料的调制、切菜的刀工、适时的烹调以及装盘的艺术。中国烹饪采用的调味品可达 500 种左右。最负盛名的菜系有南方粤菜、北方鲁菜、东部淮扬菜和西部川菜，以“南淡北咸，东甜西辣”见称。(209 字)

注释

(1) “中国悠久的历史、广袤的疆土、好客的习俗孕育了这一独特艺术”，此句可直译为“The long history, vast territory and hospitable tradition of China breed this unique art”，但直译后的主语特别长，因此可采用主语宾语互换的翻译方法“This unique art owes itself

to the long history, vast territory and hospitable tradition of China"。

(2) 本段最后一句难度较大。一是当其表达"在……中,最负盛名的有……"的含义时,可采用"among the most famous/well-known/distinguished + *n.*"的句型;二是"南方粤菜、北方鲁菜、东部淮扬菜"的翻译方法——增译法"the Cantonese cuisine of the south, the Shandong cuisine of the north, the Huai-Yang cuisine of the east and the Sichuan cuisine of the west";三是"南淡北咸,东甜西辣"的译文"the light flavor of the south, the salty flavor of the north, the sweet flavor of the east and the spicy-hot flavor of the west"。

Chinese Cuisine

Chinese cuisine culture is a vital component of Chinese culture in the aspect of cooking and leisure. This unique art owes itself to the long history, vast territory and hospitable tradition of China. Chinese cuisine is characterized by taking the taste as its core and taking healthcare as its aim. Distinguished for its perfect combination of "color, aroma, taste and appearance", the well-prepared Chinese food is tasty and good-looking. It gives emphasis to the selection of raw materials, the texture of food, the blending of seasonings, slicing techniques, the perfect timing of cooking and the art of laying out the food on the plate. There are more than 500 Chinese cooking seasonings. Among the best-known schools of cuisine are the Cantonese ([ˌkæntəˈniːz] *adj.* 广州的,广州人的) cuisine of the south, the Shandong cuisine of the north, the Huai-Yang cuisine of the east and the Sichuan cuisine of the west, noted as "the light flavor of the south, the salty flavor of the north, the sweet flavor of the east and the spicy-hot flavor of the west".

(17) 丝绸之路

2 000 多年前,亚欧大陆上勤劳勇敢的人民,探索出多条连接亚欧非几大文明的贸易和人文交流通路,后人将其统称为"丝绸之路"。千百年来,"和平合作、开放包容、互学互鉴、互利共赢"的丝绸之路精神薪火相传,推进了人类文明进步,是促进沿线各国繁荣发展的重要纽带,是东西方交流合作的象征,是世界各国共有的历史文化遗产。进入21世纪,在以和平、发展、合作、共赢为主题的新时代,面对复苏乏力的全球经济形势、纷繁复杂的国际和地区局面,传承和弘扬丝绸之路精神更显重要和珍贵。(222 字)

注释

(1) "探索出多条连接亚欧非几大文明的贸易和人文交流通路"此句话较长,需首先确定句子主干,即"探索出多条贸易和人文交流通路(连接亚欧非几大文明的)"。因此此句可译为"explored and opened up several routes of trade and cultural exchanges that linked the major civilizations of Asia, Europe and Africa"。

(2) "'和平合作、开放包容、互学互鉴、互利共赢'的丝绸之路精神薪火相传,推进了人类文明进步,是促进沿线各国繁荣发展的重要纽带,是东西方交流合作的象征,是世界各国共有的历史文化遗产”，此句有一个主语和5个谓语构成。首先主语“‘和平合作、开放包容、互学互鉴、互利共赢’的丝绸之路精神”较长，需首先确定中心词“丝绸之路精神”，“和平合作、开放包容、互学互鉴、互利共赢”充当“丝绸之路精神”的同位语，即“the Silk Road Spirit—‘peace and cooperation, openness and inclusiveness, mutual learning and mutual benefit’”；5个谓语成分可译为并列的谓语动词结构，也可分译(如译文)。

(3)“复苏乏力的全球经济形式”可译为“the weak recovery of the global economy”。

(4)“更显重要和珍贵”可使用形式主语结构译出“it is all the more important and treasurable for ... to ...”。

The Silk Road

More than two millennia ([mɪ'leniə] 一千年) ago, the diligent and courageous people of Eurasia ([juə'reiʃə]*n.* 欧亚大陆) explored and opened up several routes of trade and cultural exchanges that linked the major civilizations of Asia, Europe and Africa, collectively called the Silk Road by later generations. For thousands of years, the Silk Road Spirit—“peace and cooperation, openness and inclusiveness, mutual learning and mutual benefit”—has been passed from generation to generation, promoted the progress of human civilization, and contributed greatly to the prosperity and development of the countries along the Silk Road. Symbolizing communication and cooperation between the East and the West, the Silk Road Spirit is a historic and cultural heritage shared by all countries around the world. In the 21st century, a new era marked by the theme of peace, development, cooperation and mutual benefit, it is all the more important and treasurable for us to carry on the Silk Road Spirit in face of the weak recovery of the global economy, and complex international and regional situations.

(18) 中法关系

50年前，在东西方冷战正酣的大背景下，毛泽东主席和戴高乐(Charles de Gaulle)将军以超凡的战略眼光，毅然做出中法全面建交的历史性决策。总结过去的50年，中法两国和两国人民在发展两国关系中，共同培育了独立自主、相互理解、高瞻远瞩、合作共赢的精神。这一精神，对我们开创中法关系更加美好的未来具有重要指导意义。独立自主是中华民族和法兰西民族的共有禀赋，相互理解是中法关系发展的重要基石，互利共赢是强大动力，高瞻远瞩是根本保证。(197字)

China-France relations

50 years ago, under the background of the Cold War, Chairman Mao Zedong and General Charles de Gaulle made the historic decision to establish diplomatic relations between China and France with their extraordinary visions. In developing relations

between the two countries over the past 50 years, China and France as well as their people, have cultivated an independent, understanding, visionary, cooperative and win-win spirit. This spirit is significant in creating a brighter future in China-France relations. Concretely, independence is the same character shared by Chinese and French people; mutual understanding is the cornerstone in the development of China-France relations; mutual benefits are the great motivation; and a broad and Long-term view is the basic foundation.

(19) 颐和园

颐和园位于北京市海淀区西郊,距北京城区 15 公里,占地约 290 公顷。它是我国现存最完好、规模最宏大的古代园林。颐和园包括万寿山、昆明湖两大部分,园内山水秀美,建筑宏伟,原为封建帝王的行宫和花园。占全园总面积四分之三的昆明湖,湖水清澈碧绿,景色宜人。全园有各式建筑 3 000 余间,园内布局可分为政治、生活、游览三个区域。在世界古典园林中享有盛誉的颐和园,布局和谐,浑然一体,为中国四大名园之一,被喻为“皇家园林博物馆”。(199 字)

注释

(1) “现存最完好、规模最宏大”,因其充当定语成分,进而将其转换为形容词短语“the best-preserved and largest”。

(2) “颐和园包括万寿山、昆明湖两大部分”,可注意三点:“包括”可使用“consist of”、“comprise”、“compose”等高级词汇代替“include”;“万寿山”可减译为“Longevity Hill”;“昆明湖”可音译为“Kunming Lake”。

(3) “占全园总面积四分之三的昆明湖,湖水清澈碧绿,景色宜人”翻译时需调整语序“昆明湖占全园总面积四分之三,清澈碧绿的湖水,宜人的景色”。因此,“湖水清澈碧绿,景色宜人”可译为介词短语“With the pure and green water and the attractive scenery”。

(4) “园内布局可分为政治、生活、游览三个区域”中的“政治、生活、游览”不可简单地译为“political, living and tour areas”,需根据其原始的用途意译,才能让人明白“the political activity area, the empress's living quarter and the scenic area”。

The Summer Palace

Situated in the western outskirts of Haidian District, the Summer Palace is 15 kilometers away from the downtown of Beijing and covers an area of about 290 hectares. It is the best-preserved and largest ancient garden. With charming landscape scenery and a magnificent construction, the Summer Palace, formerly the royal residence and garden of the Feudal Emperors, mainly consists of the Longevity Hill and Kunming Lake. With the pure and green water and the attractive scenery, Kunming Lake covers three quarters of the Summer Palace. Consisting of a wide variety of 3,000 structures, the Summer Palace layout comprises of three parts: the political activity area, the empress's living quarter and the scenic area. Enjoying a high reputation among the world's classic gardens, the Summer Palace was built in a harmonious and unitive layout. Therefore, as one of the four famous gardens in China, the Summer Palace is known as Museum of the Royal Garden.

(20) 水立方

北京国家游泳中心，也被称为水立方，是为 2008 年北京奥运会做准备而建的。它位于北京奥林匹克公园内，与"鸟巢"一起被并称为北京奥运会两大标志性建筑物。"水立方"有 3 000 多个"水泡泡"交融在一起，形成了这座游泳中心的美丽外表。这一名字极恰当地表现了这座游泳场馆的特征。与主场馆"鸟巢"的设计相比，"水立方"体现了更多的女性般的柔美，在视觉上极具冲击力。"水立方"的匠心独具、巧妙构思让全世界的人们都赞叹不已。(197 字)

注释

(1) "标志性建筑"译为"the landmark building"。

(2) "'水立方'有 3000 多个'水泡泡'交融在一起，形成了这座游泳中心的美丽外表"，这句话中"'水立方'有 3000 多个'水泡泡'交融在一起"充当了句子的主语，因此可以将其译为独立主格结构做句子的主语。

The Water Cube

The Beijing National Aquatics Center, also known as the Water Cube, was built in preparation for the 2008 Olympics. Situated inside Beijing Olympic Park, "Water Cube" is known as the two landmark buildings, with the Bird's Nest. Water Cube consisting of over 3,000 "water bubbles" blending together forms its gorgeous exterior of this National Aquatics Center. Its name is an appropriate depiction of this Aquatics Center. Compared with the design of the main stadium "Bird's Nest", Water Cube is more a reflection of the female tenderness, with strong visual impact. People all over the world are all impressed by its ingenious and creative architecture.

附录二

中国文化词汇补充

政治词汇

城乡建设 urban and rural development

大陆中国 Mainland China

独立自主的和平外交政策 an independent foreign policy of peace

独立自主、完全平等、相互尊重、互不干涉内部事务 independence, completely equality, mutual respect and non-interference in each other's internal affairs cooperation

法治国家 a country under the rule of law

防御性国防政策 a national defense policy which is defensive in nature

国内生产总值 gross domestic product(GDP)

国家建设 national reconstruction

国防建设 the building of national defense

国家创新体系建设 the construction of a national innovation system

国歌 national anthem

和平与发展 peace and development

红色中国 socialist China

基本国策 the fundamental state policies

经济体制改革和政治体制改革 reforms in the economic and political structure

加强文化建设 to strengthen cultural development efforts

加强廉政建设 to strengthen efforts to ensure clean government

加强制度建设 to improve the regulatory system

加强军队思想政治建设 to strengthen ideological and political work among servicemen

加强青少年思想道德建设 to cultivate ideals and ethics among young people

坚持四项基本原则 to adhere to the four cardinal principles

坚持改革开放 to adhere (adherence *n.*) to reforms and opening-up/opening to the outside world

坚持对话，不搞对抗 to persist in dialogue and refrain from confrontation

建设有中国特色的社会主义 to build socialism with Chinese characteristics

建立合作桥梁 to build the bridge for cooperation

解放战争 the Liberation War

解放思想，实事求是 to emancipate the mind and seek truth from the facts

酒驾 drunk driving

抗日战争 the anti-Japanese War

科教兴国战略 the strategy of invigorating the country through science and education

恐怖主义 terrorism

联合国宪章 UN Charter

立法、司法和行政 legislation，jurisdiction and execution

六方会谈 the Six-Party Talks

领土完整 territorial integrity

全国人民代表大会 the National People's Congress (NPC)

民主政治建设 democratic and political construction

民族自豪感 a sense of national pride

“三个代表” Three Represents

社会主义制度 socialist system

社会变革 social transformation/reform

社会主义初级阶段 the primary/ initial stage of socialism

社会主义现代化建设 socialist modernization drive

四项基本原则 Four Cardinal Principles

实现中华民伟大复兴 to bring about a great rejuvenation of the Chinese nation

四化 Four Modernizations

台湾同胞 Taiwan compatriots

台湾是中国领土不可分割的一部分 Taiwan is an inalienable part of the Chinese territory.

维护统一 to uphold unity

维护独立主权 to uphold independence and sovereignty

维护国家主权 to defend state sovereignty

维护人民利益 to safeguard the people's interests

维护国家和平 to maintain/safeguard world peace and security,

五四运动 the May 4th Movement

文化大革命 Cultural Revolution

下岗 laid-off workers

信息化 information-based/informationization

行政单位 administrative unit

一国两制 one country，two systems

一个中国原则 the one-China principle

以法治国，以德治国 to manage/run/govern the country by law and moral

以人为本 people oriented

以权谋私 to abuse power for personal gains

与时俱进 to advance with the times

有理想、有道德、有文化、有纪律的公民 citizens with lofty ideals, moral integrity, better education and good sense of discipline

振兴中华 to make China powerful and strong/to revitalize the Chinese nation

中国是法治国家，有法可依、有法必依、执法必严、违法必究 China is a country ruled by law, where there must be laws to go by, the laws must be observed and strictly enforced, and lawbreakers must be prosecuted.

中国外交部 The Chinese Foreign Ministry

终身禁驾 lifetime ban from driving

抓住机遇，深化改革，扩大开放，促进发展，保持稳定 to seize the current opportunity, deepen the reform, open China wider to the outside world, and promote development and maintain stability

政治协商、民主监督、参政议政 to exercise political consultation and democratic supervision and participate in deliberating and administration of state affairs

政企分开 to separate government functions from enterprise management

综合国力 comprehensive national strength

直辖市 municipality/municipality directly under the Central Government

自治区 autonomous region

经济词汇

按揭贷款 mortgage loan

安居工程 Economy Housing Project

按劳分配 distribution according to one's performance

保持国民经济发展的良好势头 to maintain a good momentum of growth in the national economy

菜篮子工程 Vegetable Basket Project

财政政策 financial policy

低碳经济 low-carbon economy

第一产业 the pillar industry

第二产业 the secondary industry

第三产业 the service industry

风险投资 risk investment

扶贫工程 Anti-Poverty Project

购物中心 shopping mall/shopping center

工作效率 efficiency

国民经济体系 national economic system

国家重点工程 national key projects

共同繁荣 common prosperity

工作策略 the working tactics

和谐并存 harmonious coexistence

宏观调控 macro control

极大地推动了经济发展 to give a great push to the economic growth

计划经济 planned economy system

集中精力把经济建设搞上去 to go all out for economic development

加快市场步伐 to accelerate the marketization / quicken the pace of marketization

经济全球化 economic globalization

经济一体化 economic integration

经济法制化 to manage economic affairs according to law/to put economic operation on a legal basis

净重 net weight

环保的能源 environmentally-friendly resources

可持续发展 sustainable development

扩大内需，刺激消费 to expand domestic demand and consumption

毛重 gross weight

南水北调 south-to-north water diversion

年龄歧视 age discrimination

泡沫经济 bubble economy

全球经济 global economy

裙带经济 crony economy

人口老龄化 aging of population

三峡工程 the Three Gorges Project

社会制约与平衡 social check and balance

社会地位 social status

社会主义市场经济 socialist market economy

世界经济一体化 integration of world economy

世界多极化 world multi-polarization

实体经济 the real economy

使中国经济信息化 to base China's economy on information

使中国经济走向世界 to make China's economy more competitive on the world market/to make China a more active economic player in the world

使中国经济与国际接轨 to bring China's economy more in line with international practice

"十五"计划 the 10th Five-Year Plan

提高生产效率 to enhance (boost) efficiency (productivity)

通货紧缩 deflation

通货膨胀 inflation

温饱工程 Decent-Life Project

物质精神文明建设 the construction of material civilization and spiritual civilization

西部大开发 development of the West Regions/Go-West Campaign

西电东送 West-East electricity transmission project

西气东输 West-East natural gas transmission project

希望工程 Project Hope

小康之家 well-off family

虚拟经济 the virtual economy

小康社会，小康生活 well-to-do society，well-to-do life

一带一路 One Belt and One Road (refers to the "Silk Road Economic Belt" and the "21st Century Maritime Silk Road")

一个中心，两个基本点 one focus，two basic points

以经济建设为中心 to focus on economic construction

与时俱进 to keep pace with the times

支柱产业 pillar industry

知识经济 knowledge economy/knowledge-base economy

主体经济 principal sector of the economy/the mainstay of the economy

重点项目 key project

人文景观词汇

八达岭长城 Badaling section of the Great Wall

保存最完好的古代建筑群 the best-preserved collection of ancient buildings

碑林 stone forest

承德避暑山庄 Chengde Imperial Summer Resort

长江中下游平原 the middle-lower Yangtze plain

帝王宫苑 imperial palace garden

敦煌莫高窟 Mogao Caves

钓鱼岛 Diaoyu Islands

东北平原 the northeast plain

风景胜地 place of scenic beauty

故宫(紫禁城) the Imperial Palace(Forbidden City)

历史名胜 place of historic interest

旅游景点 tourist attraction

鸟巢(国家体育馆)Bird's Nest (national stadium)

青藏高原 the Qinghai-Tibet Plateau

生态旅游 ecotourism

私家园林 private garden

四合院 courtyard
水立方 Water Cube
世界屋脊 the roof of the world
少林寺 Shaolin Temple
十三陵 Ming Tombs
天坛 the Temple of Heaven
台湾岛 Taiwan Island
亭/阁 pavilion/ attic
筒子楼 tube-shaped apartment
皇家园林 royal garden
文艺复兴庄园 renaissance style garden
西方古典园林 western classical garden
悬园 hanging garden
英式园林 English style garden
圆明园 Yuan-Ming Yuan Imperial Garden
颐和园 the Summer Palace
庄园 manor/villa garden
钟楼 clock tower
著名古都 famous ancient capital city
中国古典园林 classical Chinese garden
中国传统园林 traditional Chinese garden
中国古代园林 ancient Chinese garden
中国山水园 Chinese landscape garden
远景 distant view
近景 nearby view
缩景 miniature/abbreviated scenery
主景 main feature/view
前景 front view
背景 background
景点 scenic spot

节日词汇

农历 lunar calendar
阳历 solar calendar
除夕 Chinese New Year's Eve/Eve of the Spring Festival
春节 Spring Festival
元宵节 Lantern Festival
寒食节 Cold Food Festival
妇女节 Women's Day

清明节 Tomb-Sweeping Day/Qingming Festival
泼水节 Water-Splashing Day
五四青年节 Youth Day
端午节 Dragon Boat Festival
儿童节 Children's Day
七夕节 Double Seventh Day /Chinese Valentine's Day
中秋节 Mid-Autumn Festival
国庆节 National Day
重阳节 Double Ninth Day
年终大扫除 the year-end household cleaning
春联 New Year couplets
年画 New Year pictures
剪纸 paper-cutting
辞旧迎新 to ring out the old year and ring in the new
团圆饭 family reunion dinner
春晚 Spring Festival Gala
守岁 to stay up late on the New Year's Eve
拜年 to pay a new-year call/visit
红包 red packets
压岁钱 lucky money
祭祀 to offer sacrifices to gods or ancestors
叩头 kowtow [kaʊ'taʊ]
烟花爆竹 fireworks and firecracker
放鞭炮 to let off firecrackers
耍龙灯 to play the dragon lantern
耍狮子 to play the lion dance
八宝饭 eight treasure rice
长生不老 be immortal
登高 to climb a height
灯会 lantern show
龙舟比赛 dragon boat races
腊八粥 laba porridge
庙会 temple fair
满月 full moon
烹调 cooking cuisine
花灯 festival lantern
禁忌 taboo
祭拜祖先 to offer sacrifices to one's ancestors
红白喜事 Weddings and Funerals

扫墓 sweep graves of one's ancestors or loved ones
赏菊 to admire the beauty of chrysanthemum
赏月 to appreciate the glorious full moon
踏青 to go for a spring outing/to go spring outing
象征意义 symbolic significance
烟花 fireworks
月饼 moon cake
中国神话故事 Chinese mythology
粽子 Zongzi
公元六世纪 the sixth century (A. D.)
公元前六世纪 the sixth century B. C.
二十世纪 the 1900's
二十世纪八十年代 in the 1980's
二十世纪八十年代早期/晚期 in the early/late 1980's
二十世纪八十年代中期 in the mid-1980's
农历八月十五 the fifteenth day of the eighth lunar month

文化词汇

大众文化 mass culture
本土文化 local culture
变脸表演 face-changing performance
功夫表演 Kungfu performance
刺绣 embroidery
春秋战国(时期)the Spring and Autumn and the Warring States Periods
封建王朝 feudal monarchy
传说人物 legendary figure
黄帝 Emperor Huang
始皇帝 First Emperor
孟子 Mencius
孔子 Confucius
孔子学院 Confucius Institute
百家争鸣 a hundred schools of thought contend
道 Taosim
儒家 Confucianism
法家 Legalism
历史文化遗产 historical and cultural heritage
秦始皇统一中国 unification of the country by Emperor Qinshihuang
儒家文化 Confucian Culture
儒学 Confucianism

功夫 Kungfu
武术 Chinese Martial Arts
太极拳 Tai Chi
汉族 Han/Han Nationality
少数民族 minority ethnic groups/minority nationality
高雅文化 high culture
黄梅戏 Huangmei Opera
京戏/剧 Beijing/Peking Opera
昆戏/剧 Kunqu Opera
小品 witty skits
相声 cross-talk
三国时期 the Three Kingdoms Period
三国鼎立 in a tripartite balance
跨文化交流 cross-cultural communication / exchange
文化冲击/文化休克 culture shock
文化污染 culture pollution
文化一体化 cultural globalization
文化遗产 cultural heritage
文化同化 cultural assimilation
文化宝藏 cultural treasure
文化冲突 cultural conflict
文化多样性 cultural diversity
文化外交 culture diplomacy
八卦 the Eight Diagrams
风水 Fengshui
阴、阳 yin，yang Theory
中和 harmony (zhonghe)
中庸 the way of medium
五常:仁、义、理、智、信 five constant virtues: Benevolence (humanity), Righteousness, Propriety, Wisdom and Fidelity
节气 seasonal division point
书法 calligraphy
天干地支 the Heavenly Stems and Earthly Branches
丝绸之路 the Silk Road
多子多福 The more sons/children, the more blessing/great happiness
文物 cultural relics
文房四宝(笔墨纸砚)The Four Treasure of the Study (Brush, Inkstick, Paper, and Ink stone)
孝顺 filial piety

孝子 dutiful son
香港澳门同胞 compatriots from Hong Kong and Macao
象形文字 pictograms/pictographic characters
炎黄子孙 the descendants of Yan and Huang
姻缘 yinyuan/prefixed fate of marriage
养儿防老 to raise sons to support one in one's old age
诸侯 duke
《春秋》Spring and Autumn Annals
《史记》Historical Records/Records of the Grand Historian
《诗经》The Book of Songs
《西游记》The Journey to the West
《水浒传》Water Margin/Outlaws of the Marsh

中国教育词汇

学前教育 preschool education
初等教育 elementary education
中等教育 secondary education
高等教育 higher/tertiary education
素质教育 education for all-around development/quality-oriented education
应试教育 exam-oriented education
成人教育 adult education
普遍教育 general education
爱国主义教育 education in patriotism
集体主义教育 education in collectivism
九年义务教育 nine-year compulsory education
共产主义教育 education in communism
国际主义教育 education in internationalism
政治思想教育 political and ideological education
多元文化教育 multicultural education
教育国际化 education internationalization
学士学位 master's degree
硕士学位 bachelor's degree
博士学位 doctor's degree
高等学校 institution of higher education
综合性大学 comprehensive university
文科大学 university of liberal arts
理工大学 technological university
扫盲班 literacy class
职业技术教育 vocational and technical education

国家教育委员会 State Education Commission

职业道德 professional ethics

教育方针 guideline(s)/guiding principle(s) for education

教育要面向现代化，面向世界，面向未来 to gear education to the needs of modernization, the world and the future

德才兼备 with both political integrity and professional competence

成为有理想、有道德、有文化、守纪律的劳动者 to become working people with lofty ideals, moral integrity, education and a sense of discipline

发挥学生主动性、创造性 to give scope to the students' initiative and creativeness

四美(心灵美、语言美、行为美、环境美) the Four Virtues are golden heart, refined language, civilized behavior and green environment

共产主义道德品质 communist ethics

填鸭式教学法 cramming/forced-feeding method of teaching

教学互动 instructional interaction

核心课程 core curriculum/course

必修课 compulsory course

选修课 selective/optional/elective course

基础课 general/basic course

专业课 professional course

学生减负 to alleviate the burden on students

科教兴国 national rejuvenation through science and education

文化多样性 cultural diversity

知识共享 knowledge-sharing

科技类词汇

科技发展 scientific and technological advancement

科学技术是第一生产力 science and technology are the primary productive forces

科技创新 technical innovation

科技进步 technological progress/advances

科学探索 scientific exploration

里程碑 milestone

基因工程 genetic engineering

基因突变 genetic mutation

尖端科学 advanced science

尖端设备 sophisticated equipment

交通方式 means of transportation

交通工具 transportation tools

过度商业化的 over-commercialized

促进相关产业发展 to promote relative industries

取得突破性进展 to gain dramatic breakthroughs
知识产权 intellectual property rights
便携的 portable
创新的 innovative
性价比高的 cost-effective

中国特色的娱乐词汇

围棋 Weiqi/Go
围棋运动员 Weiqi Player/ Goer
象棋 Xiangqi
棋盘 chessboard
棋盘游戏 board game
麻将 mahjong
跳棋 checkers
毽子 shuttlecock
踢毽子 to kick shuttlecock
蹴鞠 Cuju/ ancient Chinese football
微信 Wechat
舞龙 dragon dance
舞狮 lion dance
踩高跷 stilt walking
赛龙舟 dragon-boat racing
猜灯谜 to guess lantern riddle
弹弹珠 to play marbles
跳房子（to play）hopscotch
对山歌 to sing flok songs

参考答案

第一章

1. 词汇不对等

(1) a dagger

(2) Love me, love my dog.

(3) back door

(4) to drink like a fish

(5) a completely safe plan

(6) The price has been increased by 20%.

(7) wicked deeds/heroic deeds

(8) aggressive

(9) to sustain one's fierce social conscience/ to sustain the profits from cash crops

(10) to go on the offensive/ offensive remarks

2. 句法差异

(1) By the end of last year, contracts and agreements were signed with countries concerning for the construction of more than 100 projects.

(2) Great contributions have been made by the minority ethnic groups to China's culture and science.

(3) The Qing Dynasty, the last of China's feudal dynasties, was finally overthrown by the Revolution of 1911 led by Sun Yat-sen.

(4) We must always put the interests of the people first.

(5) We need to build a bridge of peace and stability, linking the two strong forces of China and EU.

(6) Hong Kong is called by some people a "cultural desert".

(7) When Chinese people say they have little talent or learning, it is motivated by their awareness of the limits of their knowledge, and their fear that can't meet

your satisfaction.

(8) We still need to complete a lot of tasks so that common people can live a happier life.

(9) Yuanxiao is the special food for the Lantern Festival, which has a similar pronunciation with "tuanyuan" in Chinese, meaning reunion, harmony and happiness for the family.

(10) We have massive renewable energy potential but we use only a fraction of it.

第二章

1. 段落翻译

Passing Over the Year

The tradition of staying up late on New Year's Eve is originated from an interesting folk tale.

In ancient China, there lived a monster named Year, who was very ferocious. Year always went out from its burrow on New Year's Eve to devour people.

Therefore, on every New Year's Eve, every household would have supper together. After dinner, no one dared go to sleep and all the family members would sit together, chatting and emboldening each other.

Gradually, the habit of staying up late on New Year's Eve is formed. Thus in China, "celebrating the Spring Festival" is also called "passing over the year (guonian)".

2. 句子翻译

(1) China, the most populous country in the world, had a total population of 1,370.53 million in 2010.

(2) As early as the 11th century B. C., Beijing was the capital of the Kingdom of Yan; hence the name Yanjing.

(3) (As) A prolific author, Mo Yan has published dozens of short stories, with his first work published in 1981.

(4) Now Chinese people are chasing the Chinese Dream: the dream of a strong nation, and the great rejuvenation of the Chinese people.

(5) The Chinese opera form, Beijing Opera, is extolled as "Oriental Opera".

(6) The Song Dynasty period was divided into two phases: the Northern Song and the Southern Song.

(7) The custom of having rice cakes during the Spring Festival originated in the Song Dynasty and flourished in the Ming Dynasty

(8) In Chinese culture, the red lanterns are a symbol of booming life and prosperous business, so they are always hung on important festivals such as Lantern Festival, Spring Festival and National Holiday.

(9) The Hutong (or alley) is a representative of Beijing's culture.

(10) Facial painting (mask) is a distinctive characteristic of Peking Opera, and the spectators can tell the character of role through its facial makeup.

第三章

1. 主语的确立

(1) 当汉语主题与主语重合时可直译

① In the fashion world, the traditional qipao dress portrays a Chinese woman's beauty, and Zhongshan suit represents a man's status.

② Equality, unity, mutual assistance and common prosperity are the basic principles of the Chinese government in handling the relations between ethnic groups.

③ The Chinese people are striving to finish the building of a society of initial prosperity in all respects and realize the Chinese dream of great national renewal.

④ People of various countries in the world will understand and help each other in the course of realizing their dreams and build the Earth that we rely on for survival into a common beautiful homeland.

⑤ The "Chinese dream" is a much-discussed concept that has been brought to prominence by president Xi Jinping.

⑥ The "Chinese dream" of the great renewal of the Chinese nation reflects the ideal of the Chinese people of today as well as the fine tradition of relentlessly seeking progress that we have had since ancient times.

(2) 主题(主语的定语)译为主语

① Now Zongzi has various shapes and sizes.

② Tea differs in type and method of production.

③ All new things have to grow up through twists and turns.

④ Chopsticks can be made of a variety of materials, including bamboo, wood, jade, ivory, gold and silver.

⑤ China has a long history in her diet culture.

⑥ The Chinese people are striving to fulfill the Chinese dream of the great renewal of the Chinese nation.

(3) 表语译做主语

① Spring and autumn are the best times to tour cities like Beijing, Shanghai and Xi'an.

② United States is the top destination for Chinese travelers, followed by several Asian counties.

③ Forbidden City, also known as the Imperial Palace, is the largest and best-preserved collection of ancient buildings in China.

④ The three historical tasks of the Chinese people in the new century are to continue to propel the modernization drive, to achieve reunification of the motherland, and to safeguard world peace and promote common development.

⑤ Tai Chi is the best representative of Chinese Kungfu.

⑥ In China's formerly agricultural society, Spring Festival was the most important holiday.

(4) 形式主语

① It is generations of Chinese people's hard work that has lightened the future of "Chinese Dream".

② From founding a New China to building a New China, it is Chinese people that begin the modernization process of the state with their experiences of revolutionary and construction.

③ It is usually said that to err is to human.

④ It is China's long-standing position to address peacefully its disputes with countries concerned on territorial sovereignty and maritime rights and interests through dialogue and consultation.

⑤ It is well-known to all that China successfully launched the first intercontinental guided missile in 1980.

⑥ China and Australia differ in history, culture, social system and stage of development, so it is natural for us to have disagreements on some issues.

⑦ It is believed that Chinese-made aircraft carrier will give others pretext to further publicize "China Threat Theory".

⑧ It is unimaginable / unconceivable that there is only one lifestyle, one language, one kind of music and one style of costume in this world.

(5) 主动变为被动

① At present, a sweeping and profound social and economic reform is being carried out in China.

② Since ancient times, Liquor has been used in ceremonies and sacrifices.

③ With the rapid development of modern science and technology, information can be sent to every part of the world.

④ To explore the Moon's surface, rockets, satellites and airships were launched again and again.

⑤ Only when our ambitions are integrated into the cause of our country and its people will we accomplish something significant in life.

⑥ The diversified culture of Hong Kong can be attributed to its special history and location.

(6) there be 结构

① There is no perfect civilization in the world. Nor is there a civilization that is devoid of any merit. No civilization can be judged superior to another.

② Thereafter, exchanges and mutual learning between the Chinese civilization and other civilizations became more frequent. There were indeed conflicts, frictions, bewilderment and denial in this process. But the more dominant features of the period were learning, digestion, integration and innovation.

③ If there were only one kind of flower in the world, people will find it boring no matter how beautiful it is.

④ In today's world, there are two major issues: one is peace and the other is development.

⑤ There are still many uncertainties to be taken account of before we are able to realize a steady global economic growth.

⑥ There is tourist attraction called the Badaling Great Wall which you can reach in about two hours by going northwest by tourist bus from downtown Beijing.

2. 谓语动词的选择

(1) China has, since ancient times, been an exponent of harmony in diversity.

(2) I believe one day education first will no longer be a dream, and it will be a reality enjoyed by every young woman on this planet.

(3) China has become the world's second largest economy, with remarkable economic success, growing comprehensive national strength, improving living standard and international influence.

(4) China, which was economically backward before 1949, has become one of the world's major economic powers with the greatest potential.

(5) An annual art carnival hosted by the government has provided a broad stage for local artists to exhibit their originality.

第四章

(1) The construction of housing and city infrastructure, including water and energy supplies, will be a focal point of urban development as more people migrate to cities.

(2) The fact that the mainland and Taiwan have adopted different ideologies and political systems should not be allowed to stand in the way of developing the relations between two sides of the Taiwan Straits and achieving the peaceful reunification.

(3) In recent years, urbanization in China has stepped into an accelerating phase. Amidst magnificent achievements, there have emerged some complicated problems.

(4) Looking ahead, China will maintain medium to high rate of growth, as its economy has entered a new normal.

(5) We will make continued effort to improve the livelihood of the 1. 3 billion Chinese people and at the same time make greater and new contribution to the noble cause of world peace and development.

(6) This Expo will present to the world a China, a country with a five-thousand-year civilization and fast development.

(7) Over the past 159 years since its inception, the World Expo has brought

together people from different countries, ethnic groups and cultural backgrounds.

(8) China's modernization is inseparable from her economic cooperation and trade ties with other nations.

(9) For many years unemployment has been rampant in that country.

(10) The development of a commodity economy is the only way to invigorate our economy and prompt enterprises to raise their efficiency.

(11) Beijing is not only the nation's political center, but also serves as its economic, scientific and cultural heart.

(12) For many centuries, the Chinese people have been farming and living on this vast land, creating and developing her unique culture.

(13) In the past year, as China has built closer ties with the rest of the world, the international community has directed more attention to China.

(14) This time last year the global financial crisis was still spreading, and the world economy was in a deep recession.

(15) Events will again prove that no difficulties or obstacles can impede the course of the great rejuvenation of the Chinese nation.

(16) The Shenzhou-10 spacecraft was sent into orbit. The Chang'e-3 lunar Lander successfully landed on the moon. The submersible Jiaolong broke the record for manned deep-sea dives. All these show that the Chinese people definitely have the ability and wisdom to achieve the objective of making the country more innovative.

(17) The vision of establishing a Silk Road economic belt and a 21st century maritime Silk Road was put forward.

(18) We launched the project to alleviate poverty through education and continued to implement the plan to improve poorly built and low performing rural schools providing compulsory education.

(19) We deepened reform of the cultural management system and developed the market for cultural products.

(20) Some economists point out that urbanization is a process that is occurring in nearly every developing city in the country.

第五章

1. (谓语)动词转译为名词译为主语

(1) The mention of China makes people think of the four great inventions of ancient China immediately, that is papermaking, (commercial) printing, gunpowder and the compass.

(2) His use of free-market remedies transformed Argentina into a model of economic reform for the region.

(3) People getting rid of any weeds which grow around the tomb, adding new earth, burning incense and offering food and paper coins to show their remembrance

and respect for their ancestors.

(4) Improved community living environment is contributed to an enhancement of our physical health.

(5) But for dramatic measures, severe consequences would have occurred.

(6) Effective measures should be adopted to prevent air pollution.

2. 宾语译做主语

(1) In Chinese mainland the strong scent of incense wafts through the air and twinkling lanterns can be seen for miles around.

(2) On the day of Lantern Festival, colorful lanterns in traditional designs are hung in flower markets and restaurants, which attract countless visitors.

(3) Masquerades are held at Festival time to pair up single guys and girls from neighboring villages with the quaint yet symbolic dropping of a handkerchief.

(4) Moon cakes are usually stamped with Chinese characters indicating the name of the bakery and the type of filling used.

(5) The custom of ascending a height to avoid epidemics was passed down from long time ago. Therefore, the Double Ninth Festival is also called "Height Ascending Festival".

(6) Tea is often classified into green tea, black tea and flower tea, each with its own taste.

(7) With the development of Chinese Kungfu, a chivalrous spirit was adopted in China.

(8) Skill training should be further strengthened to improve their overall capabilities.

(9) Foreign business will be greatly encouraged to invest in agriculture, infrastructure, the environmental protection industry, and high and new technology industries.

(10) The relationship between the economic growth and population control should be handled properly to develop the vast western region in China.

3. 用适当的名词或代词为无主句添补主语

(1) According to Chinese custom, people perform a thorough cleaning on the fifth and sweep away all the litter from their homes, hoping to chase poverty away.

(2) We should be devoted to bringing about a just and rational new international political and economic order.

(3) We should continue our efforts to prevent and control pollution and protect the ecological environment.

(4) We have established a new type of relationship characterized by equality, solidarity and mutual assistance between different ethnic groups.

(5) We will develop friendly cooperation and promote exchanges in an all-round way with developed countries.

(6) In its history, China has produced many outstanding philosophers, thinkers, statesmen, strategists, scientists, writers and artists.

4. 译为存在句或 it be ... to do

(1) Nowadays, there is only one traditional New Year Painting studio opening for business, run by the "Huo Family".

(2) According to legend, in remote antiquity, there were ten suns rising in the sky, which scorched all crops and drove people into dire poverty.

(3) There are numerous diverse beliefs about the origin of the Lantern Festival, but one thing for sure is that is had something to do with religious worship.

(4) Throughout Kowloon there are special street markets, extravagant lantern processions (including the world's largest structure made entirely of lanterns) and the famous fire dragon dances shows.

(5) In Northern China during winter solstice there is a custom of eating dumplings.

(6) There have emerged a large number of talented persons in economic construction.

(7) A: It is essential to promote the virtue of filial piety in Chinese society.

B: There is a necessity/imperativeness for promoting the virtue of filial piety in Chinese society.

(8) Without reform and opening to the outside world, there would be noeconomic development of today.

(9) In big cities, there are monthly temple fairs, (which are) held in spacious temples.

(10) There is only one trend in today's world, which is the trend of peace, development and win-win cooperation.

5. 译为祈使句

(1) Let the other people of the rest of the world know China. Let China make close contact with the rest of the world.

(2) Let us follow their example; let us work together to revive the spirit of the Silk Road.

(3) See China in the light of her development.

(4) Let us work together so that people in the world will have more confidence in lasting nuclear security and the benefits nuclear power brings them!

(5) Let's join hands and explore the boundless universe in quest of the never-ending truth of science!

(6) Take severe measures to crack down on all sorts of illegal and criminal activities.

6. 将无主句译为倒装句

(1) On all the door panels will Spring Festival couplets be pasted, which

highlight Chinese calligraphy with black characters on red paper.

(2) On their doors will Ay Tscao, a kind of herbs, be hung to protect the people from evil.

(3) Scattered through China are approximately 24,800 natural lakes, most of which are found on the Middle-Lower Yangtze Plain and the Qinghai-Tibet Plateau.

(4) The world needs peace, for only with peace can there be development.

(5) At the exhibition, on display were many China's latest electronic products.

(6) Hidden underground is a great deal of mineral resources.

(7) Only in this way can we catch up with the world's advanced levels in science and technology.

第六章

1. 直译法

(1) 习语翻译

① cold war

② hot-selling books

③ black market

④ Blood is thicker than water.

⑤ chain reaction

⑥ to ran east and west

⑦ shuttle diplomacy

⑧ a gentleman's agreement

⑨ Speech is silver, silence is golden.

⑩ Good to begin well, better to end well.

⑪ to extend the olive branch

⑫ flesh search

⑬ flash marriage

⑭ naked marriage

⑮ leftover girls

⑯ walls have ears

⑰ Easier said than done.

⑱ Good luck would never come in pairs.

⑲ armed to the teeth

⑳ All things are difficult before they are easy.

㉑ Money is the root of all evil.

(2) 句子翻译

① The National Museum of China records the path of China's 5,000-year civilization, and serves as a channel for communication between this civilization and other civilizations around the world.

② With the increase of attention paid to China by the international community, more and more foreigners begin to take interest in China and Chinese culture.

③ A survey shows that more college graduates in China are opting for work experience instead of advanced degrees.

④ We can neither give up our national dignity nor betray our people.

⑤ The Opium War was the turning point in Chinese history which marked the close of the ancient period and the beginning of the modern history.

⑥ Chinese people have a strong family ideal/Chinese people's concept of family is strong, with the belief that running a good family is the foundation for running the country.

⑦ We need to expand opportunities in politics, business and beyond.

⑧ To achieve lasting nuclear security, China will continue its efforts.

⑨ The relationship between China and EU has become one of the most important bilateral relationships in the world.

⑩ All this fully reflects the boundless love of the Chinese nation and powerfully demonstrates the incomparable superiority of the socialist system.

2. 意译法

(1) 习语或诗歌翻译

① As a man sows, so he shall reap.

② A fall in the pit, a gain in your wit.

③ How can you catch tiger cubs without entering the tiger's lair?

④ A thousand-mile long dam may collapse because of an ant nest.

⑤ Man proposes, god disposes.

⑥ out of sight, out of mind

⑦ turn a deaf ear to

⑧ to shed crocodile tears

⑨ be packed like sardines

⑩ nuclear family

⑪ sprang his trump card

⑫ smuggled goods

⑬ fancier

⑭ Sense comes with age.

⑮ I left young but returned old.

⑯ First think, and then speak.

⑰ After rain comes the sunshine.

⑱ A bad thing never dies.

⑲ A candle lights others and consumes itself.

⑳ He that promises too much means nothing.

㉑ He who denies all confesses all.

㉒ Happiness takes no account of time.

(2) 句子翻译

① The young singer soon become popular across the country.

② Chinese people feel proud and elated for the great economic development in China.

③ The Han Dynasty survived for 426 years. By AD 220, China evolved into the Three Kingdoms Period, in a tripartite balance of the Wei Kingdom, the Shu Kingdom and the Wu Kingdom.

④ Our ancestors told us that if one can make things better for one day, he should make them better every day.

⑤ We believe that it will not be long before our product are internationally recognized/ find their way into international market.

⑥ Mei Lanfang ranks first among the four famous male characters in Beijing opera, whose representative works include *The Drunken Beauty*, and *Dream in the Deserted Garden*, etc.

⑦ The Chinese people over 2,000 years ago had come to understand this from a simple fact that a tasty orange grown in southern China would turn sour once it is grown in the north.

⑧ We will continue to deepen the reform in an all-round way. This is an unstoppable train. Only those who brave hardships would prevail.

3. 诗歌翻译

The Silence of Vadjra Guru Pema

(See Me or Not)

By Vadjra Guru Pema

It doesn't matter if you see me or not.
I am standing right there, with no emotion.

It doesn't matter if you miss me or not.
The feeling is right there. And it isn't going anywhere.

It doesn't matter if you love me or not.
Love is right there, and it is not to change.

It doesn't matter if you are with me or not.
My hand is in your hand. And I am not going to let go.

Let me embrace you,
Or, Let me live in your heart to eternity.
Silence Love, Calmness Joy.

第七章

1. 句内语序的调整

(1) 词组

① to heal the wounded and rescue the dying

② the rise and fall of a nation

③ the solidarity and friendship of people of all countries

④ environmental protection in this area

⑤ a powerful industrial socialist country

⑥ a new international economic order

⑦ the advanced foreign experience

⑧ iron and steel industry

⑨ back and forth, to and fro

⑩ farmers, man or woman, old or young

(2) 句子

① I hope that BRICS countries will all become countries of the future that enjoy prosperity, strength, democracy and advanced culture.

② According to Xinhua, the Beijing Municipal Government will soon issue an odd－even car ban.

③ Man is confronted with serious problems concerning his survival, environment and development.

④ A: Situated in the lower reaches of the Yangtze River, Suzhou, for its mild climate and fertile soil, has enjoyed a reputation as"a land of milk and honey", since the Tang Dynasty.

B: For its location in the lower reaches of the Yangtze River, mild climate and fertile soil, Suzhou, has enjoyed a reputation as"a land of milk and honey", since the Tang Dynasty.

⑤ Qufu, in Shandong province, is the birthplace of Confucius, a well-renowned ancient Chinese thinker and teacher.

⑥ International cooperation has become a major cornerstone of world aerospace enterprises' survival and development and an ingredient indispensable to their strategic planning.

⑦ This blueprint is to forge a closer and more comprehensive and solid BRICS partnership.

⑧ With a concentration of the best buildings as well as styles of gardening, the Summer Palace is a virtual museum of traditional Chinese gardening.(颐和园是两个分句共同的主语,因此可将"集中了古代建筑以及园艺的大成之作"译为介词短语,"集中了"可转译为名词短语"concentration (of)")

⑨ People came to Zhouzhuang to see traditional architectures, many of which have been torn down since Suzhou was developed.

⑩ Dunhuang, located in present-day Gansu province, was a major town on the Silk Road, and for many centuries was a meeting place of Chinese and Central Asian cultures.

⑪ We choose this moment to enter Hong Kong because it is an international business center, although the competition there is very fierce.

⑫ In the Chinese culture, Chinese cuisine culture is the important aspect of cooking and leisure. // Chinese cuisine culture is an important part of Chinese culture in the aspect of cooking and leisure.

⑬ First built in 1044 AD, the garden is the oldest of the existing Suzhou Classical gardens.

⑭ Yangzhou gardens not only conjure up the magnificence of gardens, but also boast a large number of elaborate architectural works.

⑮ The economic, political, military and cultural activities that took place at this crossroads provided the basis for the flourishing of one of China's earliest Buddhist centers.

⑯ The Chinese people are moving forward with full confidence in reform, opening up and the socialist modernization drive.

⑰ In the past 12 years since its birth, the Boao Forum for Asia has become an important forum with growing global influence.

⑱ Through culture festivals, many Chinese cities have raised their prestige in the world.

⑲ During the Yuan Dynasty, Shadow Puppet Play was introduced to many other countries and attracted many foreign audiences.

⑳ During the holiday, lanterns of various shapes and sizes are hung in the streets, attracting countless visitors.

㉑ The charity aims to create a new generation of environmentally aware consumers and producers.

㉒ The difference between rich and poor is a historic perplexing (*adj*. 复杂的，费解的) social issues and is actually a natural phenomenon.

2. 句间语序的调整

(1) It is a great pleasure in life to drink with two or three intimate friends, while eating delicious food.

(2) It was a keen disappointment that I had to postpone the visit I had intended to pay to China in January.

(3) Sometimes it is interpersonal skills rather than professional skills that really count in your career.

(4) It is utterly wrong to imagine that Chinese people are liable to use force and resolve problems through violence.

(5) An increasing number of English－educated Chinese parents overseas have come to the realization that it is essential that their kids shave a good command of the essential English, as well as Chinese.

(6) One is truly filial when he never puts his parents in shame no matter what he does.

(7) It is known to all that protection of the ecological environment and biodiversity is the focal point of environmental protection work.

(8) It is predicted that with the global population expected to increase from six billion to eight billion over the next 25 years, more pressure on environmental protection stress is expected.

(9) It is indispensable to prepare some foods with a long history and symbolic significance during the traditional holiday.

(10) The Potala Palace was listed among the world cultural heritage by the UNESCO in December 1994.

第八章

1. 根据英语的语法结构或行文习惯增词

(1) 增加冠词

① The development of economy remains one of the priorities of the Chinese Government.

② A very popular dish during the Dragon Boat Festival is Zongzi.

③ The Imperial Palace is the best-preserved magnificent ancient architectural complexes in China.

④ The special food of the Mid-Autumn Festival is the Yuebing, a round moon cake.

⑤ In traditional Chinese culture, paper cutting can reflect many aspects of life such as prosperity, health, longevity and harvest.

⑥ Paper cutting are more often seen during traditional Chinese festivals, particularly Spring Festival.

⑦ Traditional Chinese paintings are not instruments to imitate nature, but art to express emotion and reveal temperament.

(2) 增加介词

① Through painting, one expresses an imaginary world with simple lines.

② There has been a big increase in the total volume of imports and exports in our province.

③ China has made historic progress in development. It is now the second largest economy in the world.

④ The Mid-Autumn Festival is an occasion for viewing the full moon.

⑤ During the Qing Dynasty, it's generally believed that flying a kite and then letting it go, apart from the pleasure in itself, might send off one's bad luck and illness.

⑥ This room is warm in winter and cool in summer.

⑦ Asia is one of the most dynamic and most promising regions in the world.

(3) 增加代词

① Chinese Shadow Puppets differ greatly from their Indonesian and Turkish ones.

② Why people sometimes increase their carvings for junk food? Sleep deprivation result in it, according to the report of University of California.

③ We think it most important that theory should be combined with practice.

④ Those who have made original contributions to science and technology are the ones who have worked the hardest and have not been afraid to break new ground.

⑤ In your study of the Chinese language, you will learn not only the tones, but also China's long history and rich traditions.

⑥ The more he tried to hide his dishonesty, the more he revealed it.

(4) 增加谓语动词

① Shadow Puppet play enjoys a long history in China.

② China is a country of varied topographical features with highlands in the west and plains in the east.

③ The themes involved in Chinese folk paper-cut are various and colorful, which vary from the subjects in daily life with which people are familiar and the future life that people are dreaming of.

④ The main cutting tools are simple: paper and scissors or an engraving knife.

⑤ Jiangmen Shen, a local despot, is one of the most well-known representative clay figure created by Clay Figurine Zhang.

⑥ The array of the traditional products for export are rich and colorful.

(5) 增加连词

① Pines, bamboos and plum blossoms are called "the three companions of winter", because they represent the integrity of gentlemen living against the harsh cold winter.

// Pines, bamboos and plum blossoms represent the integrity of gentlemen living against the harsh cold winter, so they are called "the three companions of winter".

② The bridge, which is modeled after the Chinese knots, will have a total span of more than 150 meters and will be 24 meters high.

③ Modesty helps one to go forward, whereas conceit makes one lag behind.

④ The kite was originally regarded as a form of technology, also listed as one of the art collections, and was considered to have unique artistic values.

//Originally regarded as a form of technology, the kite was also listed as one of the art collections, and was considered to have unique artistic values.

⑤ After the invention of paper, kites began to be made of this new material and were called "Zhiyuan" (paper kites).

⑥ In 2006, the Mid-Autumn Festival was listed as one of China's cultural heritage, and in 2008, it was classified as a public holiday.

2. 根据句意的需要增词

(1) 增补在汉语中不言而喻的词语

① In the most prosperous period of New Year Picture printing, the painters and printing artisans of Yangliuqing New Year Pictures gathered in the region of Yangliuqing.

② The greatest merit of Chinese Kungfu is its pursuit of peace.

③ In the field of human rights, China opposes the practice of the big oppressing the small and the strong bullying the weak.

④ All countries have enhanced political mutual trust and expanded common interests, adding a new boost to Asia's economic development.

⑤ Similarly, Chinese silk, tea and porcelain also spread all over the world through the Silk Road.

⑥ The common people will be able to realize their dream of owning a car.

(2) 增补解释性文字

① The Clay Figurine, created by Zhangming Shan, the founder of this art, was quite vivid and expressive.

② 2,000 years ago, Qin Shihuang, the first emperor of the Qin Dynasty, built the Great Wall for the purpose of defense.

③ Meizhou Island is well-known home and abroad for the "Meizhou Temple" which is sacred to "Mazu"-goddess of the sea.

④ The ancient Chinese felt the moon was lovely and yet mysterious. Su Dongpo (—a great poet of the Song Dynasty), wrote the following lines: "How long will the full moon appear? Wine cup in hand, I ask the blue sky."

⑤ Deng Xiaoping once described China's process of reform and modernization as being like a person crossing a river by feeling his way.

⑥ On the Dragon Boat Festival, people will hold dragon boat races and eat Zongzi, a kind of glutinous rice dumplings wrapped in bamboo leaves, to commemorate the ancient poet Qu Yuan in the late Warring States.

第九章

1. 省略或替代形式重复的词

(1) Chinese people have always hoped for world peace and friendly coexistence with other people.

(2) One can hardly understand China well without a proper understanding of China's history, culture, Chinese way of thinking and the profound changes taking

place in China today.

(3) To strengthen nuclear security is our shared commitment and common responsibility.

(4) We hope that all nations can live in a world free from war and violence, and enjoy freedom from oppression and discrimination.

(5) The Expo will add a new chapter to the annals of interactions and mutual learning between the Chinese people and people of other countries and among different civilizations。

(6) Eating habits differ in the provinces of China, and so do tastes. // Eating habits and tastes differ from province to province in China.

(7) The earth and the cereals sustain the life of human beings and hence sacrifices /ceremonies were held to pay respect to them.

(8) Civilization and culture can spread, and so can peace and development.

(9) Moon cakes, which are regarded as indispensable delicious food of the festival, are gifts people send to families and friends during the festival and usually eaten on family gatherings.(从句法)// Moon cakes are regarded as indispensable delicious food of the festival. They are gifts sent to families and friends during the festival and usually eaten on family gatherings.(分译法)

(10) Chinese people have strong family concept, which they extend to their social contacts as well.

2. 省略或替代语意重复的词

(1) To be appetizing, a dish should be appealing in color, smell and taste.

(2) The boundless expanse of the Chinese territory is dotted with innumerable sights of gorgeous and varied natural scenery.

(3) Tens of minority nationalities in Sichuan maintain different cultures and customs, which provide the inexhaustible creative source of folk songs and dances.

(4) World polarization, economic globalization and the fast development of technology have brought rare opportunities to all nations.

(5) In the splendid and solemn front of the hall in Dazhao Temple, there is a pair of iron lions with their heads held high.

(6) Memorial archway enjoying equal reputation with the ancient shrines folk houses.

(7) The most completely preserved palace up to date is the Forbidden City, the Imperial Palace of Ming and Qing Dynasties in Beijng, which is the most splendid ancient building complex in existence in China.

(8) Visitors can enjoy excellent view of the garden through the colorful windows.

(9) The Chinese on both sides of the Taiwan Straits are of the same flesh and blood.

(10) The contents of murals in Mogao Grottoes mainly indicate various sides of ancient Chinese lives.

(11) People across the world should join hands in advancing the lofty cause of peace and development of mankind.

(12) There is not only the picturesque West Lake, but also delicious food and pretty handicrafts in Hangzhou. // Hangzhou boasts not only the picturesque West Lake, but also delicious food and pretty handicrafts.

(13) Nowadays, Spring Festival is an occasion for family members to reunite, when grown children far away from home return so the whole family can enjoy the bliss of family reunion.（注:"全家老小团聚"与"共享天伦之乐"属于语意重复,可省略一处。）

(14) Chinese people still cherish filial piety till today. Those who fail to demonstrate it will be despised.

(15) People's lives in our country are enjoying constant improvement, but we will always remember those still living in hardships.

3. 省略原文中的某些范畴词

(1) Modesty is a virtue of Chinese people. No matter how high his position is, one should not treat others rudely and arrogantly.

(2) In addition to personal relationships, Chinese people are modest in relationship with other countries. //Chinese people are modest not only in personal relationships, but also in relationship with other countries.

(3) The Chinese government has always attached great importance to environmental protection.

(4) The state will increase its support for the central and western areas.

(5) The activities of the lion dance, the long dragon dance and dragon boat rowing are performed not only to entertain, but also to train the performers to be cooperative.

(6) Nobody should be allowed to cause tension against the interest of the people.

(7) The best representatives for Beijing are the vanishing Hutongs and square courtyards.

(8) We are confident that we can smoothly bridge the wealth gap between coastal and inland areas.

第十章

1. 动词转译

(1) 转译为名词

① Chinese people invented gunpowder, but have never used it to make guns for invasion.

② Thanks to the introduction/implementation/ execution of our reform and opening policy, our comprehensive national strength has greatly improved.

③ The growth/development of Shanghai is one reflection of the tremendous changes that have taken place in China.

④ The World Expo has given us a valuable spiritual asset of pursuing progress, innovation, openness, common prosperity and harmony.

⑤ Legalism is a pessimistic philosophy—while conceding that it would be wonderful to have a sage for ruler, the reality was that there just were not many sages around.

⑥ *The Han Feizi* is a comprehensive guide to ruling directed at kings.

⑦ To legalism, the maintenance of good order was the first priority.

⑧ *The Han Feizi*, the main text of Legalism, contains lists of specific things to avoid.

⑨ Chinese people emphasis on filial piety is attributable/attributed to their traditional neglect of material gain.

⑩ With the increase of attention paid to China by the international community, more and more foreigners begin to take interest in China and Chinese culture, and the number of people learning the Chinese language is growing.

(2) 转译为形容词

① Such robots are so sophisticated that they are even conscious of temperature change in the surroundings.

② Scientists are confident that all matter is indestructible.

③ Lots of people are fond of Chinese food these days, sort of the fashion!

④ We cannot survive in the competition for further development, if we are content with our present achievements.

⑤ Shanghai has long been hospitable to the tourists from all over the world.

(3) 转译为介词

① Overwhelmed with grief, Qu Yuan drowned himself in the Miluo River with a large stone in his arms.

② The concepts of returning good for evil has a profound soil in traditional Chinese culture.

③ A great majority of member nations in United Nations were not in favor of the so-called "human rights" proposal.

④ *The Han Feizi* consists of 55 chapters, each with its own theme.

⑤ Legalism emphasizes the need for order above all other human concerns.

⑥ To legalism, there are three components: fa (law), shi (legitimacy) and shu (arts of the ruler).

2. 名词转译

(1) 转译为动词

① Last year, China's export totaled up to 183.7 billion RMB.

② The importance of our reform and opening-up policy can be best proved by the facts of domestic development and international favorable response.

③ The products are chiefly characterized by their fine workmanship and durability.

④ "Ren", often translated as "benevolence", means being conscientious and altruistic.

⑤ This concept is best signified by what is called the silver rule of Confucianism: "Do not do to others what you do not want them to do to you."

⑥ As a solution to this problem, the ancient sage-kings invented morality.

⑦ Taoism has deeply influenced the development of the other two major philosophies of China—Confucianism and Buddhism.

(2) 转译为形容词/副词

① The practice of high-technology development in China once more bears out how absolutely correct is the inference of this scientist.

② A peaceful environment is indispensable for national, regional and even global development.

③ Both sides need to make the relationship more strategic, more stable and more transparent in order to further preserve our common interests.

④ Under the new circumstances brought about by the rapid development of our economy, effective measures to control inflation taken by the government had become urgently necessary.

⑤ The two countries are highly complementary in the field of trade and economy that both can share the big market.

⑥ Discussions of morality and human nature are irrelevant in Legalism

⑦ "Way" or "path" happened to be the side meaning of Tao, ineffability would be just poetic.

⑧ What is most distinctively different about Zhuangzi's philosophy from that of Laozi's is that he elaborates on the relationships between man and nature.

(3) 形容词副词转译

① The key element of China's reform and opening-up is to free people's mind and the most fundamental and significant component is institutional innovation.

② China will work with people of other countries for a harmonious world of enduring peace and common prosperity.

③ When he catches a glimpse of a potential antagonist, his instinct is to win him over with charm and humor.

④ All of these mechanisms will help us increase mutual understanding and trust, which will be vital importance to advancing our relationship in the 21st century.

⑤ Liquor and tea are necessities in the life of Chinese people.

第十一章

1. 单一否定

(1) Although China has no state religion, study of Confucianism and Taoism, two conflicting philosophies that underlie much of modern Chinese thought, is mandatory in China's education system.

(2) 分译法:

① Not every person can become a great artist. //Every person cannot become a great artist.

② Only the gifted and diligent can create brilliant artistic works that touch the softest part of a human heart.

合译法:

③ Not every person can become a great artist and only the gifted and diligent can create brilliant artistic works that touch the softest part of a human heart.

(3) Of the four oldest recorded civilizations in the world, the Chinese civilization is the only one that has an uninterrupted history.

(4) The materials for making liquor vary in China: sorghum is used in the north and rice in the south.

(5) The history will continue to prove that realizing the Chinese dream would bring opportunities rather than threats, peace rather than turmoil to the world. It will help the world make progress in various aspects.

(6) Nowadays, plastics are widely used in place of other traditional materials.

(7) Confucius said, "Studying without thinking leads to confusion; thinking without studying leads to laziness."

(8) The Chinese language has experienced considerable changes over the centuries and the lack of any punctuation in the ancient classics has made it difficult for us to fully comprehend Confucius' ideology.

(9) Unlike using a knife and fork or one's own hands, a pair of chopsticks implies the meaning of "Harmony is what matters".

(10) Yellow became an imperial color during the Tang dynasty, when only few members of the royal family were allowed to wear it and use it in their architecture.

(11) The beauty of Hang Zhou is more than words can describe.

(12) From its inception to its successful implementation in Hong Kong, the concept of "one country, two systems" went through a nontrivial process.

(13) Benevolence has no place in ruling a state because unless people are ruled by a strong and strict hand, they grow lazy and disrespectful of authority.

(14) Discussions of morality and human nature are irrelevant in Legalism.

(15) Tao is nameless, goes beyond distinctions, and transcends language.

2. 双否定词

(1) Zen is neither absurd nor philosophical because both are terms of the mind, while Zen is something transcendental.

(2) Each country has its own history, culture and national conditions, which decides that each country's protection of freedom of religious belief has its own characteristics.

(3) Lastly, the revival of Confucianism is none other than an academic cultural revival, neither political nor ideological.

(4) China does not develop military equipment to threaten other countries, but for self-defense.

(5) Without agriculture, people cannot exist, neither can social production proceed.

(6) No one who has not seen the Qin Dynasty terra cotta figures can claim to have visited China.

(7) The meandering Silk Road tells us that neither geographical distance nor cultural difference could obstruct the amicable exchanges between the people of China and other countries.

(8) Peace, like air and sunshine, is hardly noticed when people are benefiting from it. But none of us can live without it.

(9) If Chinese people say they have little talent or learning, it is because they think that their knowledge is limited, and fear that their knowledge can't satisfy you.

(10) The people is to the people's army what water is to fish.(不少同学一看到上述句子便会将其直译为"the people's army can't survive without people, just as the fish can't do without water."此句不错,但在简洁以及语义传达方面欠佳;可将其译为肯定结构"... be to ... what ... be to ..."。)

(11) Legalism disregards the past—conditions were different back then, so what worked back then would not necessary work in the present time.

(12) Unlike other philosophies, which sought out the wise and virtuous to rule, Legalism puts emphasis on the power of the position, not the person filling it.

(13) The concerns of this country were soothed by a comment from the European Commission that it was neither for nor against a restructuring.

(14) The variety of interpretation on *Tao Te Ching* is virtually limitless, not only for different people but for the same person over time.

(15) Though each man's assertions about human nature are incompatible with each other, they may still function inside the Confucian tradition as alternative ways of cultivation.

(16) We will never forget that Egypt was the first country in the Arab world and in Africa that established diplomatic relations with the People's Republic of China and the first one that entered into a strategic and cooperative relationship with China.

(17) Not few Britons have tastes in matters of religion, for instance, as with tea,

they don't like it too cold or too hot.

(18) The influence of Confucianism on the history, social structure and the people of China can't be overlooked.

3. 否定转移

(1) The Chinese seal is not only used in daily life, but also used to represent signatures on paintings and calligraphies. It is gradually becoming one of China's unique artworks.

(2) Market economies seem to thrive in certain nondemocratic states and yet do not seem to move these countries towards democracy.

(3) More than two decades ago, on my first trip to mainland China, I could not imagine that the U. S. -China relationship would eventually become so consequential.

(4) People say: "Guilin's scenery is peerless in the world". It was not until I visited the place that I found it really worthy of the reputation.

(5) If you don't think what you're doing is art, think about your most inspired moments in the creative process and think about what word pops up.

(6) Few Britons have well-defined religious beliefs, but many have tastes in matters of religion.

(7) Today's quality-education was nothing new to Confucius.

(8) No country that practices the rule of law in the world today would tolerate illegal and criminal activities being carried out under the banner of religion.

4. 使用虚拟语气等句型手段表达否定的含义

(1) Without creating chances for the children to learn Chinese traditional classics, the great rejuvenation of Chinese nation would be a dream.

(2) Its water is so contaminated that in some areas it is unsafe even to touch, let alone use for irrigation or drinking.

(3) It can't be too much emphasized that agriculture is the foundation of the national economy.

(4) They can't but admit that in certain aspects of science and technology we are far ahead of them.

第十二章

(1) Influenced by ancient Chinese aesthetics which advocated a balance between hardness and softness, Chinese martial arts have formed their own aesthetic standards.

(2) Including offence and defence, the most outstanding functions of martial arts are moral cultivation, health improvement and artistic effect.

(3) Being the most influential school in Chinese boxing, Shaolin boxing was accumulated and developed for a long time by the monks who protected the Shaolin Temple.

(4) Over time, people began to exercise Tai Chi to improve their health and well-being.

(5) Being a sporting exercise, as well as an artistic form, Chinese Kungfu can be used to cure illness and for self-defense.

(6) Based on the classical Chinese philosophy, Chinese Kungfu is an extremely precious cultural heritage of the Chinese nation.

(7) To catch up with developed countries, several generations—even dozens—must continue to make arduous effort.

(8) Chinese author Mo Yan, having published dozens of short stories, was awarded the 2012 Nobel Prize for literature.

(9) China has set up 21 new state-level nature reserves, increasing the country's total conservation area to nearly ten percent of the country's land territory.

(10) The newly-established nature reserves, with a total area of more than 6,200 square km, are scattered across 15 provinces and autonomous regions, including Liaoning, Fujian and Henan provinces and Inner Mongolia Autonomous Region.

(11) To understand two types of the social system in China, we should know its past in detail.

(12) Lao Zi preaches modesty because softness and modesty are the most important elements to avoiding danger and living a long life.

(13) Peaceful development is the only way to achieve prosperity for China and happiness for its people.

(14) Crisscrossing in all directions, the Great Wall stretches in the vast territory of China.

(15) The Dragon Boat Festival, celebrated on the fifth day of the fifth month of the lunar calendar, is to commemorate Qu Yuan, a stateman and poet in the Chu Kingdom of ancient China, according to legend.

(16) But for agriculture, man could not exist, nor could social production proceed.

(17) International disputes should be settled / resolved on this basis, without resorting to the use of threat of force.

(18) By using our own hands, we have attained the objective of "ample food and clothing" and self-reliance.

(19) Gulangyu Island, which is a small island in southwestern Xiamen, enjoys a reputation both at home and abroad as "the Garden on the Sea".

(20) In 1999, invited by International Olympic Committee, International Martial Arts League became a member of International Individual Events Federation.

第十三章

1. 短语

(1) For ancient scholars of China, civil service for the country should follow good

government of their families.

(2) The traditional New Year, the first big event of the year, was soon approaching, and everyone, with the exception of those who owed heavy debts, was enthusiastically looking forward to it.

(3) Laba porridge(—a special in the Laba Festival on the 8th day of the 12th month on the lunar calendar), a symbol of good fortune, long life and fruitful harvest, is filled with nuts and dried fruit.

(4) The advances of time have brought about changes in the entertainment preferred by Chinese people.

(5) The Qingming Festival, also a"spring" festival, is an occasion for the whole family to go spring-outing, and to sweep the graves of their forebears.

(6) Over hundreds of years, Mount Tai has attracted both domestic and foreign visitors with its spectacular scenery.

(7) The Chinese government is aiming to boost economy and employment by cultivating a large force of technical workers through enhanced vocational education.

(8) Traditional Chinese drugs come mostly from natural plants, with some from animals and minerals.

(9) It is well known that China is a country with rich natural resources and big population.

(10) A memorial ceremony for Confucius is held at the Temple of Confucius in Qufu city, east China's Shandong province, on Sept 28, 2012.

(11) Undoubtedly, with the development of international communication today, copyright problems have become global.

(12) The two sides agreed to stay committed to a peaceful settlement of relevant issues through dialogue and consultation under the framework of the Six-Party Talks.

2. 独立主格

(1) Kites made in Weifang are well-crafted, beautifully shaped, and smooth when flying and easy to fly away.(“潍坊的风筝”可译为名词结构“Weifang's kite”,也可译为独立主格结构“kite made in Weifang”,做句子的主语。)

(2) Ancient people flying a kite meant to convey love and affection to the dead.

(3) Confucius is a well-known thinker, educator and philosopher in Chinese history, his doctrine very important in the world.

(4) The Qing dumplings with grass juice inside them appear green and bright with aromatic taste.

(5) With the economy developing rapidly, social order stable and the people living and working in peace and contentment, Shanghai presents a scene of prosperity.

(6) With the differences in skin colors, languages and races, we share the charm and joy of the Olympics Games, and together seek the ideal of peace in mankind.

(7) These rooms were distributed according to seniority in the family, with the elders living in the principal rooms and the juniors in the wing-rooms.（“长辈住正房，晚辈住厢房”是对主干“房屋的分配按辈分的大小来决定”的进一步解释说明，可译为 with 引导的独立主格。）

(8) Shanghai International Industry Fair (SIIF) is a crucial platform for the industrialization of scientific and technological achievements with a focus on the integration of production, learning and research.（此句难度较高，可将“‘上海工博会’是加快实施科技成果产业化的重要场所”作为主句，而将“产、学、研相结合”译为独立主格做从属成分，此处可根据其意添加逻辑主语“focus”译为“a focus on the integration of production, learning and research”。）

(9) The Dragon Boat Festival dates back to 2,000 years ago with a number of legends explaining its origin.

(10) With Kungfu Panda sweeping across the world, Wushu is becoming a popular sport.

3. 段落翻译

Golden Water Bridge

There are 13 stone lions standing on one side and 14 stone lions on the other side of the bridge, the number 13 and 14 in Chinese together creating the harmonic tone “lifelong” in Chinese (yi sheng yi shi), implying that the love in the heart of the loves, who got across the bridge hand in hand, would last forever.

第十四章

(1) The world economy is slowly recovering. Europe still faces challenges in overcoming its own difficulties, and China is undergoing economic adjustment.

(2) China abounds in rivers. More than 1,500 rivers each drain 1,000 sq. km or larger areas.

(3) We're engaged in a lofty mission. Only perseverance will lead to victory, while giving up halfway will end up with failure/will accomplish nothing!

(4) We need to maintain sustained, stable and sound growth of China's economy. The market will thus have a clear and long-term expectation of China's economic trend.

(5) Gradually, the habit of staying up late on New Year's Eve is formed. Thus in China, “celebrating the Spring Festival” is also called “passing over the year (guo nian)”.

(6) Traditional holiday meals are different from everyday meals in terms of quantity and quality. In addition, some foods with a long history and symbolic significance are indispensable on these occasions.

(7) Popularity should not necessitate vulgarity. Hope should not entail covetousness. And pure sensual entertainment does not equate to spiritual elation.

(8) Autumn, wherever it is, always has something to recommend itself. In North China, however, it is particularly early, serene and melancholy.

(9) Our People's Government is one that genuinely represents the people's interests. It is a government that serves the people. Nevertheless, there are still certain contradictions between this government and the people.

(10) Health organization once advised that household chores may help one keep active. It has been debunked by the new research, which shows that the people who do the most housework are also the most overweight.

(11) The reason why we have restored and adopted these trade practices is very simple. Our export commodities are for the use and consumption of our foreign customers.

(12) This must be made clear now in the Party. The comrades must be taught to remain modest, prudent and free from arrogance and rashness in their style of work. The comrades must be taught to preserve the style of plain living and hard struggle.

(13) The statement declared that the international economic order must be changed. Otherwise, the gap between developed and developing countries would continue to widen.

(14) The Chinese Government attaches great importance to sustainable development and the rational utilization of mineral resources. It has made sustainable development a national strategy and the protection of resources an important part of this strategy.(“可持续发展”的英文表达是“sustainable development”;“把……定/作为”可译为“make/take ... as”,也可采用“make N1 N2”。)

(15) Built in 1932, Qingdao Aquarium, the castle-like building, exhibits over 100 live aquatic animals, 2,000 animals and plants, and 20,000 specimens. It is the only specialized museum in China.

(16) San Francisco offers a colorful past and has yet to cleat a splendid future. It is clearly evident in its frequent visitors.

第十五章

1. “把”字句

(1) Throughout human history, people tend not to be isolated by thousands of miles, not the sea or deep valleys, but by the lack of mutual understandings.

(2) We vividly summed the goal as realizing the Chinese dream of the great rejuvenation of the Chinese nation.

(3) Over the past 159 years since its inception, the World Expo has brought together people from different countries, ethnic groups and cultural backgrounds for sincere exchanges, friendship, cooperation and development.

(4) China gives top priority to nuclear security in the peaceful use of nuclear energy.

(5) To move our relationship forward, China and Europe need to deepen the understanding of each other.

(6) Chinese people regard marriage not only as the union of a man and a woman, but also as the foundation of socity.

(7) We need to build a bridge of common cultural prosperity linking the two major civilizations of China and Europe.

(8) By calligraphy, one aims not only to write beautifully but also to improve his mind.

(9) Dumplings are stuffed with fillings, allowing people to put a variety of auspicious things into it, and in this way people pin their hopes for the next year.

(10) In the age of new media, schools should keep up with the times and implement the anti-smoking education by some effective ways like microblogs and Wechat.

(11) We will continue our efforts to act upon people's expectations and turn their aspirations into reality.

(12) Individual Chinese investors are quickening their expansion into the overseas property market as tightening measures on the sector at home continue to restrict their opportunities.

(13) The deepening financial and economic crisis has also prompted some analysts to look more closely at other emerging market groups, which they consider more useful amid the current uncertainty.

(14) But in spite of the material benefits wealth provides, I believe one should abandon the pursuit of materialism and instead concentrate on the pursuit of happiness.

(15) It is said that if one can balance a raw egg on its end at exactly noon on the double fifth day, he will be lucky in the rest of the year.

(16) Let us join hands and advance the friendly cooperation between China and Arab countries to a new level!

2. "让"字句

(1) Primary and secondary education should aim not only to make the students master the basic knowledge, but to improve their overall quality.

(2) China will make a better use of the opportunities in the world and also enable the world to better share in the opportunities brought by China, so as to promote sound interactions and mutual benefits between China and other countries in the world.

(3) China stands ready to work with the EU to let the sunlight of peace drive away the shadow of war, and the bonfire of prosperity warm up the global economy in the cold early spring.

(4) One is truly filial when he never puts his parent in shame no matter what he does.

(5) According to the Chinese people, no building should mar the harmony of nature, but instead blend into nature.

(6) Everything we do to ensure that the people live a happier life with more dignity and to make our society fairer and more harmonious.

(7) "The white collar" in modern sense are admirable, whereas, "the blue collar" are being held in contempt even they have high salary.

(8) The tolerance of Chinese culture has amazed the world.

(9) Through this disaster, the world has realized the power of China's civil society and also China's promising future.

(10) China is renowned as the "world factory", and India the "world office". We can better align our development strategies, and work together to make Chinese phoenix and Indian peacock fly higher.

(11) Consumers expect merchants not only to make their products available on the Web, but also to make payments a simple and secure process.

(12) This grand sporting event provided a good opportunity for athletes from around the world to show true sportsmanship. It also enabled the world to learn more about China and China more about the world.(本句较长,可采用分译法,按照内容层次分译)

(13) Let us seize the opportunity to forge ahead, hand in hand, and let us work with all other countries to build a harmonious world of lasting peace and common prosperity.

(14) If the schools educate teenagers away from smoking, convincing them of its perils, smoking could be prevented more effectively.

(15) Let us work together to build a harmonious world of enduring peace and common prosperity!

主要参考资料

[1] 刘龙根,胡开宝,伍思静.大学英语翻译教程.北京:中国人民大学出版社,2012.
[2] 龙江.英语漫谈中国文化.大连:大连理工大学出版社,2010.
[3] 唐义均.汉英翻译技巧示例.北京:外文出版社,2011.
[4] 中共中央宣传部.习近平总书记系列重要讲话读本.2016年版.北京:学习出版社,人民出版社,2016.
[5] 许钧,穆雷.中国翻译研究(1949—2009).上海:上海外语教育出版社,2009.
[6] 张曦.14天完美攻克四六级新题型之汉译英.杭州:浙江教育出版社,2013.
[7] 张曦.四六级新题型之汉译英预测+精讲60篇.杭州:浙江教育出版社,2014.